本书得到"中国博士后科学基金面上资助"项目支持

Supported by the China Postdoctoral Science Foundation General Program

赵心 著

国际刑庭审理恐怖主义罪实证研究

中国政法大学出版社

2025·北京

图书在版编目（ＣＩＰ）数据

国际刑庭审理恐怖主义罪实证研究 / 赵心著. -- 北
京 ： 中国政法大学出版社，2025.3
ISBN 978-7-5764-1389-2

Ⅰ. ①国… Ⅱ. ①赵… Ⅲ. ①恐怖主义－刑事犯罪－
研究 Ⅳ. ①D914.04

中国国家版本馆 CIP 数据核字(2024)第 058186 号

书　　名	国际刑庭审理恐怖主义罪实证研究	
	GUOJIXINGTING SHENLI KONGBUZHUYIZUI SHIZHENG YANJIU	
出 版 者	中国政法大学出版社	
地　　址	北京市海淀区西土城路 25 号	
邮寄地址	北京 100088 信箱 8034 分箱　邮编 100088	
网　　址	http://www.cuplpress.com (网络实名：中国政法大学出版社)	
电　　话	010-58908289(编辑部) 58908334(邮购部)	
承　　印	保定市中画美凯印刷有限公司	
开　　本	650mm×960mm　1/16	
印　　张	21.75	
字　　数	280 千字	
版　　次	2025 年 3 月第 1 版	
印　　次	2025 年 3 月第 1 次印刷	
定　　价	99.00 元	

前　言

　　"恐怖主义"经常用国内、国际、跨国等术语加以限定，指的是其实施方式和受到影响的范围，而没有改变该行为的基本要素。当前，恐怖主义是对"全球国际秩序"的直接威胁，这一观点已经广为国际社会所接受。自20世纪20年代以来，各国意识到遏制恐怖主义作为一项跨国犯罪的解决方案属于国际法范畴。"国际恐怖主义"是指涉及一个国家以上的公民或一个国家以上的领土的恐怖主义。通过更快、更先进的沟通和交通方式，"国际恐怖主义"的威胁急剧增加。纵观历史，"恐怖主义"一直被具有不同宗教倾向的激进组织所使用，常常与民族主义和社会政治意识形态因素相融合，恐怖主义活动的性质已经从"20世纪后期的传统国际恐怖主义转变为一种新型的跨国非国家武装冲突形式"。恐怖主义是一个复杂且高度普遍的全球性问题，构成对国际社会的持续威胁。恐怖主义是对最基本人权即"生命权"的严重侵犯，国家有义务提供给公民有尊严的生存所必需的安全。恐怖主义损害了《联合国宪章》和许多其他国际法律文件的核心价值：和平、安全、法治、人权。2001年，联合国通过了1373号决议，明确指出，每项恐怖主义行为都构成"对国际和平与安全的威胁"，并且

"恐怖主义的行为、方式和做法与联合国的宗旨、原则和目标背道而驰"。在当前情况下，各国有义务在已知或怀疑存在恐怖主义威胁的情况下，保障领土管辖范围内的平民人口的人身安全。

惩治恐怖主义罪行对于维护国际和平与安全、维护我国国家安全具有重要意义。尽管联合国大会一再呼吁界定恐怖主义罪行，将其与促进民族解放斗争的合法行为区分开来，但是由于恐怖主义犯罪往往涉及政治因素，因此国际社会至今未能达成共识，恐怖主义罪最终也没能纳入《国际刑事法院罗马规约》之中。国际实践中，关于恐怖主义罪行惩治的司法实践主要有两种做法：第一，某些恐怖活动例如"9·11"事件是足够严重的，自然满足《国际刑事法院罗马规约》反人类罪与战争罪的构成要素，这一观点的代表人物有国际刑事法庭的首席检察官奥坎波（Moreno-Ocampo）；第二，国际法与国内法相结合共同作为惩治恐怖主义犯罪的法律渊源。2007年联合国安理会通过第1757号决议设立的黎巴嫩问题特别法庭主要对实施暗杀等"恐怖主义行为"犯罪者进行审判，极大地丰富了在惩治恐怖主义犯罪方面国际刑法的理论与实践。本书以我国实施的《反恐怖主义法》《国家安全法》为基础与契机，联系我国在惩治恐怖主义犯罪方面的实际，系统考察国际刑庭审理恐怖主义犯罪的理论与实践、恐怖主义犯罪的罪行界定、被告的公正审判与受害人的权利保障制度等。以《反恐怖主义法》实施为切入点，我国在反恐斗争中面临的许多问题需要通过国际合作才能更有效地解决，而国际法是获得国际支持的最佳工具。虽然恐怖主义罪行还没有纳入到国际刑事法院管辖权范围，但是作为一种威胁国际和平与安全的跨国犯罪已经为多个国际条约、区域条约所谴责。在评述国际刑事法院（ICC）、前南斯拉夫国际刑事法庭（ICTY）、卢旺达问题国际刑事法庭（ICTR）、黎巴嫩问题特别法庭（STL）审理恐怖主义行为犯罪时进行的法理论证的基础之上，尝试探讨恐怖主义犯罪的管辖权、构成要素、被害人追索权、嫌疑人权利保护制度等问题，试图重构以司法制度惩治恐怖主义犯罪理论基础的新视角。在这样的理论背景下来研究惩治恐怖主义犯罪的法律问题，为我国构建行之有效的反恐司法制度提供了理论与实践依据。国家安全近年来受到恐怖主义的严重威胁，采用传统的军事打击方法不能完全解决问题。因此，在国际法律层面对恐怖主义犯罪进行管辖、审判与惩治是打击恐怖主义的有效途径。通过对联合国、国际刑庭等国际组织在惩治恐怖主义犯罪方面的实践进行总结与梳理，是对惩治恐怖主义犯罪的习惯国际法隐存内容的挖掘和深化研究。

目 录

绪　论

　　"恐怖主义"界定的问题已经困扰了国际社会数十年。联合国大会一再呼吁召开一次国际会议，界定恐怖主义罪行，将其与促进民族解放斗争的合法行为区分开来。但是由于恐怖主义犯罪往往涉及一定的政治因素，因此国际社会至今未能达成共识。根据1998年通过的《国际刑事法院罗马规约》（The Rome Statute of the International Criminal Court，以下简称《罗马规约》），成立了国际刑事法院（ICC），旨在对犯有种族灭绝罪、反人类罪、战争罪与侵略罪的个人进行起诉和审判。《罗马规约》界定了每一项罪行的要素，并将其纳入国际刑事法院的管辖范围。在谈判之初，《罗马规约》包括了恐怖主义的某些行为，但多数国家反对，认为惩治恐怖主义犯罪需要考虑到不同国家的民族文化，所以恐怖主义罪最终不被包括在《罗马规约》内。然而，罗马会议中提出了一项建议，即今后的审查会议将考虑把恐怖主义和毒品罪行纳入法院的管辖范围。随着全球化进程的推进，恐怖主义的发展突破了国界的限制，开始呈现出网络化、纵深化发展的趋势。国际社会日益认识到通过构建法律制度来防治恐怖主义的战略性意义。近年来国内学者对反恐法律问题的研究成果日趋丰富。国内外比较有代表性的研究成果包括：塞缪尔·亨廷顿（美）《文明冲突与世界秩序的重建》；哈里·亨德森（美）《全球恐怖主义——完全参考指南》；保罗·R.皮拉尔（美）《恐怖主义与美国外交政策》；

"9·11"独立调查委员会《揭秘911：美国遭受恐怖袭击国家委员会最后报告》；胡联合著《第三只眼看恐怖主义》；王燕飞著《恐怖主义犯罪立法比较研究》；王逸舟主编《恐怖主义溯源》；杨洁勉等著《国际合作反恐：超越地缘政治的思考》；张家栋著《全球化时代的恐怖主义及其治理》；赵秉志主编《国际恐怖主义犯罪及其防治对策专论》；范明强著《社会学视野中的恐怖主义》；赵秉志、王秀梅、王水明译《加拿大反恐法案及国际反恐公约的执行》；黄风著《引渡制度》（增订本）；黄风、赵林娜主编《国际刑事司法合作：研究与文献》；盛红生著《国家在反恐中的国际法责任》；何秉松等《恐怖主义概念比较研究》一文；李伟等《国际反恐的困境与启示》一文；古丽阿扎提·吐尔逊、阿地力江·阿布来提著《中亚跨国犯罪问题研究》；杨隽、梅建明著《恐怖主义概论》；王伟光著《恐怖主义·国家安全与反恐战略》；黄瑶等著《联合国全面反恐公约研究——基于国际法视角》；阮传胜著《恐怖主义犯罪研究》；马长生、贺志军等著《国际恐怖主义及其防治研究——以国际反恐公约为主要视点》等。

国内学者赵秉志、王秀梅、余敏友、管建强、李寿平、马长生、简基松、李伯军等人都在其著作或论文中对恐怖主义的国际法问题进行了系统全面的阐释，并就反恐国际法与国内法协调问题进行了一定的探讨。根据笔者掌握的有关文献，可以进行如下梳理：第一，就与恐怖主义相关的国际公约进行了系统性分析。马长生、贺志军等的《国际恐怖主义及其防治研究——以国际反恐公约为主要视点》，在研究中侧重对与恐怖主义有关的国际性公约进行针对性分析，探寻这些公约对于中国应对恐怖主义的意义。第二，对国际刑事司法中恐怖主义罪的管辖权、刑事责任模式等问题进行了一定程度的探索。管建强、李寿平、简基松、王秀梅（2008—2017）从国际法角度提出了恐怖主义罪行界定、犯罪责任模式等问题，为进一步研究恐怖主义罪的习惯国际法认定提供了理论基础。第三，从国际法角度探索了域外反恐立法的经验。杨阳、胡国莉、罗刚（2014—2016）对美国反恐立法、俄罗斯反恐立法、欧洲反恐立法等反恐法律机制的经验进行了详细阐述，对我国反恐法律体系构建与完善有重要的借鉴意义。赵秉志、牛忠志（2017）在研究中探讨了我国《反恐怖主义法》中可能存在的问题，为我国建立完善的反恐法律制度提供了重要的理论基础。此阶段的研究成果的最大特点是对我国实施的《反恐怖主义法》的一种积极的学术反映。

国际上，美国、英国等一些恐怖主义犯罪高发的国家，较早开展了恐怖主义犯罪立法的理论研究，代表性的论著有内奥米·诺伯格（Naomi Norberg）的《恐怖主义与国际刑事司法》（Terrorism and International Criminal Justice：Dim Prospects for a Future Together）；维克托·V. 拉姆拉伊（Victor V. Ramraj）、迈克尔·荷尔（Michael Hor）、肯特·罗奇（Kent Roach）等主编的《全球反恐立法和政策》（GlobalAnti-terrorism Law and Policy），剑桥大学出版社 2005 年版；肯特·罗奇（Kent Roach）所著的《比较反恐法》（Comparative Counter-Terrorism Law），剑桥大学出版社 2015 年版；莎拉·摩丝（Sarah Moulds）所著的《澳大利亚的议会权利审查和反恐立法》（Committees of Influence：Parliamentary Rights Scrutiny and Counter-Terrorism Lawmaking in Australia），斯普林格出版社 2020 年版。同时，这些国家建立起了相对完备的法律体系，如英国制定了专门的《反恐与安全法案》（Anti-Terrorism and Security Act），美国制定了《爱国者法案》（USA Patriot Act）等。总体来看，国外学者研究的领域较为宽泛，既包括实体法，也包括程序法，还包括行政法等。此外，国外学者重点把目光聚焦于反恐国际公约和安理会决议等国际反恐法律文件，偏重从国际法角度探讨，尤其是对人权保障予以特别关注，这反映了国外学者对人权的重视，但同时他们对立法模式和立法内容等微观问题重视不足。

例如，内奥米·诺伯格在《恐怖主义与国际刑事司法》一书中，探索了各国在恐怖主义定义上的僵局，对将恐怖主义作为国际犯罪的争端，以及与"反恐"政策相关的人权侵犯问题进行了深入研究。

本书旨在通过系统梳理研究国际刑事司法惩治恐怖主义罪行的实践经验，对国际刑事法院与各个法庭的法理依据与程序规则进行鉴别与比较，试图探索国际刑事司法惩治恐怖主义罪行的普遍制度路径，尝试探析建立恐怖主义犯罪普遍管辖权的可能性与可行性。此外，通过对国际刑事司法实践的研究，以期对我国反恐司法制度的完善有借鉴意义。

可以说已有的研究成果仍存在一些薄弱环节和不足之处：

第一，结合我国反恐实践的研究尚显不足。法学理论研究虽然离不开抽象的逻辑推理，但同时它也是一门实用性很强的学科，目前我国学者对实证研究重视不够，少有人能结合国内外的恐怖主义犯罪案例进行研究。同时，惩治恐怖主义犯罪的刑事司法制度既有国际性的共性，也存在各国的特殊性。现阶段多是对外国资料的堆砌，与我国国情及反恐局势结合不足；在研究基础理论时，过多照搬外国学者的观点；还有些学者在研究国际公约、国际立法时简单移植条文，缺少对内容的深入分析，未能着眼于我国法律传统的本土化观念。

第二，尚未形成成熟的理论体系。国内学者对恐怖主义的研究比较多的是将恐怖主义作为一项具体的罪名列入立法规制层面进行考虑，从刑法学和犯罪学的视角切入，但是，对国际反恐公约与我国《反恐怖主义法》之间的协调问题研究不足。恐怖主义犯罪立法的完善必须要有扎实的理论基础作为支撑，但目前我国学术界尚未形成较成熟的理论体系，而呈现一种分散的研究态势，彼此欠缺逻辑上的联系，一些领域存在重复研究，而另一些领域则无人问津，如恐怖主义犯罪的性质等。总之，对恐怖主义犯罪立法缺乏系统、深入的理论研究成果。

第三，理论研究的深度仍有待加强。首先，要合理界定基础性的理论问题，包括恐怖主义犯罪概念的界定、恐怖主义犯罪构成要素、惩治恐怖主义犯罪司法制度等，这些问题是本书研究的逻辑起点，为下一步研究做理论上的铺垫。其次，以惩治恐怖主义犯罪的国际刑事司法实践为研究对象，探讨国际刑事司法实践的一般规律，包括被告人的权利与被害人正义之间的平衡等。这些都需要进一步研究。

为了应对恐怖主义威胁，我国于 2015 年公布了《反恐怖主义法》，对恐怖主义罪行的界定与惩治作了专门的规定。然而，由于恐怖主义犯罪具有复杂性，往往涉及跨国因素，仅仅依靠一个国家的国内司法力量难以有效打击。我国《反恐怖主义法》第 68 条规定，"中华人民共和国根据缔结或者参加的国际条约，或者按照平等互惠原则，与其他国家、地区、国际组织开展反恐怖主义合作。"本书将以《反恐怖主义法》的要求为切入点，系统考察国际刑庭惩治恐怖主义犯罪的实践经验，重点研究惩治恐怖主义犯罪的相关理论与实践问题，为协调我国国内法与国际法，促进我国反恐司法合作提供丰富理论基础。

我国《反恐怖主义法》已经规定了关于"恐怖活动组织和人员的认定、安全防范、情报信息、调查、应对处置、国际合作、保障措施、法律责任"等一系列反恐法律措施与制度，然而这些法律制度还有诸多值得进一步深入研究的内容，本书通过研究国际刑法视域下惩治恐怖主义犯罪的法律问题，为我国这些法律措施、制度的操作分析发挥重要借鉴作用。

本书关于国际刑庭审理恐怖主义犯罪的实证研究的尝试在一定程度上丰富和发展了国际刑事司法反恐的理论，同时考察与反思了我国反恐法律制度中存在的问题与不足。恐怖主义行为是国际社会公认的严重威胁人类和平与安全的国际罪行之一，世界各国也一直致力于开展打击恐怖主义犯罪的国际合作活动。实际上，恐怖主义行为的危害并不亚于战争罪、侵略罪、反人类罪及种族灭绝罪等其他几种已经明确由国际刑事法院（ICC）与国际刑事法庭（ICT's）管辖的国际犯罪。但是，由于政治分歧、狭隘的主权观、民族利益纷争等原因，各国对于恐怖主义的概念始终无法达成一致认识，对恐怖主义犯罪的国际立法也迟迟无法出台，这不仅阻碍了国际反恐合作的进行，还直接阻碍了国际刑事审判实践中对恐怖主义罪行的惩治，导致了对罪大恶极的恐怖主义分子难以追究刑事责任的"有罪不罚"现象频繁发生。总而言之，对国际刑事司法实践中恐怖主义罪行界定与刑事责任模式进行系统研究与探索，并对其研究成果进行鉴别和探析，对丰富国际刑事司法惩治恐怖主义犯罪的理论具有重大意义。

恐怖主义是一种国际法上的犯罪吗？

一、国际法中恐怖主义"犯罪化"进程

恐怖主义的历史与使用暴力来影响政治事务的历史一样古老。长久以来，各个国家通过国内立法将诸如谋杀、殴打、纵火等恐怖主义行为定为刑事犯罪。但是，国际法上将恐怖主义定罪的过程却不是一蹴而就的，国际法中将恐怖主义定为刑事犯罪的过程始于 19 世纪，经历了三个阶段：①引入政治犯罪（19 世纪初）；②反无政府主义倡议（19 世纪末至 20 世纪初）；③恐怖主义公约草案（20 世纪 30 年代至今）。最后阶段是始于 2001 年的"全球反恐战争"，是对"9·11"恐怖袭击的反应。在过去的 20 年中，处理恐怖主义的国际条约、国际惯例比以往任何时候都得到了长足的发展。为了评估是否有足够的国际实践证据支持将恐怖主义定为犯罪的新国际规则演变的结论，还必须在以下各节中定义合法性原则和习惯国际法的标准。国际法从来都不是严格的实证主义，而是具有一定灵活性。在法律不明确的地方，可以作出法律决定，此类决定受国际刑事司法宗旨的限制。

（一）从政治犯罪到恐怖主义

关于今天"恐怖主义"的国际辩论大约始于两个世纪前，当时欧洲国家考虑如何处理犯有政治罪行的外国逃犯。1833 年，奥

地利、普鲁士和俄罗斯签署了有关引渡条约，以对据称犯有叛国罪、共谋颠覆王位和政府安全、参与叛乱的个人进行引渡。[1] 另一方面，新的革命政权赞成不引渡的观点，因为它们支持针对其他国家反对压迫政权的革命行为。例如，1793 年法国宪法规定的为那些"为自由事业"而被流放的外国人提供庇护。这些条约的主要实际问题是定义"政治犯罪"一词。在 1854 年暗杀拿破仑三世失败的著名案例中，比利时法院拒绝将两名暗杀者引渡到法国，因为他们被确认为政治罪犯。而最终比利时引渡法还是进行了修改，于 1856 年引入所谓的"攻击"（attentat）条款，其中规定："不应将谋杀外国政府首脑或其家庭成员的行为视为政治犯罪。"现代国际法学奠基人之一奥本海（Lassa Oppenheim）对此条款提出了批评，认为发生可能出于政治动机或出于政治目的而谋杀国家元首的特殊情况，不应当引渡。[2]

19 世纪末，在反无政府主义者的倡议下，需要加强国际合作来打击出于政治动机的暴力，当时俄罗斯和德国政府发起了一次国际反无政府主义会议，该会议于 1898 年在罗马举行。[3] 会议的关键问题是明晰"无政府主义行为"的定义。最后，会议将"无政府主义行为"定义为旨在通过一切社会组织的暴力手段破坏的行为，该定义强调了行为者的具体破坏性政治意图。会议之后，相关方面开展了关于改善警察合作的谈判，该谈判于 1904 年结束，当时大多数欧洲国家在圣彼得堡签署了《国际无政府主义战争的秘密议定书》（Secret Protocol of the International Anarchist War）。该

---

〔1〕 Lassa Oppenheim, *International Law: A Treatise*, *Vol. I: Peace*, London: Longmans, Green, and Co., 1905, p. 391.

〔2〕 Lassa Oppenheim, *International Law: A Treatise*, *Vol. I: Peace*, London: Longmans, Green, and Co., 1905, p. 390.

〔3〕 Richard B. Jensen, "The International Anti-Anarchist Conference of 1898 and the Origins of Interpol", *Journal of Contemporary History*, 16 (1981), p. 323.

秘密议定书的目的是具体说明警察的驱逐程序,促成部门间的合作并建立反无政府主义者的办公室。无政府主义者的暴力行为激发了这些努力。

对弗朗兹·费迪南大公(Archduke Franz Ferdinand of Austria)的暗杀引发了第二次世界大战,所有合作举措都停止了。对南斯拉夫国王亚历山大一世的另一次暗杀再次唤起了国际社会对打击恐怖主义的国际手段必要性的共识。结果就是国际联盟(League of Nations)1937年拟定的《预防和惩治恐怖主义公约》(Convention on the Prevention and Punishment of Terrorism),有24个国家签署了该公约。该公约将恐怖主义行为定义为"针对一个国家并意图或故意在该国制造恐怖的犯罪行为"。这实际上是恐怖主义的重要要素,它明确地确立了特定的主观要素,其目的是将恐怖主义与诸如谋杀之类的普通犯罪区分开来,1937年《预防和惩治恐怖主义公约》第2条对"犯罪行为"进行了规定,其中包括以下故意实施的行为:

(1)对某些受保护的人(国家元首及其配偶,以公共身份对其行为负有公共职能的人员)造成死亡,严重的人身伤害或丧失自由的行为;

(2)公共财产或具有公共目的的财产的破坏或损害;

(3)故意危害平民人口生命的行为;

(4)具有实施上述犯罪行为的任何企图;

(5)制造、获取、拥有或供应武器、弹药、爆炸物或有害物质,以期犯本条所指的罪行。

1937年《预防和惩治恐怖主义公约》明确规定,所有这些行为只有在按照第1条指出的特定意图实施时,才构成恐怖主义。换言之,必须具备一定的主观意图(例如具有在特定人群心中造成恐怖状态的意图)才构成恐怖主义,比其他刑事犯罪(如谋杀)要遵循更加严厉的犯罪构成。在德国这样的大陆法系国家,动机通常与加重犯的确定有关。[1] 然而，在部分国家的刑法中，动机有时也间接导致加重犯。所有相关的刑罚理论都证明了这一观点的合理性。功利主义观点认为，出于邪恶动机的犯罪者对社会更加危险，需要用更严厉的惩罚加以制止。

虽然没有商定的恐怖主义定义，但许多公约仍对恐怖主义的具体行为作出规定。第二次世界大战后联合国成立，其所作出的第一个倡议是起草一项公约，为飞行中的民用飞机提供刑法的保护——1963 年《关于在航空器内的犯罪和犯有某些其他行为的公约》（Convention on Offences and Certain Other Acts Committed on Board Aircraft，又称《东京公约》）。随后又有两项旨在保护飞机安全的公约。该领域的下一项国际条约是 1973 年的《关于防止和惩处侵害应受国际保护人员包括外交代表的罪行的公约》（Convention on the Prevention and Punishment of Crimes Against Internationally Protected Persons），为过去被恐怖分子长期作为目标的某些类别的人（主要是国家元首、总理和外交部长）提供刑法的保护。尽管上述公约已经将某些典型的恐怖主义行为定为犯罪，但 1979 年的《反对劫持人质国际公约》（International Convention Against the Taking of Hostages，以下简称《劫持人质公约》）走得更远。《劫持人质公约》对以胁迫国家或国际组织为目的（政治动机）劫持人质实施了刑事禁令。此外，该公约还采取了进一步措施，将劫持人质以强迫他人的行为定性为刑事犯罪。例如，绑架儿童以强迫父母为赎回儿童支付赎金，这显然与恐怖主义无关，而是其他刑事犯罪。随后的国际条约是 1980 年的《核材料实物保护公约》（Convention on the Physical Protection of Nuclear Material），该公约对获取、拥有、分发和威胁涉及核材料的各种行为规定了刑事制裁。

---

[1] George P. Fletcher, *Rethinking Criminal Law*, Oxford: Oxford University Press, 1978, pp. 326-328.

此后，1988 年《制止在为国际民用航空服务的机场上的非法暴力行为的议定书》（Protocol for the Suppression of Unlawful Acts of Violence at Airports Serving International Civil Aviation）扩大了应予惩处的犯罪清单，其中包括在国际机场实施的某些暴力行为。同年，又通过了两项国际条约，以保护海洋上的物体不受攻击。随后，1991 年《关于在可塑炸药中添加识别剂以便侦测的公约》（Convention on the Marking of Plastic Explosives for the Purpose of Detection）禁止了与未标记的塑料炸药有关的行为。

仅从这些国际文件的标题就可以明显看出，起草者似乎竭尽全力避免在任何禁止行为中使用"恐怖主义"一词。对于这种犹豫，有两个合理的解释：首先，起草者不想承担定义"恐怖主义"的负担。其次，起草者还想禁止某些非恐怖行为的刑事犯罪（例如，在没有任何公共或政治影响的情况下，通过劫持人质以强迫他人）。但是，也可以通过辩称这些公约最初虽然不是真正的恐怖主义公约，但确实是将特别危险的跨国犯罪定为犯罪来弥补"恐怖主义"定义的缺失。

然而，情况发生改变，之后的公约已广泛地包括"恐怖主义"一词。在这一新浪潮中，第一个是 1997 年的《制止恐怖主义爆炸事件的国际公约》（International Convention for the Suppression of Terrorist Bombings），该公约建立了在某些公共场所使用爆炸物和其他致命装置的普遍管辖权制度。紧随其后的是 1999 年《制止向恐怖主义提供资助的国际公约》（International Convention for the Suppression of the Financing of Terrorism），该公约尤其重要，因为它将以前的公约中的罪行"转化"为恐怖主义罪行，并列入其附件。该公约通过根据区分政治动机的要求，将恐怖主义与传统刑事犯罪区分开来。2005 年《制止核恐怖主义行为国际公约》（International Convention for the Suppression of Acts of Nuclear Terrorism）朝着这一方向迈出了实质性一步，采用了与《劫持人质公约》相同的政治动机标准。

在将 1937 年《预防和惩治恐怖主义公约》与 2000 年《关于国际恐怖主义的全面公约草案》（Draft Comprehensive Convention on International Terrorism）进行比较时，由于实质性要素和政治动机基本相同，因此并无重大差异。[1]《关于国际恐怖主义的全面公约草案》第 2 条规定，任何人"如果以任何方式，非法和有意地造成以下行为，即构成本公约所指的罪行：（a）任何人的死亡或严重人身伤害；（b）对公共或私人财产，包括公共场所、国家或政府设施、公共交通系统、基础设施或环境的严重损害；（c）当行为的目的是根据其性质或背景而对本条第 1 款（b）项所指的财产、场所、设施或系统造成损害或可能造成重大经济损失时，恐吓民众或强迫政府或国际组织采取或放弃任何作为。"

该定义足以涵盖最重要的恐怖主义行为，传统定义的跨国犯罪中都包括了该定义所采取的任何行动。没有必要根据国际法将先前提到的恐怖主义公约所定义的所有行为定为刑事犯罪，因为国际刑法只应惩处最严重的国际罪行。《罗马规约》序言中明确表示，"对于整个国际社会关注的最严重罪行，绝不令其逍遥法外"。

（二）关于合法性原则的当代观点

关于恐怖主义是不是国际法之下的犯罪的讨论，应与关于合法性原则的理论联系起来，其中包括"法无明文不为罪"（*nullum crimen sine lege*）原则。为了了解在习惯国际法范围内是否发生了特定的犯罪，必须首先确定需要符合哪些合法性原则标准。

关于合法性原则的两种相反观点来自法律实证主义和自然法思想。如果我们对合法性原则采用实证主义的方法，例如约翰·

---

〔1〕 Report of the Ad Hoc Committee established by G. A. Res. 51/210 of 17 December 1996, Jan. 28-Feb. 1, 2002, U. N. Doc. A/57/37.

奥斯丁（John Austin）提出的方法，那么该标准将是如此之高，以至于习惯国际法根本无法满足。也就是说，只有联合国所有会员方均批准的，明确定义为恐怖主义罪行，明确地标记为国际法上的罪行，由国际条约编纂并得到联合国所有会员方的批准，才能真正满足严格的合法性原则，即"法无明文不为罪"。

另一方面，根据具有更大灵活性的自然法理论，只需足以证明国际惯例表明恐怖主义是对国际社会的巨大威胁和损害，就应当被禁止并应根据国际法予以惩处。这就是第二次世界大战后在纽伦堡审判与东京审判中引入反人类罪的方式。起诉反人类罪的重要法律依据是1907年《海牙第四公约》（即《陆战法规和惯例公约》）的序言中的"马顿斯条款"(Martens Clause)，该条款宣布了对国家法律原则的遵循，因为这些原则源自人性、文明、公共良知。

上述两个概念类似于针对国际正义的相对的个人主义和集体主义方法。个人主义学者认为，保护个人不受公共权力的任意支配更为重要（*favor rei*），而集体主义学者则宁愿强调国际社会利益，允许对可能严重违反国际社会基本价值理念的任何犯罪进行惩罚。直接功利主义者也支持后一种做法，即通过惩处实施者，国际社会立即发出信息表明对这种行为是不能容忍的，来维护受害者利益。另一方面，个人主义观点是建立在间接功利主义基础上的，间接功利主义更可能放弃对某个恐怖分子的惩罚，以防止在惩治不确定国际罪行时的任意性裁量权。

回顾纳粹德国通过1935年刑法修正案废除合法性原则，该修正案允许在"人民的健康情绪"的基础上定罪和处罚，一言以蔽之：集体主义方法支持任意性裁量权。典型例子是在全球反恐战争期间建立的美国关塔那摩湾拘留营（Guantanamo Bay detention camp）。有趣的是，法律实证主义的代表人物德国法学家汉斯·凯尔森（Hans Kelsen）承认他无法解释"正义"一词。在第二次世界大战期间纳粹政权的恐怖影响下，他的理论观点发生了变化，因为德国士兵在杀害犹太人时是按照法律行事。就是说，凯尔森在美国的第一年，作为一个从欧洲逃脱的犹太人，由此意识到严格实证主义的弊端，并在1943年写下这样一段话："'法不溯及既往'作为一项积极的法律原则并非没有例外。其依据是道德观念，即如果个人在实施行为时，既未意识到自己的行为存在错误，也确实不知该行为构成错误，那么便不应要求其对该行为负责。但是，从道义上讲，他们在行为构成严重违背道德的行为时，不仅从道德上而且从法律角度来看，都应对违反国际法的行为负责，禁止事后法律的原则不适用于该条规则。"[1]

第二次世界大战后，作为对法律实证主义的反应，由古斯塔夫·拉德布鲁赫（Gustav Radbruch）领导的德国新自然法学派发展起来。1946年他发表了著名的学说，后来称为"拉德布鲁赫公式"：首先，所有的实在法都应当体现法的安定性，不能够随意否定其效力；其次，除了法的安定性之外，实在法还应当体现合目的性和正义；最后，从正义角度看，若实在法违反正义达到不能容忍的程度，它就失去了其之所以为法的"法性"，甚至可以看作是"非法"的法律。自发布以来，德国联邦宪法法院在各种情况下都采用了"拉德布鲁赫公式"，引导对合法性原则的重新思考。

从被告的角度来看，了解被禁止的行为比被告知处罚更为重要。举例来说，"9·11"事件的恐怖主义分子知道他们的行为在阿富汗不受法律惩处，但当然也知道"9·11"恐怖袭击本身是错误的，世界上所有文明国家都禁止这种攻击。虽然，属于宗教激进主义的恐怖分子相信"圣战"的概念，但是，即使是宗教激进主义者也知道，只有少数信徒支持他们对宗教的极端主义解释。因

---

[1] Hans Kelsen, *What is Justice*? New Jersey: Lawbook Exchange Ltd., 2000, p. 24.

此，不仅要满足过失标准，还要满足认知标准：认识到国际社会禁止恐怖主义行为。

受"马顿斯条款"条款的启发，例如《欧洲保护人权与基本自由公约》(European Convention for the Protection of Human Rights and Fundamental Freedoms，又称《欧洲人权公约》）第 7 条第 2 款的规定，允许对犯罪行为进行审判和惩罚，这是"根据文明国家公认的一般法律原则"，表明国际社会希望确保对这一类犯罪的肇事者进行惩罚。尽管《罗马规约》接受严格的合法性原则，但重要的是要记住，《罗马规约》并未将整个国际刑法编纂成法律。《罗马规约》第 10 条、第 22 条都指出，本规约的任何内容均不得解释为以除本规约以外的目的而以任何方式限制现有的或正在制定的国际法规则。因此，《罗马规约》并不会成为起诉恐怖主义的障碍。在国际刑事司法实践中，某些恐怖主义行为已被认定为反人类罪、战争罪和种族灭绝罪，将来可能存在对构成侵略罪的恐怖主义行为提起的国际刑事诉讼。

从对合法性原则的理论分析中，可以得出三个重要结论：首先，观察从纽伦堡审判、东京审判到《罗马规约》的这段历史，有一些合理的论据支持这样一种观点，即从实体正义学说到确立合法性原则的历史性转变。其次，审视《罗马规约》及其当代特别刑事法庭的规约，很明显，习惯国际法仍然不接受严格的合法性原则，而是采用了更为灵活的原则。[1] 最后，习惯国际法不包括"罪刑相适应"(nulla poena sine lege) 原则，因此不必确定刑罚。[2]

---

〔1〕 M. Cherif Bassiouni, *Introduction to International Criminal Law*, Leiden：Brill Academic Publishers, 2003, p.202.

〔2〕 M. Cherif Bassiouni, *Introduction to International Criminal Law*, Leiden：Brill Academic Publishers, 2003, p.201.

（三）习惯国际法的确定

为了审查国际法对恐怖主义的确定过程，有必要解决什么是"习惯国际法"的问题，因为这是最重要的问题。黎巴嫩问题特别法庭（STL，又称"黎巴嫩特别法庭"）的裁决表明存在"习惯国际法的识别危机"。[1]《国际法院规约》（Statute of the International Court of Justice）将"习惯法"定义为"被接受为法律的一般惯例的证据"。法律学说确定了习惯国际法的两个要素：①国际惯例为实质要素（state practice）；②内心确信（opinio juris）是一个主观要素。[2] 但是，这种习惯国际法的定义并不能像最初想象的那样有效。在习惯法概念下，不希望受该规则约束的国家必须提出抗议。[3] 因此，为了理解当代对习惯国际法的处理方法，有必要回顾一下该领域以前的一些发展。

国际法学者皮特·科布贝特（Pitt Cobbet）用一条通向共同目的地的道路来比喻建立习惯国际规则的过程。首先，每个步行者都遵循自己的路线。渐渐地，大多数人遵循一条特定的路线，该路线定义了一条不清晰的道路，最后它形成了一条道路，所有经过该道路的人形成了相同的习惯。在此基础上增加内心确信元素，步行者必须意识到这条道路已成为唯一的办法，因为采取任何其他方式都将违反习惯规则，从而形成默契并达成共识。如果将这个比喻应用于恐怖主义，就会引出一个有趣的结论：恐怖主义已

---

〔1〕 Bruno Simma & Philip Alston, "The Sources of Human Rights Law: Custom, Jus Cogens, and General Principles", *Australia Year Book Of International Law*, 12 (1988-1989), pp. 82, 88.

〔2〕 V. D. Degan, *Sources of International Law*, Dordrecht: Martinus Nijhoff, 1997, pp. 143-144.

〔3〕 Antonio Cassese, "The Geneva Protocols of 1977 on the Humanitarian Law of Armed Conflict and Customary International Law", *Ucla Pacific Basin Law Journal*, 3 (1984), pp. 55-71.

经在"步行者中"多次被讨论过，人们可以同意，对国际恐怖主义罪行有一条正在通向共识的道路。但是，这条道路仍然是不连续的，类似于纽伦堡审判与东京审判时的反人类罪，换句话说，可以说国际社会已经存在许多不同层次的实践，虽然这些实践并没有相同的标准。

根据黎巴嫩特别法庭的决定，一些条约、联合国决议以及各个国家的立法和司法实践表明，已经出现了关于恐怖主义犯罪的习惯国际法。[1] 黎巴嫩特别法庭上诉分庭断言，关于恐怖主义犯罪的定罪与惩罚，国际社会相信惩治恐怖主义是国际社会的必要确信（*opinio necessitatis*）。根据这些论点，分庭得出结论，存在一条禁止恐怖主义的习惯法规则。但是，仅仅禁止一项恐怖主义行为并不一定表明国际法中存在国际恐怖主义罪行。

（四）国际犯罪的实质内容

为了评估恐怖主义在国际法中的地位，有必要研究国际罪行的要素。从理论上讲，有两种类型的要素：①形式要素（行为事实和精神动因）和②实质要素（即反映犯罪本质和犯罪理由的要素）。后者是导致国际罪行发生的要素，因为它们设定了定罪必须满足的标准。第一个解决这个问题的是著名国际法学家谢里夫·巴西奥尼（M. Cherif Bassiouni），他确定了两个替代要素：①既定的行为必须包含国际要素，即构成对国际法的侵犯与违反；②既定的行为必须包含跨国要素，即其行为影响一个以上国家的利益。但是，这种理论基础并不具有很高的实践价值，因为它也涵盖了

---

〔1〕 Marin Wahlisch, "Appeals Chamber Decisions on the Legality of the Special Tribunalfor Lebanon and Trials in Absentia（STL），" *International Legal Materials* 52, no. 1（2013）：163-216.

跨国犯罪。[1] 根据前南斯拉夫国际刑事法庭（ICTY，又称"前南刑庭"）在"塔迪奇案"（Prosecutor v. Tadić）中设定的标准，国际罪行的实质内容如下：①行为必须违反国际法规则；②违反的规则必须是习惯国际法或条约法的一部分；③必须构成严重违反，以致违反重要价值并给受害人带来严重后果；④必须承担个人刑事责任。[2]

现代国际刑法确立了国际犯罪的以下四个实质性要素：

第一，必须违反国际法。可以看到这种违反包括违反了习惯国际法，违法性是确定一项既定行为是国际犯罪的基础和前提。

第二，违法行为构成对国际社会所保护的重要价值的损害。这些重要价值主要是世界的和平、安全与福祉。今天，恐怖主义已经普遍被认为是比其他犯罪对国际和平与安全的威胁更大。

第三，制止这些罪行必须具有普遍利益出发点。有效的起诉存在于普遍利益上，这要通过在国家一级采取措施并加强国际合作来确保实现。有两个重要指标表明国际社会对起诉恐怖主义的普遍关注：其一，法律允许任何国家对肇事者进行起诉（普遍管辖权），或者至少适用"或引渡或起诉"（the aut dedere aut judicare）原则。后者的规定出现在所有联合国反恐怖主义公约中。[3] 其二，从功能上来说，"豁免"原则上不适用，恐怖主义行为不属于国际法上的豁免情形。

第四，国际犯罪应具有情境元素。这是区分常规国内法犯罪（例如谋杀）与国际犯罪的关键。它还将国际犯罪与跨国犯罪和国

---

〔1〕 M. Cherif Bassiouni, "The Penal Characteristics of Conventional International Criminal Law", *Case Western Reserve Journal of International Law*, 15 (1983), pp. 27-29.

〔2〕 Prosecutor v. Tadić, Case No. IT-94-1-Abis ICTY.

〔3〕 Jacqueline Ann Carberry, "Terrorism: A Global Phenomenon Mandating A Unified International Response", *Indiana Journal of Global Legal Studies*, 6 (1998-1999), pp. 685-686.

际法禁止的其他行为（例如酷刑）区分开来。当将其编纂后，通常会在犯罪定义的开头部分指出上下文元素。例如，种族灭绝的意图是"全部或部分消灭一个受保护的团体"，反人类罪是"对平民的广泛或系统的攻击"，战争罪是"具有武装冲突的背景"，侵略罪是"在武装冲突背景下进行有组织的暴力行为"。在恐怖主义的定义中也可以找到上下文元素。根据《关于国际恐怖主义的全面公约草案》第 2 条——根据其性质或背景而言，恐怖主义行为的目的是恐吓人口，或强迫政府或国际组织采取或放弃采取任何行动。这就是国际法学者乔治·弗莱彻（George Fletcher）所说的恐怖主义的"戏剧性特点"，因为如果不进行宣传，对实施者而言恐怖主义行为就没有价值。[1] 黎巴嫩特别法庭的决定也承认这一要素，要求恐怖主义应具备主观意图要素，即在民众中散布恐惧或强迫国家或国际当局这样做或不要这样做。最后，个人刑事责任要素。即使在"塔迪奇案"中，前南刑庭上诉分庭也没有建议对国际罪行的个人责任作出明确的规定，因为最后条件已经隐含在国际法规则基于普遍利益、制止国际犯罪的要求中。[2]

（五）恐怖主义与国际刑事司法的目标

虽然没有关于国际恐怖主义罪的明确规定，依然可以根据传统刑法中规定的犯罪来惩治恐怖主义分子，例如以谋杀来起诉"9·11"事件的实施者，因为最后不论以何种罪名惩治犯罪者，其刑罚可能一样，但是必须承认，这样并不能发挥理想的对国际恐怖主义的威慑作用。一方面，如果国际法不承认恐怖主义为犯罪，则有人可能会认为恐怖主义仍然只是一种政治犯罪而降低了

---

〔1〕　George Fletcher, "The Indefinable Concept of Terrorism", *Journal of International Criminal Justice*, 4 (2006), pp. 894-909.

〔2〕　Sandesh Sivakumaran, "Re-envisaging the International law of Internal Armed Conflict", *European Journal of International Law*, 22 (2001), pp. 219-229.

定罪的可信度。此外，公众可能会错误地认为对恐怖主义的起诉限于国家管辖范围。还有一个真正的危险，就是被告可能会被剥夺获得公正审判的权利，尤其是在目标国家被起诉时。另一方面，在从恐怖主义袭击中受益的国家，也有可能在虚构的程序中对恐怖分子进行审判，也许用象征性的刑法对其进行审判，为他们提供"避风港"从而使其免受真正的起诉与惩罚。这些论点不仅为将恐怖主义确认为国际法下的罪行提供了支持，亦为将恐怖主义定为国际刑事法院补充管辖权下的罪行提供了支持。

美国直接将本·拉登击毙，这与实现国际刑事司法的真正目标，尤其是确保公正审判的目标相距甚远。无论如何，即使国际法已承认恐怖主义，反人类罪的优先级可能依然更高。这些国际罪行通常包含恐怖主义的某些要素与特征，例如系统性、广泛性、政治背景、针对平民人口等，因此很明显，它们之间存在某些重叠之处。在根据国际法评估恐怖主义罪行时，还需要考虑其他一般威慑论点。毫无疑问，普遍威慑力在国际刑罚目标的讨论中仍然占有重要地位。提供可信的起诉威慑当然是实现这一目标的关键先决条件之一。同样重要的是要认识到，只有在充分调查和公开起诉与惩罚的情况下，威慑才是有效的。

此外，为了有效地进行威慑，潜在的犯罪者必须是理性的，因为制裁和执法"可以减少反映理性选择的犯罪，但不太可能对非理性犯罪者产生影响"[1]。事实上，恐怖袭击的直接实施者，尤其是在涉及自杀炸弹袭击者的情况下，通常是非理性的。但是，这些恐怖分子不是国际刑事司法的典型目标群体，而是国内刑事司法的对象。像本·拉登一样，恐怖组织的领导人在大多数情况下都是非常理性的人，他们利用宗教或意识形态的灌输来取得权

---

[1] Miriam J. Aukerman, "Extraordinary Evil, Ordinary Crime: A Framework for Understanding Transitional Justice", *Harvard Human Rights Journal*, 15 (2002), pp. 39–65.

力,从而获得财政支持和人力支持来执行他们所定下的袭击。在许多情况下,恐怖分子显然是坚不可摧的狂热分子,但没有证据表明,恐怖组织负责人中的非理性个体比其他犯罪组织更多。

当今的主要大国并不那么害怕被另一个国家袭击或其国民可能成为种族灭绝罪或反人类罪的受害者,但是这些国家,尤其是美国最为担心的是,可能还会发生另一场恐怖袭击。从这个角度来看,如果《罗马规约》将恐怖主义定为罪行可能有助于吸引主要大国成为缔约方。[1] 总结来说,对这些恐怖分子定罪的最一致的解释就是承认恐怖主义是一种国际罪行,其原因可以概括为如下:①必要的社会谴责(恐怖主义不只是谋杀之类的普通犯罪,但不同于反人类罪和其他国际罪行);②避免通过法外处决进行报复;③将恐怖主义作为一种国际罪行进行惩罚的威慑作用大于仅仅作为一种根据国家法律的罪行;④确保为恐怖主义分子提供公正审判的国际司法程序;⑤国际法的重要发展。承认恐怖主义为国际罪行或违反国际法构成犯罪,可能有助于促进将其纳入《罗马规约》。

二、起诉国际恐怖主义的历史努力

(一) 寻求国际共识

起诉恐怖主义的努力起初并不成功。未能起诉恐怖主义的主要原因在于一些国家根据其政治或意识形态偏好采取行动,如拒绝引渡恐怖主义分子,向其提供庇护、财政支持甚至武器。例如,阿富汗前塔利班政府拒绝引渡"基地"组织恐怖分子。纵观历史,反恐措施主要来源于国内法,而不是国际法。

---

[1] Angela Hare, "A New Forum for the Prosecution of Terrorists: Exploring the Possibility of the Addition of Terrorism to the Rome Statute's Jurisdiction", *Loyola University Chicago International Law Review*, 95 (2010-2011), pp. 103-104.

1934 年 10 月 9 日，前南斯拉夫国王亚历山大一世在法国马赛遇刺后，国际法庭开始努力争取对恐怖分子的管辖权。这一事件导致了 1937 年的《预防和惩治恐怖主义公约》和《设立国际刑事法院公约》（Convention for the Creation of an International Criminal Court）的出台。许多国家当时都曾表示希望签署这两项公约，但是这两项公约最终都没有生效。二战后，1954 年，《危害人类和平及安全治罪法草案》（Draft Code of Offences Against the Peace and Security of Mankind）提议对支持、容忍旨在另一国进行恐怖主义活动的行为进行惩罚，但是该草案亦从未生效。另一方面，联合国大会规定各会员方有义务"在本段所述行为涉及威胁或使用武力时，不组织、煽动、协助或参与另一国的恐怖主义行为，或默许在其领土内进行旨在实施此类行为的有组织活动"[1]。同时，美国试图通过《防止和惩治特定恐怖主义行为公约》（Convention for the Prevention and Punishment of Certain Acts of Terrorism）来建立具有法律约束力的合作，但没有成功。《欧洲制止恐怖主义公约》（European Convention on the Suppression of Terrorism）是在欧洲委员会的主持下由 17 个成员国于 1977 年 1 月 27 日签署的，并于 1978 年生效。该公约明确表达了其成员国的信念，即"引渡是确保恐怖主义行为嫌犯无法逃脱起诉和惩罚的有效措施"。该公约规定，就引渡而言，某些恐怖行为不应被视为政治犯罪。

在关于恐怖主义的其他国际刑法公约中，与起诉和引渡有关的条款都相对比较简短，似乎国际刑法中的政治考虑阻碍了将恐怖主义纳入这些公约。《国际刑法典草案》（Draft International Criminal Code）或《罗马规约》都没有将恐怖主义列为国际罪行，究其原因可能在于希望避免与解放运动的政治和意识形态相冲突，因为有时可能难以区分解放运动与恐怖主义行为。

---

〔1〕 G. A. Res. 2625（XXV），U. N. GAOR，U. N. Doc. G/RES/2625（1970）.

（二）"洛克比案"与联合国行动

起诉国际恐怖主义的总体战略因一个重大事件——洛克比空难事件而改变，这一事件促使国际社会共同致力于打击恐怖主义。1988 年，泛美 103 号航班在苏格兰洛克比上空的一次恐怖袭击中被击落。经过调查，美国和英国起诉了两名利比亚国民，并要求将其从利比亚引渡。1992 年，联合国安理会发布第 731 号决议，谴责对泛美航班的破坏行为，并重申国家有责任防止恐怖主义。该决议以一句有力的话开始："安理会对世界范围内持续存在的各种形式的国际恐怖主义行为感到深深不安，包括那些国家直接或间接参与的，危及或夺走无辜生命的恐怖主义活动。"[1]

第 731 号决议是对利比亚政府和所有其他参与恐怖主义的政府的警告。它建立了一个重要的先例，即要求各方将恐怖主义视为犯罪，如果不这样做，则要求各方承担责任。美国政府回应说，"对恐怖主义的这种协调一致的多边反应是对考虑支持恐怖主义行为或团体的国家的重要威慑。"[2] 安理会针对"洛克比案"采取的下一步行动是针对利比亚"未能积极回应"先前的请求，对利比亚实施制裁。第 748 号决议宣布通过武器禁运和对利比亚国民的旅行限制来制裁利比亚。最后在 1998 年，这个问题得到了解决。利比亚同意根据苏格兰法律允许嫌疑犯在荷兰法庭受审。2001 年 1 月 31 日，荷兰法庭对泛美 103 号航班爆炸案作出判决。法庭认定两名利比亚被告之一犯有谋杀罪，并判处其至少 20 年监禁。[3] "洛克比案"对打击国际恐怖主义的多边行动的国际法的发展起到

---

〔1〕 S. C. Res. 731, U. N. SCOR, U. N. Doc. S/RES/731 (1992).

〔2〕 UN, Report of The Secretary-General (A/48/267/Add. 1), Measures to Eliminate Terrorism, para. 6 (Sept. 21, 1993).

〔3〕 The High Court of Justiciary at Camp Zeist, Her Majesty's Advocate v. Al Megrahi, Case No. 1475/99, at 79 (H. C. J. 2001).

了重要作用，因为该案件反映了国际社会对恐怖主义日益增加的共识。"9·11"袭击后，联合国立即发布的第 1368 号决议是基于第 748 号决议制裁制度的先例通过的。

在"9·11"袭击之前，1999 年联合国安理会通过了第 1267 号决议，再次加大了国际社会的反恐力度。该决议设立了一个恐怖主义委员会，谴责在阿富汗领土内寻求庇护的塔利班恐怖分子，并对阿富汗实施经济制裁和禁运。该决议还要求将本·拉登引渡到被起诉的国家的有关当局，或他将被逮捕并实际绳之以法的国家的有关当局。"洛克比案"和关于塔利班的决议都要求将嫌疑人引渡到他们被起诉的国家。由此产生了一个国际法问题：司法原则基本上要求各国"或引渡或起诉"，然而关于"或引渡或起诉"原则的要求比较模糊，不清楚哪个部分优先，引渡还是起诉？此外，"或引渡或起诉"在制止国际恐怖主义中适用于哪些情形？这些问题都需要进一步系统深入地研究，将在本书第四章进行详细讨论。

（三）黎巴嫩特别法庭

2007 年联合国安理会成立的黎巴嫩特别法庭是世界上第一个对恐怖主义罪行具有管辖权的国际法庭，该法庭对被指控导致黎巴嫩前总理拉菲克·哈里里（Rafiq Hariri）和其他 22 人遇害的 2005 年 2 月 14 日贝鲁特袭击事件的所有负责者进行审判。2011 年 1 月 17 日，法庭检察官丹尼尔·贝勒马雷（Daniel Bellemare）向预审法官提交了一份起诉书。预审法官要求黎巴嫩特别法庭上诉分庭解决包括黎巴嫩特别法庭适用的实体法、刑事责任等有关的十五个问题。作为回应，黎巴嫩特别法庭上诉分庭于 2011 年 2 月 16 日作出了一项具有里程碑意义的裁决。[1] 上诉分庭法官的一致

---

〔1〕 Interlocutory Decision on the Applicable Law: Terrorism, Conspiracy, Homicide, Perpetration, Cumulative Charging, Special Tribunal for Lebanon Appeals Chamber, Case No. STL-11-01/I (Feb. 16, 2011).

裁决是由主审法官安东尼奥·卡塞斯（Antonio Cassese）签署的，他享有黎巴嫩特别法庭上诉分庭的"法官报告员"之称。卡塞斯法官曾任佛罗伦萨大学国际法教授，曾担任前南刑庭庭长。他为前南刑庭撰写的意见是自 1949 年日内瓦公约通过以来国际人道法、国际刑法最重要的理论创新。例如，卡塞斯法官在担任前南刑庭庭长期间，法庭在历史上第一次认为个人刑事责任不仅适用于国际性武装冲突期间，而且适用于在非国际性武装冲突中犯下的战争罪。[1] 此外，还发展了共同犯罪团体责任（joint criminal enterprise liability）的新概念，后来卢旺达问题国际刑事法庭（ICTR，又称"卢旺达刑庭"）、塞拉利昂特别法庭（SCSL）和柬埔寨特别法庭（ECCC）采用了这种概念。[2] 作为黎巴嫩特别法庭上诉分庭的主审法官，卡塞斯法官再次利用了这一历史性的机会，大胆推进国际刑法的发展，试图对恐怖主义犯罪进行界定。

黎巴嫩特别法庭对国际法的最大贡献在于，在国际法中将其认定为犯罪行为，并说明恐怖主义行为的明确定义对于追究其责任而言是没有必要的。正如法律现实主义者会指出的那样，承认恐怖主义为国际罪行与其说是国际法问题，不如说是国际政治问题。那些坚决支持在实体正义上采用严格合法性原则的人常常忽视了这一点，一旦为恐怖主义罪行成为真正的国际罪行敞开了大门，随着反恐怖主义倡议和做法的不断发展，国际社会将不得不等待对《罗马规约》的另一项修正，以便在国际刑事法院实现对恐怖主义的首次起诉。但是在其管辖范围内纳入恐怖主义只是时间问题。2011 年 5 月杀害"基地"组织领导人本·拉登的案件就是这种需要的明确证据。尽管如此，由于现在恐怖分子的行为可

---

　　〔1〕　Prosecutor v. Tadić, Decision on the Defense Motion for Interlocutory Appeal on Jurisdiction, Case No. IT-94-1-AR72.

　　〔2〕　Prosecutor v. Tadić, Judgment, Case No. IT-94-1-A.

能构成战争罪、反人类罪或种族灭绝罪，因此也可以在国际刑事法院被起诉。

三、恐怖主义对国际法的挑战

（一）对国际法一般原则的挑战

国际恐怖主义给传统国际法带来了巨大挑战，重申构成国际社会基础的一般原则变得更加必要。这些原则包括：①追求和平，尽可能不诉诸武力；②尊重人权；③保护无辜平民免于交战行动；④在多边框架内解决争端或危机，避免单方面行动，以便尽可能限制任意行动；⑤通过将被指控的罪犯绳之以法，伸张正义，从而震慑国际犯罪。这些原则有助于限制使用武力，防止其引发暴力反应，破坏国际社会和平与安全的基础。联合国安理会第1368号决议和大会（第56/1号决议）于2001年9月12日通过，明确强调了协调一致和多边行动的必要性。上述决议强调了国际法的权威和采取集体行动的必要性。

1. 恐怖主义是一种武装攻击吗？

描述恐怖主义的另一种方法是将其定义为"战争行为"。有人认为，"国际恐怖主义"是包含国际因素或违反国际准则的暴力行为；"国内恐怖主义"通常是根据普通罪犯的行为被列入国家刑事法规的。无论如何，恐怖主义既是犯罪，也是实施其他犯罪的方法。种族灭绝、战争等国际罪行和反人类罪也可被视为蓄意恐吓平民并在平民中造成恐惧的恐怖主义方法。

今天，恐怖组织主要受意识形态的驱使。美国前总统小布什曾经说过，"美国不是在与一个国家打仗，而是在反对恐怖主义，一种意识形态。"这些团体通常成员较少，没有能力改变政权。然而，"意识形态驱动的团体甚至比叛乱或革命团体更加暴力，因为他们的信仰力量强大，而且他们认为自己的事业是正义的，这种信念一直存在。"意识形态驱动的伊斯兰激进组织，如"基地"组织，对美国和国际社会的影响最大。这些团体是国际性的，因为它们要么是"行为具有国际因素"，要么是"资金和资助来源具有国际因素"。

现代恐怖主义威胁与以往的不同之处在于，现代技术使恐怖分子能够前所未有地在世界范围内进行计划和行动。借助先进的电信技术，他们可以在分散的细胞间协调行动，同时保持在暗处。现在，凭借大规模毁灭性武器的威力，恐怖分子有可能扩大其影响。例如，"9·11"袭击能否被视为战争行为？"基地"组织实施袭击是为了实现一个意识形态和政治目标，改变美国在中东的外交政策。在美国施压下，部分国家承认"基地"组织成员犯下的行为相当于武装袭击，美国及其盟国有权使用武力自卫，非国家行为体的跨国恐怖主义已经成为 21 世纪新的战争手段和方法。

2. 对国际法上"自卫"标准带来的挑战

"9·11"袭击后，国际社会一致对美国表示同情，并强烈谴责这些恐怖主义行为。联合国安理会于 2001 年 9 月 12 日召开紧急会议，通过了第 1368 号决议，其中指出"恐怖袭击对国际和平与安全构成威胁"，该决议根据《联合国宪章》明确提到"单独或集体自卫的权利"。安理会从未明确授权使用武力应对"9·11"袭击。然而，该决议是适用国际法打击恐怖主义的一个重要例子，因为它呼吁各方共同努力，将"9·11"袭击的肇事者绳之以法。"9·11"事件对与自卫有关的国际法规则产生了巨大影响。在那之前，尽管各国和学者之间存在法律争议，但法律图景足够清晰。在一国对另一国进行武装攻击的情况下，在安理会采取行动之前或没有采取任何行动的情况下，受害国可以进行单独自卫，直到安理会介入为止。被侵略的国家也可以请求其他国家的援助，这些国家因此可以采取集体自卫行动。然而，诉诸武力自卫受到严格的条件限制：

（1）自卫反应的必要性必须是"立即、压倒性的、没有任何选择手段、没有时间考虑"；

（2）使用武力完全是为了击退侵略国的武装攻击；

（3）武力必须与击退侵略的目的相称；

（4）一旦侵略结束，或安理会已经采取必要措施，就必须停止使用武力；

（5）采取自卫行动的国家必须遵守国际人道法基本原则，例如，尊重平民、避免使用武器造成不必要的痛苦等。

安理会的干预是对侵略的另一种可能的反应。安理会可以授权侵略的受害者以及其他国家对侵略者使用武力。至于如何对恐怖袭击做出反应的具体问题，一些国家（特别是以色列、美国和南非）认为可以使用武力自卫，以恐怖主义基地为目标，对这种袭击做出反应。这种自卫依据的是这样一项原则，即这些国家通过窝藏恐怖组织，以某种方式促进或至少容忍恐怖主义，因此可以视为恐怖主义的"帮凶"，这些国家应对所谓的间接"武装攻击"负责。然而，大多数国家不同意，更不用说支持这一观点。此外，针对除"武装攻击"本身以外的小规模使用武力的武装报复，被视为针对国家和恐怖组织的非法行为，"9·11"事件极大地改变了关于自卫的法律框架。具体举例，联合国安理会第1368号决议，存在含糊不清之处。在其序言中承认个人和集体自卫的权利，同时将"9·11"事件的恐怖主义行为定义为"对和平的威胁"，并没有明确指出恐怖袭击是根据《联合国宪章》第51条使自卫合法化的"武装攻击"。该决议还表示安理会将采取一切必要步骤应对恐怖袭击。换句话说，如果有必要，安理会可能宣布准备授权采取军事和其他行动。因此，事实上，这项决议表明，安理会在严格限制使用武力与屈从于美国的单边行动之间摇摆不定。

国际法有两种类型的自卫：一种是国际公法中的自卫，[1] 也就是《联合国宪章》第51条规定的自卫权；另一种是国际刑法中的自卫。[2] 关于攻击也有两种：实际攻击和预期攻击。无论是在一个国家内发生攻击（内部攻击）还是针对另一个国家的攻击（国际攻击）。国际法上关于对预期攻击的自卫饱受争议。也就是说，在实际攻击另一个国家的情况下，防御性反应为时已晚，并且从实际的角度来讲，这将要求各国遭受伤害才能保卫自己。正如迈尔斯·麦克杜格尔（Myres McDougall）所写的那样，在面对即将来临的军事攻击时强加给国家"坐以待毙"的态度，并不符合《联合国宪章》的主要目的，即最大程度地减少未经授权跨越国界使用武力。[3]

但是，即使拒绝允许预期自卫，通过解释未遂定律，也可以在内部攻击和国际攻击的情形中实现预期自卫的目的。也就是说，从企图进行非法行为的那一刻起，被攻击者就具有自卫权。比较刑事法律中存在的三种主要学说：实质性步骤、危险接近和最后行为理论。第一个主要存在于受《模范刑法典》（Model Penal Code）影响的司法管辖区以及《罗马规约》[4]中，通常被解释为比其他两个理论更早地禁止犯罪活动。[5] 这意味着自卫权是从准备行为成为进行非法袭击的重要步骤时，即当尝试进行攻击时，这种攻击已经不再被认为是预期的。

传统国际法上，只有针对国家的自卫才是正当的。因此，目标是明确的：侵略国；目的很清楚：击退侵略。因此，自卫武装

---

〔1〕　U. N. Charter, Art. 51.

〔2〕　Rome Statute, Art. 31 (1)(c).

〔3〕　Myres S. McDougal, "The Soviet-Cuban Quarantine and Self-Defense", *American Journal of International Law*, 57 (1963), pp. 597-601.

〔4〕　Rome Statute, Art. 25 (3)(f).

〔5〕　U. S. v. Rahman, 189 F. 3d 88 (2d Cir. 1999).

行动的持续时间也相当清楚：直到侵略结束。相反，现在所有这些条件都变得模糊了。自卫的目标、时机、持续时间与合法手段都会出现问题。自卫武装行动的目标问题引起了三个严重问题。第一个问题在于，虽然在"经典"自卫中，目标当然是侵略的国家行为者，但现在必须针对的是恐怖组织，那么是否可以对窝藏这种组织的国家领土使用武力？这种针对侵犯主权行为的自卫在法律上是有理由的，因为它协助和教唆恐怖主义，或者换句话说，因为它违反了联合国各项决议规定的国际义务，任何国家都有义务"不组织、煽动、协助或参与另一国的恐怖主义行为，或默许在其领土内针对这种行为的有组织活动"。因此，协助和教唆国际恐怖主义等同于使用武力自卫的合法化要素中的"武装攻击"。第二个问题涉及目标国家的范围。例如，组成据称策划和组织"9·11"袭击的组织的整个恐怖分子网络遍布60个国家之多。如何界定合法使用武力自卫的国家数量呢？此外，传统或经典自卫必须是对侵略的直接反应，或者自卫必须在联合国安理会的授权下采取行动。受害国也不能诉诸武装报复，武装报复被认为违反国际法。第三个问题，虽然很容易确定"传统"自卫何时必须结束，但在恐怖主义袭击的情况下，自卫行动的持续时间可能无法事先确定。就使用的手段而言，事情变得更加复杂。"经典"自卫授权在国际人道法规定的范围内对军事目标诉诸武力。现在看来，一些国家倾向于使任何形式的诉诸暴力合法化，包括各种手段和方法，甚至包括对恐怖分子的法外暗杀以及使用核武器。这可能会成为"潘多拉之盒"，严重损害国际社会的安全与和平。

（二）对国际人道法的挑战

1. 恐怖主义分子是否具有国际人道法上的战斗员资格？

部分学者主张战争法适用于国际恐怖分子，因为"9·11"恐怖袭击类似于战争行为，其后果与破坏性不亚于一次武力攻击。

然而，国际法并不明确非国际性武装冲突传统上涉及"内战"或"内部冲突"的概念与"基地"组织的冲突不太适合这种非国际性武装冲突的模式。根据1949年"日内瓦四公约"和附加议定书，这包括两个或两个以上缔约方之间可能发生的所有宣战或任何其他目标冲突的情况，即使其中一个缔约方不承认战争状态。《第一附加议定书》（Additional Protocol I to the Geneva Conventions，以下简称《第一议定书》）和"共同第3条"（Common Article 3）都没有关于一个国家与一个对领土没有控制权的跨国恐怖主义集团之间的国际武装冲突的规定。当一个国家对恐怖组织采取自卫军事行动时，根据国际人道法，恐怖分子本身不会成为特权战斗人员。他们是非法战斗人员，无权获得战俘身份。他们没有战斗豁免权，可以因所有敌对行为受到惩罚，包括杀害士兵，因为他们无权直接参与敌对行动。

"9·11"恐怖袭击直接针对平民，恐怖主义袭击不是发生在"日内瓦四公约"意义上的武装冲突中。恐怖分子是非法战斗人员，无权获得战俘身份。然而，"日内瓦四公约"不足以解决被抓获的恐怖分子是不是《日内瓦第四公约》规定的"受保护人员"这一问题。应当制定与"基地"组织等非国家行为体有关的国际条约，以弥补在如何界定跨国恐怖分子身份方面的国际法律缺陷和空白。

国际社会各个国家对于恐怖主义的立场可以归纳为以下三种，不一定彼此排斥，在某些情况下甚至是重叠的：

第一种立场，坚持认为从事自决战争的人民或组织的任何行为均免于"恐怖主义"的标签，即使他们从事针对平民的攻击。但是，这些国家没有明确说明将由什么法律管辖此类行为，或者更简单地说，这些行为是否应根据国际法授权管辖。例如，巴基斯坦在2002年加入1997年《制止恐怖主义爆炸事件的国际公约》时就采取了这种立场。《制止恐怖主义爆炸事件的国际公约》规定武装冲突中包括自由战士在内的武装部队的活动均应遵守国际人道法的规定。巴基斯坦提出了一项保留意见，试图排除将反恐公约适用于武装冲突，但是没有澄清国际人道法是否必须涵盖这种冲突中自由战士对平民使用武力的行为。埃及、约旦和叙利亚在批准或加入《制止向恐怖主义提供资助的国际公约》时也提出了类似的保留立场。

第二种立场，认为尽管自由战士在民族解放战争中所进行的任何行为都完全不受国际反恐法律规则的约束，但它仍然受到国际人道法的管辖。这种观点认为争取自决的合法性并不意味着允许无辜平民受到攻击。伊斯兰会议组织成员国参加联合国为拟订一项《关于国际恐怖主义的全面公约草案》而进行的谈判时提出了一项条款草案，其中载有著名的恐怖主义的例外。该提案阐明了阿拉伯和伊斯兰国家迄今使用的模棱两可的措词，明确指出，在武装冲突中"包括在外国占领的情况下"采取的行动不在公约范围内，因此不得归类为"恐怖主义行为"。尽管如此，这些行动仍然被国际法的其他规则，特别是国际人道法所涵盖。从逻辑上讲，如果这些行为违反了这些规则，其实施者可能会受到基于其他有关国际法规则的起诉。如果主要目的是在平民中散布恐怖的罪行，其犯罪者将根据本国国内法和国际法受到针对此类罪行的惩罚。

由此可以看出，如果仅仅是删除那些违反国际法的"自由战士"行动的"恐怖主义"的标签，这些行为的实施者仍然可能因其犯罪行为而受到起诉和惩罚。外交争执最终归结为本质上意识形态的争议，即关于如何进一步将毫无争议的犯罪行为定性为恐怖主义行为或战争罪行？但是，意识形态和社会心理上的这种差异并不是解决问题的答案。因为，将某行为归类为恐怖主义行为可能会触发公权力使用中通常不会授权用于任何普通犯罪或任何战争罪的一系列调查权力。因此，如果将武装冲突中的"自由战士"的行为单独分配给国际人道法管辖并达成协议，那么执法机构应享有的全部调查权力和随之而来的措施可能不再适用于这些恐怖主义行为。

尽管如此，在西方国家也可以看到一种趋势，即在武装冲突中采取的行动被从恐怖主义的法律规制范围中排除，并被置于国际人道法的法律适用之下。

第三种中间立场，将国际反恐规则的适用与国际人道法相结合。《制止向恐怖主义提供资助的国际公约》载有这一观点，该公约的 153 个当事方中有 150 个对此表示赞同。这一立场的支持者认为，武装冲突中"自由战士"和其他战斗人员的袭击，如果是针对军事人员和符合国际人道法目标的袭击，是合法的，不能称为恐怖主义。如果相反，它们以平民为目标，其目的是恐吓平民，就等于恐怖主义行为，因此不是战争罪。因此，敌对行为并没有留给国际人道法专属法律支配。总而言之，关于恐怖主义的原则和规则适用于武装冲突。

迄今为止，国际社会尚未就上述三个立场中的任何一个达成共识。但是，第二和第三种立场似乎被许多国家广泛共享。《关于国际恐怖主义的全面公约草案》的谈判表明，第二种立场正在逐渐得到越来越多的支持。另外，如上所述，《制止向恐怖主义提供资助的国际公约》的 150 个缔约方支持第三种立场，至少在资助恐怖主义的重要问题上，大多数国家认为应混合适用反恐怖主义法律和国际人道法规范。

第二和第三种立场之间的区别非常明显。第二种立场假定两个法律体系，反恐怖主义规范和国际人道法之间僵硬的二分，结果是在武装冲突时期恐怖主义规范不再适用，由国际人道法接管。相反，第三种立场是基于两个法律体系可以合并并且同时适用的观念。如前所述，乍一看，这两种立场在实际用语上没有重大区别。在武装冲突期间（包括在被占领土内），交战方（无论他们是不是合法战斗人员）对平民或民用物体的攻击均被定为犯罪。他们被定为恐怖主义罪或战争罪。但是，存在两个方面的差异：其一，授予刑事调查员的权力范围不同。在恐怖主义犯罪案件中，刑事调查员通常具有较广泛的调查权限，可以对涉嫌恐怖活动的个人或团体进行深入调查，包括对恐怖活动的准备行为、策划阶段等进行取证。而在战争罪案件中，调查员的权限通常局限于战争期间或战争背景下对违反国际人道法的行为进行调查，特别是针对武装冲突中的行为。其二，犯罪构成的标准不同。恐怖主义犯罪的构成不仅包括实际的恐怖行为，还包括恐怖活动的准备行为和策划行为，这些准备行为本身就可以被定为犯罪。相比之下，战争罪的构成通常要求对平民或敌方人员的实质性攻击，单纯的准备行为或计划并不构成战争罪，只有在实际实施暴力行为时，才能被定为犯罪。

作为在和平时期实施的离散形式的国际罪行的国际恐怖主义具有以下条件：①通常在国家法律体系中被定为犯罪；②具有国际性质，即其行为的影响不限于一个国家；③出于旨在强迫一个国家或国际组织做或不做某事的目的；④为此目的使用两种可能的方式——在平民中散布恐怖或攻击公共或知名的机构或其代表。在和平时期，国际恐怖主义也可能表现出反人类罪的特征。如果实施行为是对平民的广泛或系统性攻击的一部分（尽管可能对国家官员甚至战斗人员采取恐怖行为），并且此外还具有其他类别的犯罪行为（谋杀、伤害身体或精神健康、酷刑、强奸或强迫失踪）时，就会发生这种情况。

在武装冲突期间，如果恐怖主义是：①针对平民或未积极参加武装敌对行动的任何其他人采取的暴力行动（甚至威胁采取这种行动），则将恐怖主义定为刑事犯罪；并且②目的是在平民中散布恐怖。目前，与在武装冲突中使用恐怖行为有关的这种法律分类在政治层面上产生了许多争议，并且确实成为就恐怖主义的条约定义达成最终协议的政治阻碍。实际上，某些国家拒绝了这种分类。这些国家虽然实际上反对适用国际人道法的一般性和条约性规则，但除了简单地提出恐怖主义行为违反现有法律外，没有提出其他选择。有必要表明，现行国际法的全部主旨将使天平偏向于支持第三种立场：通过将旨在促进和资助恐怖主义行动的行为定为犯罪，既能够充分表示对保护平民的关切，同时进一步表明促进彻底消除恐怖主义的立场。需要补充说明的是，鉴于当前有关"自由战士"的恐怖主义行为的讨论，武装冲突时期恐怖主义法律法规的演变可能导致形成一类独特的战争形式。换句话说，可能发生类似于导致种族灭绝罪类别的反人类罪在广泛类别内形成的过程。种族灭绝罪最初是反人类罪的一个"子类别"，后来逐渐成为国际罪行的独立类别，其独有的特征不同于它的"上位概念"反人类罪。同样，由于国际人道法和一般性恐怖主义规范相结合，武装冲突时期的恐怖主义（目前通常作为战争罪行的一个"子类别"）可能逐渐成为离散形式的国际罪行类别。

2. 全球反恐战争中能否适用"日内瓦四公约"？

1949 年"日内瓦四公约"和 1977 年"两项附加议定书"是目前概述适用于武装冲突的人道主义规则的文件，这些公约在敌对行动开始时适用。然而，国际法适用于恐怖主义是有问题的，因为各国政府和学者对国际法究竟如何适用并不确定。根据国际法，关于国际恐怖主义是否适用战争法，或者人道法是否适用，也存在分歧。在"9·11"事件之前，恐怖袭击和针对恐怖分子的行动传统上既不被视为国际武装冲突，也不被视为国内武装冲突。恐怖分子被视为执法部门必须应对的罪犯，针对恐怖分子的任何军事行动都被视为武装冲突范围之外的行动。"9·11"袭击和"基地"组织等非国家行为体的增长引起了人们对国际法如何应对国际恐怖主义威胁的严重关切。2002 年美国前总统小布什认定"基地"组织无权获得国际法的某些保护，如"日内瓦四公约"的保护，因为"基地"组织成员是非法战斗人员，不是"日内瓦四公约"的缔约方。这个动作引起了关于国际法在起诉恐怖分子方面应该发挥什么作用的激烈辩论。

现在必须解决目前在国际社会中广受争议的主要政治和法律问题：参与针对外国交战方的武装冲突的"自由战士"，据称其行为是反抗压迫，那么能否使其免于承担刑事责任呢？多年来，这种例外已经以相当模糊的术语被提出。《阿拉伯联盟制止恐怖主义公约》（The Arab Convention for the Suppression of Terrorism）、《非洲统一组织预防和打击恐怖主义活动的公约》（OAU Convention on the Prevention and Combating of Terrorism）和《伊斯兰会议组织关于打击国际恐怖主义的公约》（Convention of the Organization of the Islamic Conference on Combating International Terrorism）通常是针对为自决、反对外国占领和侵略而进行的斗争。安东尼奥·卡塞斯法官认为，反恐中涉及使用武力必须符合国际人道法中的基本原则，打击恐怖主义手段与使用武力的目的相称：①拘留据称应对罪行负责的人；②只能摧毁军事目标，如恐怖分子使用的基础设施、训练基地和类似设施，不得使用武力攻击与恐怖组织无关的其他目标。无论如何，国际人道法的所有基本原则都应当得到充分尊重。此外，一旦非法的军事目标被摧毁，军事行动必须停止。

3. 恐怖分子是否能获得战斗员身份？

最后，处理暗杀压迫性统治者案件的另一种方法是确定暗杀者是否具有战斗员的身份，这可能涉及暗杀总统或军事首长是否具有正当性的问题。原则上讲，根据国际人道法，这是不可能的，因为只有在发生国际武装冲突的情况下才能承认战斗人员的地位。但是，在开始讨论区分国际和非国际武装冲突的法律后果之前，有必要提供关于武装冲突的定义。尽管"日内瓦四公约"及其附加议定书均未对其进行明确定义，但在前南刑庭的判例中可以找到武装冲突的定义：只要国家之间诉诸武装力量，或者政府当局与有组织武装团体之间，抑或一个国家内部此类团体之间发生持久性暴力活动，就可以将其认定为武装冲突。国际人道法从发生此类武装冲突之初就适用，并从停止敌对行动一直延伸到达成全面和平为止；或者在发生内部冲突的情况下实现和平解决。在那一刻之前，国际人道法将继续在交战国的整个领土上适用，或者在发生内部冲突的情况下，在当事方控制下的整个领土继续适用，无论是否在那里进行了实际战斗。前南刑庭的定义恰好阐明了武装冲突的潜在行为者的概念（国家、政府当局、有组织的武装团体）及其时间期限。恐怖分子和自由战士都可以组成有组织的武装团体，正如国际刑事法院预审分庭所解释的那样，"这些武装团体具有一定程度的组织能力，能够计划和进行持续的军事行动。"[1] 但是，并不是每个有组织的武装团体都能为其成员提供战斗员身份。

需要简短地回顾一下非国际性武装冲突中战斗人员地位的历史发展。在第二次世界大战之前，在非国际性冲突中，有三种类型的行为者是可区分的：①反抗分子（rebels），仅受国内法管辖的短暂而零星的威胁；②叛乱分子（insurgents），不被当局视为交战者的武装人员；③交战团体（belligerents），国际人道法上的交战团体。[2] 只有交战方享有战斗人员的权利。在已批准 1977 年《第一议定书》的国家中，有关国际武装冲突的规则的适用范围扩大到包括"武装冲突中的人民正在与殖民统治和外国占领进行斗争以及与种族主义政权作斗争"的局势。自决权与革命权之间存在重叠，两者均源于自然法。但是，仍然存在一些重要差异。即使没有遭受殖民势力压迫的国家，也可以使用自决权。然而在没

---

〔1〕　Prosecutor v. Lubanga, Case No. ICC-01/04-01/06（March 14, 2012）.

〔2〕　Anthony Cullen, *The Concept of Non-International Armed Conflict in International Humanitarian Law*, Cambridge：Cambridge University Press, 2010, pp. 7-23.

有殖民统治，没有外国人占领和种族主义政权的国家，该权利将不适用。《第二附加议定书》（The Second Protocol to the Geneva Conventions，以下简称《第二议定书》）规定，公约不适用于内部骚乱和紧张局势，例如暴动、孤立和零星的暴力行为以及其他类似性质的行为，因为上述行为不能被认定为武装冲突。如果冲突是国际化的，也有可能获得战斗员身份。这通常发生在武装冲突中，乍一看像是一个国家与一个非国家行为体之间的冲突，但仔细观察就会发现是两个国家之间的冲突。[1]

综上所述，根据国际人道法，可以在三种情况下证明使用武力促进革命是合理的：①当一个国家承认其叛乱分子是战斗员时；②当人们唤起其叛乱权利自决时；③武装冲突国际化时。

（三）对国际刑法的挑战

1. 如何起诉恐怖主义罪？

目前，非洲大部分地区正遭受地方性暴力的困扰。这些冲突的强度和原因各不相同，但有一些共同的特点。虽然多数情况下都有政府介入，但参加者包括形形色色的民兵、武装叛乱组织和有组织犯罪的主角，他们都在争夺权力和资源。此外，双方不仅互相战斗，而且经常恐吓平民百姓。这些可怕的局势是一些国家日益严重的问题的缩影。

国际刑事法院对其中一些情况进行调查或起诉。其中一些国家甚至提及其自己，这表明它们认为自己没有足够的能力在其主权范围内严格执行刑法。到目前为止，国际刑事法院在非洲大陆执行司法还不是一帆风顺的。国际刑事法院最初决定对苏丹现任

---

[1] Robin Geib & Michael Siegrist, "Has the Armed Conflict in Afghanistan Affected the Rules on the Conduct of Hostilities?", *International Review of the Red Cross*, 11 (2011), pp. 13-16.

总统巴希尔发出逮捕令，这导致了国际刑事法院和非洲国家之间的敌意日益加深。[1] 非洲联盟对国际刑事法院进行了严厉的批评，指责其存在"新殖民主义"和偏见，并敦促成员国不要与国际刑事法院合作。非洲国家，如乍得和马拉维，也确实紧随其后，拒绝向国际刑事法院提供协助。

即使与非洲国家之间的关系显著改善，国际刑事法院在起诉非国家行为体方面也可能会受到阻碍。毕竟，国际刑事法院的管辖范围除种族灭绝罪外，还包括战争罪和反人类罪，这些罪行需要武装冲突的存在或具有国家性质的强大组织。虽然将法院的管辖权扩大至单独的恐怖主义罪行并不是解决所有问题的灵丹妙药，但仍然需要采取行动捍卫这一立场，主要有两个原因：其一，在事实上的无政府状态下，对平民的间歇性恐怖袭击会造成类似武装冲突中的人员伤亡与社会破坏。其二，国家保护本国公民的人道义务一直是西方国家进行人道干预的最强理由，这正是非洲大部分地区面临的情况。简而言之，现在是恐怖主义进入严格意义上的国际犯罪领域的时候了。

一个国家在应对恐怖主义行为时可以使用两种可能的法律理论：①执法方法；②使用武力的方法。"9·11"事件之后，执法方法占了上风。这种方法认为恐怖袭击是犯罪行为，应由国内检察机关处理。"普遍管辖权"理论允许国内法院审判最严重的危害人类罪案件，即使这些罪行不是在国家领土内犯下的，即使是由其他国家的政府领导人犯下的。这一概念并不新鲜，尽管各国越来越愿意扩大其管辖权，起诉或引渡身居高位的人。普遍管辖权允许各国界定和规定对国际法中某些罪行的惩罚，如战争罪。对

---

〔1〕 Manisuli Ssenyonyo, "The Rise of the African Union Opposition to the International Criminal Court's Investigations and Prosecutions of African Leaders", *International Criminal Law Review*, 13（2013）, pp. 385–428.

恐怖分子的国家管辖权可以通过普遍管辖权获得，基于此，任何国家法庭都可以审判恐怖分子。

2. 能否追究国家责任？

还有一个"国家恐怖主义"的问题，即是否存在国家责任？例如，一些武装恐怖主义分子非法占领某国大使馆和领事馆，一旦他们的行动得到一个国家政府的批准和认可，是否就成了该国的"代理人"？该国是否应该对他们的行动负有国家责任？一国承认和认可"属于自己的"行为可能具有追溯效力，那么将涉及如下问题：其一，对这些国家使用武力可能会扩大政治和军事危机，并最终导致世界冲突，这违背了联合国乃至整个国际社会维护和平与安全的最高目标。其二，自卫是《联合国宪章》第 2 条第 4 款规定的禁止使用威胁或使用武力的例外，这一条现在已经成为国际法的强制性规范（*jus cogens*）。像任何规定的例外规则一样，关于自卫的规则必须严格解释。一个国家对另一个国家使用武力，那么构成侵略，受害国有权依据国际法上的自卫做出军事反应。然而，面对的是来自非国家组织的攻击，这些攻击可能在不同国家发生，可能不容易识别，更重要的是，它们的"共谋"程度可能不同。如果授予恐怖袭击的受害国广泛的酌处权在法律上是没有道理的，这种酌处权将包括决定哪些国家支持恐怖组织以及它们在何种程度上容忍、批准或煽动和促进恐怖主义的权力。对指导国际社会的一般法律原则进行清醒的思考，应该使我们得出一个明确的结论：只有安理会才能决定是否以及在什么条件下授权对特定国家使用武力，其依据是有令人信服的证据表明，这些国家没有停止恐怖组织的行动并拘留其成员，而是窝藏、保护、容忍或促进这种组织，违反了上述一般法律义务。除了使用武力之外，国际社会还应致力于将被指控犯有罪行的人绳之以法，国际审判或许是最佳选择。因为国际审判将消除对可能存在偏见的任何怀疑。此外，国际审判起诉和惩罚国际罪行会产生更大的社会反响。

在国际化武装冲突的讨论中,有三种可区分的情况:①当非国家行为体在冲突过程中设法建立新国家时;②外国干预以及支持非国家行为体对发生冲突的国家进行干预的情况;③未经领土国同意,外国直接干涉非国家行为体的情况。第一,在大多数情况下,在冲突过程中创建新状态非常困难。定义国家的问题使我们回到1933年的《蒙得维的亚国家权利和义务公约》(Montevideo Convention on the Rights and Duties of States),将习惯国际法中国家产生的四个构成要素确立为法律规范:①永久居民;②界定范围;③政府;④与其他国家建立关系的能力。但是,似乎到20世纪末,国际法中国家的门槛已经降低。有一种观点认为国家只需具备三个宪法要素:①人口;②领土;③有主权的有组织的政治权威。[1] 此外,需要强调的是,其他国家的承认不是国家地位的决定性因素,而仅具有声明作用。但是,与此同时,根据文献中的主流观点,[2] 尽管20世纪90年代的车臣伊奇克里亚共和国(Chechen Republic of Ichkeria)在1997年至1999年间事实上是一个国家,但20世纪90年代的车臣战争并不被认为属于国际性武装冲突。

第二,国际法院在"尼加拉瓜诉美国案"(Nicaragua v. United States)判决中讨论了外国干预以及支持非国家行为体的案件。[3] 国际法院认为美国应对支持反对派叛乱尼加拉瓜政府的行为负有国家责任。国际法院裁决的依据是:"原则上必须证明该国在所指

[1] Alain Pellet, "The Opinions of the Badinter Arbitration Committee: A Second Breath for the Self-Determination of Peoples", *European Journal of International Law*, 178 (1992), p. 182.

[2] William Abresch, "A Human Rights Law of Internal Armed Conflict: The European Court of Human Rights in Chechnya", *European Journal of International Law*, 16 (2005), pp. 741-754.

[3] Military and Paramilitary Activities in and Against Nicaragua (Nicar. v. U. S.), I. C. J. Reports 1986.

控的侵权行为发生期间有效地控制了军事或准军事行动。"换句话说，另一国的行动需要通过"有效控制"（effective control）标准，才能将非国际性武装冲突转变为国际性武装冲突。法院通过这种"有效控制"标准，意味着美国强制实施了申请国所指称的违反国际人权法和人道法的行为。在"塔迪奇案"中，前南刑庭上诉分庭并不认同国际法院的判决，仅对一国从事的个人所采取的行为维持"有效控制"标准，为有组织和等级结构化的行为所采用的行为增加了更广泛的"全面控制"（overall control）标准，当一个国家在组织、协调或计划军事集团的军事行动中，除了为该集团提供资金、训练和装备或提供作战支持外，还可以达到必要的控制程度。[1] 前南刑庭的决定更具说服力，在涉及控制有组织和等级结构化的群体的情况下，"有效控制"标准太高，因为领导人通常只有广泛的领导权力，并给出了不足以满足该标准的一般方向。此外，国际刑事法院在"卢班加案"（Prosecutor v. Lubanga）中也采取了"全面控制"的做法。[2] 如前所述，如果一个或多个国家以革命团体的身份介入而使一个或多个国家卷入，那么这种冲突就可以国际化。

　　第三，最难以解决的问题是，外国在未经领土国家同意或没有全面控制的情况下对非国家行为体进行干预的情况。可区分为两种情况：①非国家行为体在领土国家的总体控制之下；②非国家行为体不受领土国家控制。前一种情况显然是外国与领土国家之间的冲突，因此困难在于后者。最近的例子是2006年以色列对黎巴嫩真主党的干预（如果我们假设真主党不受黎巴嫩控制）和2008年哥伦比亚对厄瓜多尔革命武装力量的干预。对于这些情况，有三种可能的解决方案：①干预国与领土国之间是国际冲突，而

---

〔1〕　Prosecutor v. Tadić, Case No. IT-94-1-A.

〔2〕　Prosecutor v. Lubanga, Case No. ICC-01/04-01/06.

干预国与非国家行为体之间是非国际冲突；②使领土国同意或不对该领土国产生影响；③寻求领土国的利益。解决方案①和②已经在前面介绍过，因此不需要额外关注，但是解决方案③需要进一步说明。就是说，虽然国家会从中受益，但有时国家被迫保持"沉默"或无法同意外国干预。巴基斯坦可能不想明确同意美国无人机在其领土上对塔利班的袭击，因为这种同意可能会危害巴基斯坦的安全。在这种情况下，领土国家的利益应与冲突的评估有关。这就像没有家人而不能同意进行医学手术的患者一样，是否进行手术的决定将取决于患者的最大利益。

小　结

反恐怖主义法律的历史是一个充满定义斗争的历史。18 世纪和 19 世纪，一直没有成功地定义恐怖主义罪。恐怖分子随时准备摧毁阻碍实现其政治目标的一切，而真正的自由战士是由正义原因驱动的，他们诉诸暴力只有在没有其他方法可以对抗压迫时才会发生。事实上，国际法能够用法律术语解释这些差异。总而言之，从长远的角度来看，正义还包括社会正义，即根除深层的社会问题，根除恐怖主义产生的根源。贫困、经济社会和文化的不发达、无知、缺乏政治多元化和民主等不平等现象，所有这些现象都是恐怖主义的根源，助长了仇恨和偏见。正如联合国前秘书长科菲·安南（Kofi Annan）所说，"绝望的人"更容易成为恐怖组织的成员。[1] 只有尽可能在集体基础上采取合理的措施，不与国际社会普遍接受的基本原则相冲突，国际反恐法律规则才能迎来国际社会可接受的法律变革。否则，国际社会将会出现恐怖分子急切追求的无政府状态。

---

〔1〕 Transcript of Press Conference of President Chirac and Secretary-General Kofi Anna（19 September 2001），http：//www.org/NewsPress/docs/2001/sgsm7964.doc.htm.

国际社会打击恐怖主义的规范进程

一、反恐国际条约的发展

从 1937 年《预防和惩治恐怖主义公约》，到 1972 年联合国恐怖主义委员会的成立，再到 2004 年联合国安理会关于恐怖主义罪的第 1566 号决议，对以上历程进行考察与研究，梳理国际社会在数十年来打击恐怖主义犯罪方面所做的不懈努力，达成的有限共识，存在哪些分歧，例如是否应将民族解放运动等引起的非殖民化排除在任何恐怖主义定义之外等。由于不可能就构成恐怖主义的具体要素达成国际协定，因此采取了一种"主题式"的合作方式，在恐怖主义活动的具体领域进行谈判，每一项都是处理特定种类的恐怖主义威胁。例如《关于统一国际航空运输某些规则的公约》（Warsaw Convention 1929，又称《华沙公约》）和《关于制止非法劫持航空器的公约》（Convention for the Suppression of Unlawful Seizure of Aircraft 1970，又称《海牙公约》）是两项最早涉及民用航空安全问题的公约，因为当时发生了恐怖分子劫持和其他违反航空旅行的罪行。联合国大会于 1996 年设立了一个特设委员会，以制定一个处理国际恐怖主义的全面框架性协议。特别委员会首先制定了《制止向恐怖主义提供资助的国际公约》，该公约规定了恐怖主义的定义，并且迄今 129 个国家批准了这项多边条约。这是最为国际社会广泛接受的恐怖主义的一般定义。

二、反恐区域条约的发展

在区域组织的范围内已经缔结了若干国际反恐协定〔例如《阿拉伯联盟制止恐怖主义公约》及《制止恐怖主义欧洲公约》(European Convention for the Suppression of Terrorism)等〕。和全球公约一样，这些协定一般都集中在对国际合作的方式、方法的规定上，以实现国家起诉恐怖主义嫌犯为目的。另一项区域倡议是欧洲联盟于 2002 年 6 月 13 日在执行安理会第 1373 号决议中通过的《关于打击恐怖主义的理事会框架决议》(Council Framework Decision 2002/475 on Combating Terrorism)。这些区域文书的不同规定说明了定义恐怖主义存在的分歧。

(一) 欧盟反恐条约发展进程

2004 年 3 月 11 日，马德里发生西班牙史上最为严重的恐怖袭击，191 人在这场袭击事件中遇难，1800 余人受伤。事件发生时 4 辆火车和地铁发生爆炸。直至近年在法国发生的多起暴恐事件都使欧洲反恐斗争进一步升级，欧洲一系列的反恐区域条约通过，形成了具有重要影响的区域反恐法律合作机制。近年来欧洲饱受恐怖主义犯罪的严重威胁，反恐形势比以往更加严峻。2015 年 1 月 7 日，法国巴黎《查理周刊》杂志社总部遭遇恐怖袭击，造成包括主编在内的 12 人丧生，另有 11 人受伤。同月 8 日和 9 日，巴黎又发生武装分子枪击警察、打伤道路养护人员以及劫持人质等恐怖袭击事件，造成 5 人遇难。2015 年 8 月 21 日，一列从荷兰阿姆斯特丹开往法国巴黎的国际列车上发生枪击事件，造成 2 人重伤、1 人轻伤。2015 年 11 月 13 日，法国巴黎辖区内发生多起袭击，造成至少 130 人死亡、350 余人受伤。极端组织"伊斯兰国"声称实施了袭击。2016 年 7 月 14 日，法国国庆日当晚，一辆卡车在法国南部海滨城市尼斯冲撞观看国庆节烟花表演的人群，造成至少 80 人死亡、50 余人受伤，伤者中包括 2 名中国公民。法国总统奥朗德宣布将全国紧急状态延长 3 个月。2016 年 3 月 22 日，比利时首都布鲁塞尔市郊的扎芬特姆机场和市内欧盟总部附近地铁站先后发生爆炸，造成至少 31 人遇难、300 余人受伤，比利时联邦检察院将此次事件定性为"自杀式恐怖袭击"。比利时内政部一度将该国的安全警戒级别调至最高级。面对越来越严峻的恐怖主义威胁，欧洲国家之间只有加强合作，共同应对。

需要指出的是，欧盟范围内一些政策在为人员流动、经济发展提供便利的同时，也容易被恐怖分子所利用，从而增加了其境内打击恐怖主义活动的难度。以其边境政策为例，欧盟大部分成员国都是《关于逐步取消共同边界检查协定》(Agreement on the Gradual Abolition of Checks at Common Borders，又称《申根协定》)成员国，申根区内取消了内部边境管制，实现了人员自由流动。缺乏传统内部边界管制的申根区使得犯罪分子更容易在申根成员国之间自由、快速地转移与活动。恐怖主义的筹融资活动也是欧盟不得不更加重视的一个问题，单一货币在带来经济便利的同时，也减少了恐怖主义筹融资活动的运行周期与成本，为针对此类资金进行识别、追溯增加了难度。亦有一些恐怖活动利用欧盟在立法上的缺失，把慈善机构或非政府组织作为募集资金的平台。与此同时，一些欧盟成员国长期执行的移民政策中的负面效应开始显现。很多外来移民群体仍然受到主流社会的歧视和排斥，贫困率和失业率较高。移民难以融入主流社会导致身份认同危机，容易受到恐怖分子的蛊惑。[1] 上述原因都使得外交和内政之间的传统区别变得模糊，打击恐怖主义要求欧盟各国加强司法合作，共同打击国际恐怖主义组织在欧洲的发展及其犯罪行动。巴黎国家

---

〔1〕 陈洁：《欧盟反恐战略的发展与挑战》，载《世界经济与政治论坛》2016年第 1 期。

教育研究所（IHEDN）进行的关于恐怖主义团体招聘机制的研究指出防止恐怖主义所面临的困难，因为恐怖主义者不再是边缘化群体，而是来自社会各个层面，同时也不仅仅局限于所谓的新移民群体，一些第二代甚至第三代移民——即便他们从一出生就为所在国的公民，但在暴力极端思潮的影响下依旧卷入恐怖活动之中。该报告计算了在全世界流动的，不直接涉及区域冲突的国际武装分子圣战者的人数，估计高达 18 000 人，而其中 1500 人至 2000 人被认为可能持有欧洲护照。鉴于国际恐怖主义犯罪对欧洲的巨大威胁，单个欧洲国家仅仅通过国内司法措施无法对其进行有效打击，欧盟各个国家必须通过建立各种层面的司法合作机制才能有效惩治恐怖主义罪行。

如上文所述，欧洲当前恐怖主义威胁形势相较于 20 世纪 60 年代至 80 年代产生巨大的变化。彼时的恐怖主义明显受限于地理国界和国家的意识形态，其活动与影响范围往往局限于单一国家范围之内。在这一方面，爱尔兰共和军（IRA）和西班牙埃塔（ETA）就是很好的例证。在此前提下，即便单一国家的执法和情报系统往往存在着各种漏洞与不完善，但就应对当时的恐怖威胁而言基本上是有效而且足够的。而与之相反，现代恐怖主义通常会涉及若干不同的国家，比如恐怖袭击的策划和实施往往会在不同的国家之中进行。例如 2015 年 11 月 13 日的巴黎恐怖袭击案，该案主谋阿卜杜勒-哈米德·阿巴乌德（Abdelhamid Abaaoud）为摩洛哥裔比利时人，曾在叙利亚接受激进组织训练，回到欧洲后在多国流窜作案，在制造巴黎袭击案时，其同伙中除法国及比利时公民外，又有数人分别持有埃及与叙利亚护照。又如 2017 年 6 月 3 日发生在伦敦的恐怖袭击案，其三名主犯分别为摩洛哥裔意大利公民、巴基斯坦裔英国公民以及利比亚裔摩洛哥公民。类似的案件近年来在欧洲层出不穷，面对这样的新趋势，从设立情报网（先发制人打击恐怖主义和监测已知或涉嫌恐怖网络）到起诉恐怖分子（依据国家刑法对恐怖分子进行惩罚），虽然国家力量依旧是对付恐怖主义的主体，但是在面对日益全球化、网络化的恐怖主义威胁面前，国际合作的重要性被突显出来。在这一领域，欧洲国家在欧盟框架下进行的司法合作成果显著，正如一些学者所描述的那样，欧盟在司法合作领域已经成为"密集的跨政府网络"（Intense Trans governmental Network）。其经验与教训对我国进一步完善反恐法律体系，与世界其他国家建立更为完善的反恐法律合作机制无疑有着重要的参考价值。

　　2004年3月11日，西班牙马德里遭受严重恐怖主义袭击，欧盟立即做出反应，提出成员国需要以共同和协调的方式应对恐怖主义威胁。马德里爆炸是"基地"组织对欧洲土地的第一次恐怖主义攻击，欧盟的第一反应是国家元首和政府首脑宣布声援。这种声援是重申所有成员国对建立"安全欧洲"的单一全球战略概念的重要步骤。事实上，自从2001年美国"9·11"事件以来，欧盟就针对国际恐怖主义出现的变化在政策层面予以快速响应，于同年10月提出"共同行动计划"。2002年6月，欧盟正式通过《关于打击恐怖主义的理事会框架决定》，特别界定了"恐怖主义行为"和"与恐怖主义有关的行为"。2003年《欧洲安全战略》（European Security Strategy）和2004年6月通过的《欧盟宪法条约》（The Constitution of the European）都将恐怖主义确定为战略威胁，必须从全球战略视角予以审视及应对。《欧盟宪法条约》针对在成员国发生的恐怖袭击特别提出了一项"团结条款"。迄今恐怖主义犯罪已经被普遍认为是对所有成员国的潜在和严重威胁。为了实现"安全欧洲"，欧盟强调需要超越政治的司法合作机制来打击恐怖主义犯罪。2004年新年前夕，欧盟15国确定了恐怖组织"黑名单"，并通过了酝酿已久的"欧洲逮捕令"（The European Arrest Warrant）。2005年5月通过的《欧洲预防恐怖主义公约》（European Conventions Against Terrorism）对关于恐怖主义犯罪的司法合作协助进行了更进一步规定。[1] 2005 年 12 月，欧盟反恐战略出台，确立了欧盟反恐的四大支柱：预防、保护、追捕和应对。[2] 从 2007 年起，欧盟正式实施《欧洲安全研究计划》（European Security Research Programme），并将该计划列入 2007 年欧盟的《第七个研究与技术开发框架计划》（7th Framework Programme），其研究主题是公民的安全、基础设施和公用事业的安全、智能监控和边境安全、危机下的安全和恢复等四大安全任务，这一计划的实施将持续到 2013 年。2010 年，欧盟通过第一项内部安全策略（ISS）及相应的行动计划，旨在提高欧盟层面的共同行动能力。

（二）欧盟反恐战略背景下的法律合作机制述评

1. 适用"或引渡或起诉"原则

1970 年《海牙公约》建立了这一模式的先例，被称为"海牙公式"，第 7 条规定："缔约国在其领土上发现被指控的罪犯，如果不引渡他，则无论在何种情况下，无论该犯罪行为是否发生在其领土上，该缔约国都有义务以起诉为目的将案件提交其主管当局。这些当局应以该国法律规定，对该罪行作出与其严重性相当的制裁。"该原则规定，缔约国享有选择自由，可以选择其一："或引渡或起诉"。如果国家以履行公约承诺的方式行事，则不需阐明促使其做特定选择的原因。在"或引渡或起诉"原则下，国家具有选择其一的绝对自由，应该选择最符合其国家法律制度的解决方案。然而，这个模式的前提是假设国家之间存在双边关系。

国际法院在"比利时诉塞内加尔案"（Belgium v. Senegal）中，对 1984 年联合国《禁止酷刑公约》（United Nations Convention

---

〔1〕 姜国俊、罗开卷：《在安全与自由之间——欧盟反恐法律述评》，载《河南师范大学学报（哲学社会科学版）》2009 年第 1 期。

〔2〕 陈洁：《欧盟反恐战略的发展与挑战》，载《世界经济与政治论坛》2016 年第 1 期。

Against Torture）所载的引渡或起诉条款进行了解释，强调根据公约，引渡或提交起诉之间的选择，并不意味着给予两个替代方案相同的权重。引渡是《禁止酷刑公约》为国家提供的一种选择，而起诉是《禁止酷刑公约》规定的国际义务，违反这一义务是一种不法行为，应该承担国家的责任。如果将这种解释适用于所有反恐怖公约，那么，需要遵守这一模式的公约虽然有利于引渡过程，但从来没有规定引渡的义务。只有当所涉及的两个国家都受到公约关于引渡条约的约束，才能产生引渡的义务。只有在这种情况下，请求国才有权根据援引的引渡条约规定的条件给予引渡。这一模式的另一个特点是，如果缔约国不引渡，它将必须在其立法中引入有效履行起诉义务的管辖权。特别是，在缔约国和犯罪之间缺乏实质性联系的情况下，国家必须引入普遍管辖权。

《欧洲预防恐怖主义公约》也规定了"或引渡或起诉"条款。然而，该条款描述了两种选择之间的不同关系，要求缔约国具有两项义务，并且两种义务不是替代性义务。换而言之，缔约国对在其领土上的被指控的罪犯负有引渡义务。起诉的义务只是在根据公约规定拒绝进行引渡的情况下负有的义务。这种模式的特点是可以便利引渡程序。例如，欧洲反恐公约规定缔约国不应将条约罪行视为政治罪。该模式还规定，如果一个国家没有收到引渡请求，则没有义务起诉位于其领土上的被指控罪犯。起诉被拘留人的义务只有在被要求的国家拒绝引渡时才会产生，这一假设仅限于公约规定的具体条件：

（1）如果被请求缔约方有充分理由相信引渡请求是为了因某人的种族、宗教、国籍、民族血统或政治见解而起诉或惩罚某人，或者符合该请求的情况因上述任何理由而对该人的地位造成损害；

（2）如果引渡请求的主体有可能遭受酷刑或不人道或有辱人格的待遇或处罚；

（3）如果引渡请求的主体面临死刑的风险，或者如果被请求方的法律不适用于无期徒刑，可能面临无法假释的无期徒刑。

这一模式，特别是在区域组织（例如 1999 年《非洲统一组织预防和打击恐怖主义公约》）范围内得到广泛同意，其成功似乎与成员之间共同的法律传统有关。实际上，采用这种模式是基于对某些罪行造成的社会危害的共同关切，即使这些罪行不影响所有缔约国的法律领域，也是基于对罪行要素的共同定义，该模式还代表了对其他缔约国的法律制度的信心。这些公约所建立的团结制度是根据在同一区域组织国家的国内司法制度之间进一步一体化的意图，基于在刑事事项上建立密切合作的想法。

根据《欧洲预防恐怖主义公约》第 83 条规定，"欧洲议会和理事会可以通过根据一般立法程序或通过指令，制定关于在特别严重犯罪领域的刑事犯罪和制裁方面的最低限度规则，犯罪涉及跨国因素，因此特别需要共同合作。这些犯罪领域如下：恐怖主义、贩运人口及对妇女和儿童的性剥削、非法毒品贩运、非法贩运武器、洗钱、腐败、伪造付款手段、计算机犯罪和有组织犯罪等。"如果欧洲理事会成员认为指令草案影响其刑事司法系统的基本方面，则可要求将指令草案提交理事会。在这种情况下，普通立法程序应予暂停，经过讨论，如果协商达成一致意见，应在暂停后 4 个月内将指令草案提交欧洲理事会，理事会应终止暂停普通立法程序。在同一时间框架内，如果出现分歧，如果至少有 9 个成员国希望在有关指令草案的基础上加强合作，则应通知欧洲议会、理事会和委员会。

2002 年欧盟通过了《关于打击恐怖主义的理事会框架决定》，规定了恐怖主义的定义："个人或团体故意实施的针对一个或多个国家，其机构或人民的行为，目的是恐吓他们，严重改变或破坏一个国家的政治，经济或社会结构；严重恐吓人口。"恐怖主义包括以下犯罪行为：①谋杀；②身体伤害；③绑架或劫持人质；④敲诈勒索；⑤盗窃或抢劫；⑥非法扣押或损坏国家或政府设施、公共交通工具、基础设施、公共使用场所和财产；⑦制造、拥有、获取、运输或供应武器或爆炸物；⑧释放污染物质，或引起火灾、爆炸或洪水，危及人员、财产、动物或环境；⑨干扰或中断水、电力或其他基本资源的供应；⑩通过干扰信息系统进行攻击；⑪威胁犯下上述任何罪行；⑫指挥恐怖团体；⑬促进、支持或参加恐怖主义集团。

成员国还应确保以下行为将受到惩罚：

（1）煽动、协助、教唆或企图犯恐怖主义罪行。

（2）与恐怖主义集团有关的罪行：成员国应将恐怖主义集团的活动方向或参与定为刑事犯罪，知道这种参与将有助于恐怖主义集团的犯罪活动。

（3）与恐怖主义相关的犯罪，包括下列故意行为：①公开挑衅犯下恐怖主义罪行；②招募恐怖主义；③恐怖主义培训；④加重偷窃，以便犯下其中一项恐怖主义罪行；⑤敲诈勒索以实施其中一项恐怖主义罪行；⑥制作假行政文件，以便犯下恐怖主义罪行。

委员会建议作为与恐怖主义有关的犯罪：①接受培训；②出国旅行恐怖主义；③组织或以其他方式方便出国旅行恐怖主义；④为恐怖主义出国旅行提供资金。

欧盟框架决定在以下方面强加其他义务：惩罚和制裁；加重情节；缓解情况；法人的责任；法人制裁；管辖权；引渡和起诉；信息交流；对受害者的保护和援助；成员国之间的司法合作。

2. 交换刑事信息

及时和准确的信息对于有效防止恐怖主义犯罪是至关重要的。2005年6月，安理会决定由理事会秘书处情况中心（Situation Centre）与欧洲安全和情报部门开展合作——对从2005年秘书处情况中心与基于成员国的安全和情报服务以及欧洲刑警组织提供的信息进行有关恐怖威胁的战略分析。与此同时，欧洲刑警组织正在重组恐怖主义工作队，并发展欧洲刑警组织信息系统。反恐怖主义集团的安全部门之间的合作也得到加强。2005年欧洲理事会通过了《关于自由、安全和正义的海牙方案》(The Hague Programme on Freedom, Security and Justice)，即其在司法和内政领域的多年期合作方案。国家元首和政府首脑呼吁对执法信息的跨境交流。信息应根据打击恐怖主义的需求提供，这意味着执行官员为了履行职责而需要的信息可以从另一个成员国获得，但须遵守某些条件。委员会已于2005年底之前提交建议，以实施这一原则。欧洲理事会希望就关于在2005年6月之前交换有关恐怖主义罪行和数据保留的信息和合作的倡议达成一致意见，并于2005年12月之前达成协议，简化执法机构之间的信息交流和情报交流。欧洲议会和理事会2016年4月通过了关于使用乘客姓名记录（Personal Name Record，PNR）数据预防、侦查、调查和起诉恐怖主义犯罪和严重犯罪的相关指令，包括如下要求：

（1）航空承运人有义务向成员国当局提供进入或离开欧盟的航班的PNR数据；

（2）它也将允许成员国收集PNR数据，但不是义务，收集关于选定的欧盟内部航班的PNR数据；

（3）成员国将有两年时间实施遵守本指令所需的法律、法规和行政规定。

此外，该指令还提出将旅客数据用于边界和航空保安及其他执法目的的共同规则。尽管分享信息的重要性已经被广泛接受，但必须认识到，实施这一原则的具体措施仍然会引发很大争议。建立与执法有关的数据保护的共同框架是解决数据安全问题的措施之一。

筹融资在恐怖活动中占有极为重要的地位。因此，打击资助恐怖主义的行为是欧盟重要的反恐战略。在安理会通过的决议中，要求对那些被指定参与恐怖主义行为的个人和团体的资金，必须予以冻结。这意味着恐怖分子可能正在寻求替代的可移动资金，例如现金运送人和移动资金的替代手段，以及替代汇款系统。通过一项关于现金流动的条例和一项关于洗钱的新指令是安理会的一个优先事项，其目的是为欧盟提供一个协调的跨部门战略，以情报主导的方式为基础，包括情况中心和欧洲刑警组织的参与，并与联合国和金融行动特别工作组等国际机构密切合作。

这种刑事信息情报交换共享模式，在欧洲追捕跨国恐怖分子并将其绳之以法方面，已被证明是相当成功的。各国警察和检察官，也有权使用"欧洲逮捕令"。"欧洲逮捕令"源于 2002 年 6 月 13 日所颁布的《欧盟理事会关于欧洲逮捕令和成员国之间移交程序的框架决定》（Council Framework Decision of 13 June 2002 on the European Arrest Warrant and the Surrender Procedures Among Member States）。这无疑是欧盟成员国在打击恐怖主义方面一个里程碑式的变革。它取代了过去冗长的外界途径引渡程序，树立了"司法机关对司法机关"直接完成接送程序的先例。依据"欧洲逮捕令"，最多在 90 天之内必须完成解送程序，使得解送罪犯的时间大幅缩短，程序也随之简化。这在一定程度上解决了恐怖分子流窜于欧盟各国的问题，并且可以提升审理恐怖主义案件的速度。

自通过"欧洲逮捕令"以来，与跨国恐怖主义有关的调查有效地得到欧洲刑警组织和欧洲司法机构的支持。成员国越来越愿意合作进行跨国恐怖主义犯罪的调查和起诉，包括建立联合调查小组，目前这似乎已经成为一种既定的模式。然而，欧洲委员会的贡献依然主要限于促进成员国协调合作。主要原因是，由于紧急情况（自然或人为）的管理对于公共当局的信誉和合法性至关重要，各国政府倾向于自己处理政府行动。因此，这种信息情报的交换共享模式并不会影响每一个国家行使主权，主要作用在于促进司法协调合作，共同有效打击国际恐怖主义。

3. 提供反恐援助

当代恐怖主义活动往往不受国境的限制，成为一种全球现象，已经对包括欧洲联盟在内的国际和平与安全构成严重威胁。反恐怖主义行动在任何情况下都不应考虑政治、意识形态、种族、族裔等其他类似因素。在俄罗斯别斯兰一所学校发生恐怖主义袭击事件后，联合国安理会通过第 1566 号决议确认了上述基本原则。虽然许多国家在加强全球反恐怖联盟方面仍有很多工作要做，联合国是在许多领域中打击恐怖主义的重要伙伴。联合国安理会第 1267 号、第 1373 号决议大大加强了联合国在打击恐怖主义方面的作用。促进加强联合国公约对恐怖主义的打击，最近批准的打击恐怖主义国际法律文件还在增加。尽管如此，在所有成员方中，只有 57 个成员方是所有 12 个国际法律文件的缔约方，47 个成员方已批准。

改善这一状况也是欧盟共同安全政策的目标之一。对中国的启示包括这一模式对于"一带一路"共建国家的安全问题的影响。反恐援助已经是欧盟及其成员国的战略，安理会已经决心加强联盟在打击国际恐怖主义方面的贡献。在 2004 年 11 月商定的海牙方案的安全和司法方面，欧洲理事会建立了一个预防和打击边界控制恐怖主义问题的国家专家网络，该网络将能够有效回应第三世界反恐技术援助的请求。欧洲理事会请委员会为与反恐有关的能力建设项目提供资金，并确保预算程序有足够的灵活性。此外，联合国和欧盟在打击征募和支持恐怖主义问题上有类似的议程。一般情况下，区域冲突、治理不善和国家打击不力等都会成为恐怖主义组织发展的肥沃土壤。因此，努力促进区域冲突的和平解决、实现人权保障、善政等都是反恐战略的核心。欧盟通过向非洲提供反恐援助（2.5 亿欧元），正在为非洲的稳定和安全做出贡献。建立广泛合作同样至关重要，正如在爱尔兰的欧盟首脑会议期间所确认的那样，与美国的合作是欧盟反恐战略的一个重要方面。双方已经制定了四项双边协议，涉及海运安全、航空运输安全、援助和引渡。在国际民用航空组织（ICAO）内，欧盟和美国共同遵守护照全球生物识别标准。欧盟在边境和运输安全方面建立了"跨大西洋对话机制"，并已经同意向国际刑警组织提供护照数据。

4. 建立紧急反应机制

欧盟反恐战略的主要目标是帮助各个成员国有效预防恐怖主义袭击。但是，如果预防失败，必须确保各个成员国维持或恢复基本的公共服务，并向公民和企业提供紧急救济。民用应急管理大部分属于成员国的权限。2005 年欧盟宣布他们坚决"本着团结精神共同行动"，并保证动员包括军事资源在内的所有资源来进行协助，并于 2014 年通过决议对"团结条款"做出具体安排。欧盟委员会筹建了"快速警戒系统"（ARGUS），以便在紧急情况下能做出快速、高效、协调一致的应对。欧盟还重新审查了紧急情况和危机协调的相关安排，并于 2013 年 6 月通过"整合性政治危机应对安排"（IPCR）。此外，欧盟理事会于 2007 年 11 月通过了一个决议，提出建设公民保护机制，并在 2013 年底修订了关于欧盟公民保护的立法。2008 年底，欧盟委员会成立了"恐怖主义受害者协会欧洲网络"以促进各协会之间的跨国协作。[1] 理事会的努力旨在实现在预防和应对任何类型的恐怖主义攻击的后果方面能确定最佳措施的目标。

5. 协调国内法与国际法

欧盟对于反恐的安排主要还是旨在促进各国协调配合，共同有效打击恐怖主义，最终反恐行动还是需要各个成员国具体实施，因此各国国内法的安排也是至关重要的。从本质上来说，就是国

---

〔1〕 陈洁：《欧盟反恐战略的发展与挑战》，载《世界经济与政治论坛》2016年第 1 期。

际法和国内法的协调问题，换而言之，是国家如何在国内执行国际法的问题，也就是国家履行依国际法承担的义务的问题。因此国家既然承认了国际法规范，就有义务使它的国内法符合它依国际法所承担的国际法义务。1969年《维也纳条约法公约》（Vienna Convention on the Law Treaties）第27条明确规定，当事国不得援引其国内法规定为理由而不履行条约。也就是说各国的国内法不可推卸地担负了在本国范围内实施国际法的任务，这就是为什么欧盟为了确保成员国履行一系列反恐条约义务，对成员国司法和政治决策实行评价。特别是自2005年起，针对交换信息、情报服务、执法服务、立法、司法与其他国内决定分两个阶段进行评估。根据评估结果编制最终报告，对每个成员国的国内安排提出建议。其中具有重要意义的其他成员国的良好做法被确定为最佳做法，根据这些最佳做法提出建议，以使各个成员国妥善协调条约义务与国内法安排。这些建议包括从信息收集共享到对化学、放射性或核能手段恐怖主义袭击做出反应的能力。这项工作的目的是为各成员国提供学习其他成员国经验的方法。在反恐斗争中的国内安排越好，欧洲合作的潜力越大。国内法与国际法协调是必要措施。

三、安理会决议

在发生了具体的恐怖主义事件之后，安理会通过决议制止国际恐怖主义是维持国际和平与安全的必要条件，并做出要求将被控恐怖主义行为的人绳之以法的决定。例如1988年12月21日，泛美103号航班爆炸事件，安理会要求利比亚交出嫌疑人，并在其不同意的情况下实施制裁。由于国际恐怖主义更普遍的是对国际和平与安全造成威胁，因此需要安理会采取集体安全措施。2001年9月11日之后通过的第1368号决议指出，华盛顿和纽约的恐怖主义袭击同任何国际恐怖主义行为一样，对国际和平与安全造成威胁。安理会在第 1373 号决议中进一步采取了根据《联合国宪章》第七章采取的行动，并规定了各国对恐怖主义行为的镇压，特别是恐怖主义的资助的广泛义务。但是，尽管该决议规定了有约束力的义务，并设立了反恐怖主义委员会来监督其执行情况，但该决议不包含对恐怖主义的定义。第 1373 号决议在一个属于政府间协议的领域内被批评为安理会的立法。安理会采取这种行动的明显好处是它有能力对各国立即承担义务，不需要在更广泛的论坛上进行冗长的谈判，也不需要在义务生效前等待批准。但是，这一点是不公正的，因为安理会已经超越了先前承认的宪章权力，并且在以前被大会和在那里谈判的协议所覆盖的土地上非法侵入。尽管如此，该决议还是在实践中被接受，虽然是勉强的，但也是国际反恐努力的重要组成部分。

四、国际刑事法院

（一）《罗马规约》订立过程中对恐怖主义的讨论

《罗马规约》是国际刑法最重要的发展成果之一。国际刑事法院是第一个拥有全球管辖权的常设国际刑事法院，审判违反国际人道法的罪犯。国际刑事法院旨在帮助遏制国际犯罪，同时保护国际和平与安全。前南斯拉夫和卢旺达等国内法起诉的失败表明，国际法庭起诉是最好的确保国际罪行嫌疑犯诉讼程序权利的方法。[1] 国际刑事法院为起诉恐怖主义嫌疑人提供了一个有效途径，因为通过国际司法程序减少了"胜利者正义"的嫌疑。

国际刑事法院的成功取决于国际社会的接受。然而，国际刑事法院并不是目前国家刑事管辖权制度的一个重要替代机构，而是国家刑事管辖权的补充。从互补性角度看，国际刑事法院只有

---

[1] 黄文旭、李飞：《论国际刑事法院对恐怖主义犯罪的管辖权》，载《江南社会学院学报》2007 年第 4 期。

在"被告国不进行善意起诉"的情况下才能行使管辖权，并且国际刑事法院是终审法院。在急于在罗马建立一个强大而独立的法院的过程中，国际社会尽量赋予国际刑事法院足够之权力。《罗马规约》设立了一个自我启动的检察官办公室，除了国际刑事法院本身之外，不对任何国家或机构负责。

国际刑事法院的普遍管辖权受到诸如美国等大国的反对，美国认为这种普遍管辖权已经威胁到了美国的国家主权。主权国家有权审判对其公民或在其领土上犯下罪行的非公民，美国坚称从未承认一个国际组织有权在未经同意或联合国安理会授权的情况下这样做。通过将美国官员及其军事盟友置于普遍管辖权起诉的风险之下，国际刑事法院将使美国与许多盟友的军事合作复杂化，因为有些美国盟友现在有条约义务将美国国民移交给国际刑事法院，即使是在美国反对的情况下。虽然美国在 2000 年 12 月 31 日签署了《罗马规约》，但在 2002 年 5 月 6 日，美国正式通知联合国，美国不打算成为《罗马规约》的缔约国。美国显然担心，如果它仍然是该条约的签署国，就可能有义务避免采取会破坏该条约目标和宗旨的行动。国际刑事法院成立后不久，美国国会通过了 2002 年《美国军人保护法》（The American Servicemembers Protection Act），试图使美国军队免受国际刑事法院的起诉。该法案还授权总统使用"一切必要和适当的手段，释放被国际刑事法院扣押的美国公民"，该法案禁止美国政府与国际刑事法院合作。[1]

为了保护美国士兵免受国际刑事法院的制裁，美国在 2002 年要求联合国安理会通过一项决议，保护联合国维和人员免受非批准国（如美国）的国际刑事法院管辖。根据《罗马规约》第 16 条规定，安理会有权将任何起诉推迟 12 个月。安理会最终通过了第

----

〔1〕　赵秉志、王秀梅：《论惩治国际恐怖主义犯罪的基本问题》，载《铁道警官高等专科学校学报》2002 年第 1 期。

1422 号决议。[1] 作为第二重保护，美国开始寻求"作为外援的一个条件"，与其他国家签署双边协议，承诺对其境内的美国军队给予豁免，就是所谓的"第 98 条协定"（Article 98 Agreements），最终 92 个国家签署了协议，其中包括国际刑事法院的缔约国。[2] 然而，有趣的是，前南刑庭对美国享有管辖权，与国际刑事法院不同，美国并不反对这一管辖权。

（二）将恐怖主义排除在《罗马规约》之外

被抓获的恐怖分子不能由国际刑事法院审判，因为《罗马规约》没有将恐怖主义列为犯罪。有趣的是，在罗马会议期间，一些国家表示希望将国际恐怖主义行为纳入国际刑事法院的管辖范围。例如，土耳其支持国际恐怖主义应属于国际刑事法院"反人类罪"管辖范围，土耳其在国际刑事法院筹备委员会第八届会议期间提交了一份文件，声称恐怖主义行为是对国际和平与安全的一些最重大威胁。[3] 土耳其建议采取务实的办法来解决恐怖主义问题和扩大法院的管辖权。土耳其认为法律必须适应现实，还强调了可能的途径：将恐怖主义列入特定犯罪类别。土耳其的目标是创立一个不同于《罗马规约》已经明确列举的罪行类别。然而，将国际恐怖主义作为反人类罪纳入国际刑事法院管辖的提议遭到反对。最终，国际刑事法院并未明确对国际恐怖主义的管辖权。

美国代表团坚决反对将恐怖主义列入《罗马规约》。美国反对的理由是，国际社会对国际法将国际恐怖主义定义为犯罪没有达成共识。美国代表提供了四个理由来证明他们拒绝列入恐怖主义的决定是正确的：①罪行定义不明确；②列入这一罪行将使国际

---

〔1〕 S. C. Res. 1422, U. N. SCOR, U. N. Doc. S/RES/1422（2002）.

〔2〕 千里岩：《美国与国际刑事法院之争的背后》，载《现代世界警察》2018年第 10 期。

〔3〕 黄芳：《国际刑事法院审判机制研究》，载《法律适用》2020 年第 21 期。

刑事法院政治化；③一些恐怖主义行为没有达到严重程度，不足以被国际法庭起诉；④国内法院的起诉和惩罚在打击恐怖主义方面将比国际法庭更为有效。[1] 最终，由于缺乏公认的定义，恐怖主义被排除在国际刑事法院的管辖范围之外。

（三）恐怖主义罪的普遍管辖权

国际刑法致力于起诉严重侵犯人权的犯罪嫌疑人，[2] 在过去30年里，"普遍管辖权"的概念研究和国际刑法的执行都有所发展。国际法规定，任何国家都可以对某些罪行拥有管辖权。这些罪行被认为是令人发指的，任何国家都可以起诉它们。一些罪行关系国际社会如此普遍的利益，以至于国际公约都旨在消除这些罪行：包括海盗、奴隶贸易、战争罪、劫持、破坏民用飞机和种族灭绝。[3]

联合国安理会在"9·11"事件后通过的第1368号决议毫不含糊地、强烈地谴责"2001年9月11日在纽约、华盛顿特区和宾夕法尼亚州发生的恐怖袭击"，并认为这种行为"如同任何国际恐怖主义行为一样，是对国际和平与安全的严重威胁"，该决议还呼吁所有国家"紧急合作，将这些恐怖袭击的实施者、组织者和赞助者绳之以法……那些帮助、支持或庇护这些行为的行为者、组织者和赞助者将被追究责任"。[4]

今天，国内法院在起诉恐怖分子方面发挥着重要作用，几乎每一项国际罪行都受一些国内法院的属地管辖，当然国内法院通

---

〔1〕　伍俐斌：《联合国安理会对国际刑事法院管辖权的限制》，载《政法论坛》2017年第1期。

〔2〕　Mark A. Drumbl, "Toward Criminology of International Crime", *Ohio State Journal on Dispute Resolution*, 19 (2003), p. 263.

〔3〕　M. Cherif Bassiouni, *Introduction to International Criminal Law*, Leiden：Brill Academic Publishers, 2003, pp. 83-91.

〔4〕　S. C. Res. 1368, U. N. SCOR, U. N. Doc. S/RES/1368 (2001).

常最容易获得关于被指控事件的信息、证据和证词。然而，国家起诉国际罪行依然存在一些重大风险：其一，国内法院比国际法院更有可能带有偏见或政治动机。距离犯罪现场近、当地媒体的报道以及了解受害者和幸存者的痛苦等因素，都可能会破坏程序的公正性。其二，国内法院的司法质量差别较大。虽然一些国家拥有发达的法律体系，但另一些国家甚至缺乏最基本的法律程序。其三，在起诉国际罪行时，往往需要让国际社会都相信诉讼程序的公正性和伸张正义的合法性，而国家起诉国际罪行时可能不容易获得国际认同。越来越多的呼声依然是将恐怖主义纳入普遍管辖权。国际恐怖主义如此令人发指，受到如此广泛的谴责，以至于任何国家都有权"代表国际社会"起诉和惩罚罪犯。尽管呼声日盛，但对恐怖主义普遍管辖尚未获得足够的支持。然而，有一点是肯定的，政治考虑在很大程度上阻碍了提高国际刑法效力的机会。对于根据国际法将恐怖主义定义为国际罪行，仍然没有达成一致意见。鉴于上述考虑，国内法院将继续在起诉恐怖分子方面发挥关键作用，许多国家还颁布了起诉恐怖分子的必要国内立法，国内法院起诉国际罪行的例子已经不胜枚举。例如在美国，国内法院也会起诉国际罪行，包括海盗、贩卖奴隶和最近的国际恐怖主义。

五、应对国际恐怖主义的其他选择

（一）反恐公约

反恐公约的签订往往旨在促进国内法院起诉恐怖主义罪行，然而，国内法院起诉却不一定是最有效的制度。虽然国内法院在起诉国际罪行方面的积极作用正在增加，但也有人提议设立替代方案，包括国际刑事法院或由本国和外国法官组成的"混合"法院。当然，国际刑事法院不是起诉恐怖分子的唯一模式。如果国内法院不想或不能审判恐怖主义罪行，还有其他几种起诉国际罪行的模式。特设国际法庭仍可能在联合国的主持下成立，就像在前南斯拉夫和卢旺达所做的那样。起诉恐怖分子的国际合作在全球反恐战略中至关重要，即使国际刑事执法并不完美。国际法庭的审判可以在不同的法官小组进行，甚至是来自伊斯兰国家的法官。这种多样性可以防止对"胜利者正义"的潜在指控。有必要发展国际刑事执法，各国必须授权司法机构适用国际刑法。如果国际刑法成为强国的霸权工具，它就不能享有长期信誉。所有国家必须共同努力将恐怖分子绳之以法。国际刑事法院只会有助于确保国内管辖权符合国际法的最低标准，大多数恐怖主义案件仍将由国内法院审理。国家起诉将更有效地解决恐怖主义问题，但如有必要，各国可以采取协调行动。

（二）半国际化法院

半国际化法院是东道国国内司法系统的一部分，但包括既适用国际法又适用国内法的当地法官和国际法官。这些法院目前正在东帝汶和科索沃行动。这些法院倾向于满足国家以及国际社会的需求，国际社会"经常提供资金、资源和法官"。国际化的国内法院可以提供国际法庭的一些合法性，因为外国法官更有可能公正，并被国内和国际社会视为是公正的。同样，国际化的国内法院可以表明全球普遍的共识，即国际犯罪是不可容忍的。这些半国际化的法院也比完全国际化的法院更容易建立，运作成本也低得多。

小　结

在当前国际政治背景下，只有各国愿意惩罚国际恐怖主义，才有可能通过一项国际公约和适当修改国家法律。"9·11"袭击与过去的恐怖袭击没有什么不同，它们构成了恐怖主义罪行，刑事司法程序是应对"9·11"袭击的更合适的方法之一。通过国际司法机构或国内司法机构而不是军事委员会起诉被抓获的恐怖分子将更能有效打击国际恐怖主义,并且有力地促进国际法的不断发展与完善。国际刑法的执行从来都不是完美的,但它可以为起诉恐怖分子提供依据。洛克比空难和"9·11"事件的成功审判表明,国内法院和专门国际法庭有能力处理此类案件。尽管美国不愿意在起诉恐怖分子时将权力移交给外国主权,但一些权力移交是必要的,因为全球反恐战争需要整个国际社会的合作。

恐怖主义罪管辖权问题研究

一、介绍

20世纪，国际法一直在积极处理各种武装冲突中违反国际人道法的行为，其重点逐渐放在犯下这些行为的个人上，而不再让其国家对犯下此类严重违法行为承担全部责任。全球大部分国家已经意识到在受冲突影响的国家中建立过渡司法制度的重要性。武装冲突发生之后，会削弱国家的司法能力，故需要大量的时间和精力来重新建立有效的司法体系，以确认法治的基本原则。为了实现这些目标，在过去的几十年中，各国一直致力于建立混合形式的法庭，以起诉发起武装冲突的人在受战争影响的社会中犯下的罪行，从而对国际刑法的判例进行补充。[1] 联合国在过去30年中建立并帮助建立了多个国际法庭或特设法庭，其目标包括惩处违反国际人道法、国际刑法的犯罪者，为受害人伸张正义，维护国际和平与安全。所有这些国际司法机构都为国际刑法学的发展做出了重要贡献。

由于国际恐怖主义的严峻性，几项在联合国主导下的反恐部门条约得到了国际社会的接受。在"9·11"恐怖袭击之后，安理会指出，恐怖主义的方法、行为和做法与联合国的原则和宗旨相

---

〔1〕 Report of the Secretary General, UNSC. 2004, "The Rule of Law and Transitional Justice in Conflict and Post-Conflict Societies", S/2004/616.

抵触。[1] 依照联合国通过的与恐怖主义有关的条约，缔约国必须通过其本国法律起诉恐怖主义行为的实施者。根据国际刑法，违反国际人道法可能会导致个人的刑事责任，各国必须在赋予刑事法庭管辖权的协议中对犯罪进行准确的界定，并通过国内司法程序对个人进行审判。根据国际法上既定的规范，需要研究如何将恐怖主义行为归入国际刑法的相关法规。在这一点上，重要的是要理解，恐怖主义行为在任何类型的武装冲突中一直很普遍，但是正在改变的是各国对此的态度。在理想情况下，如果恐怖主义分子受到各国国内刑事司法程序的惩罚，这将使受害国感到欣慰。但是不幸的是，当国家直接或间接纵容此类恐怖袭击时，受害国往往通过请求联合国设立国际法庭寻求国际法干预，或者通过扩大其国内法的适用范围，以域外执法方式将国际恐怖分子绳之以法。甚至在特殊情况下，国际组织也走同样的道路，例如联合国安理会第 1368 号决议声称恐怖分子的袭击，即使不是国家实施的袭击，仍然可以确定为对国际和平与安全的威胁，从而触发个人或集体自卫的权利。北约也将"9·11"袭击视为"武装攻击"。当时的决议含糊不清，导致美国在其反恐行动中将部分恐怖分子作为"敌方战斗人员"进行"无限期拘留"。

但是，现在非常清楚的是，即使对于无法按日内瓦公约及其附加议定书中提到的任何形式进行明显分类的恐怖分子，国际人道法仍然可以保证其基本权利，国际刑法框架中的多个司法机制都可以审判恐怖主义分子。目前的主要困境是，非国家行为体犯下的恐怖主义行为并未明确纳入国际人道法的管辖范围，因此受害者几乎别无选择，只能通过国际刑事法院、根据安理会决议设立刑事法庭或在国内成立混合法庭。但是，在所有情况下，首要

---

〔1〕 Johan D. van der Vyer, "Prosecuting Terrorism in International Tribunals", *Emory International Law Review*, 24 (2010), pp. 524-547.

的都是管辖权问题。前南刑庭和国际刑事法院都没有将恐怖主义纳入其管辖范围，但是卢旺达刑庭和黎巴嫩特别法庭均将恐怖主义列为其管辖范围内的罪行。在研究国际刑庭、国际刑事法院对恐怖主义的管辖权问题时，首先要解决的问题是：是否可以认定恐怖主义是严重违反国际人道法的行为呢？也就是说，恐怖主义是否属于国际人道法的调整范围？

二、恐怖主义与国际人道法

在和平时期、武装冲突甚至政治运动的情况下，都可能发生恐怖主义。将恐怖主义行为界定为国际刑事犯罪的基本目的在于，通过采取司法行动加强国家之间刑事司法合作，将犯罪者绳之以法。和平时期的恐怖主义行为，国家根据国际公约对已经或怀疑曾进行此类行为的个人行使管辖权。武装冲突局势受国际人道主义法管辖，违反国际人道法的个人应受到国际刑法追究与惩罚。本书将评估如何将恐怖主义置于国际人道法与国际刑法的制度之中。

国际人道法的主要内容包括：限制使用武力方式与程序、保护平民、控制战争中使用的武器。从历史上看，与武装冲突有关的法律仅适用于相互战斗的主权国家，而所有国家都不想使叛乱分子、恐怖分子或其他武装团体具有合法地位。迄今为止，国际公法中还没有关于非国际性武装冲突的定义。有关非国际性武装冲突的唯一相关规定由日内瓦公约的"共同第3条"与《第二议定书》第1条第（1）款规定，后者扩大了其适用范围，例如排除了对领土控制的要求等适用条件。国际人道法规则主要可以分为两个种类：①对作战的方法和使用手段的限制；②对非战斗员、平民、丧失战斗能力的人的保护。[1]《日内瓦第四公约》是四个日内瓦公约中唯一提到"恐怖主义"一词的公约，第 33 条规定"被保护人无论男女不得因非本人所犯之行为而受惩罚。集体惩罚及一切恫吓恐怖手段，均所禁止"，防止在拘留期间或在被占领领土内的非战斗员、平民成为"恐吓或恐怖主义措施"的受害者。[2] 然而，《日内瓦第四公约》所规定的"恐怖主义"更多的作为战争罪的表现形式，作为禁止战争罪规则的辅助规则。例如，《日内瓦第四公约》第 67 条指出占领国可以根据前条的规定将军事嫌疑人提交军事法院，并明确提及必须平衡刑罚和犯罪的规则。第 67 条被认为是对第 33 条的补充，因为不平衡或罪刑罚不相称显然将构成恐怖主义。

关于第一类规则，《第一议定书》第 51 条第（2）款规定，单独或集体攻击平民受到明确禁止，鉴于任何军事行动或类似军事手段性质的任何特定威胁必将对未受保护的平民造成恐怖影响，第 51 条的禁止性规定涵盖了几乎所有恐怖行为。并且第 51 条明确规定禁止故意使用恐怖手段作为战争手段。第 51 条第（2）款通过明确禁止针对平民的袭击，体现了前款中规定的普遍保护原则。《第二议定书》第 52 条进一步支持上述第 51 条，其中规定了民用物体保护的一般原则；通过否定方法定义平民目标，第 50 条已经使用该方法定义平民人口。《第一议定书》第 56 条禁止以在平民中散布恐怖的目的进行攻击，禁止攻击可能导致危险的工程或设施（例如水坝、堤坝和核电站）；第 53 条规定对有文化和宗教意义的物体进行保护。

根据上述规定分析可以得出，在所有形式的武装冲突中，国

---

[1] Hans-Peter Gasser, "Prohibition of Terrorist Acts in International Humanitarian Law", *International Review of The Red Cross*, 253 (1986), p. 204.

[2] Hans-Peter Gasser, "Acts of Terror, Terrorism and International Humanitarian Law", *International Review of the Red Cross*, 847 (2002), pp. 547-570.

际人道法都应被遵循，恐怖行为并无任何例外或保留。根据《罗马规约》第 1 条"管辖权规定"和第 17 条"可受理性规定"，国际刑事法院有权针对违反国际人道法、国际刑法的个人行使管辖权。"日内瓦四公约"的"共同第 3 条"和《第二议定书》设定了旨在禁止非国际性武装冲突中的暴力和痛苦的基本原则。习惯法还确认并补充了该"共同第 3 条"，并在这方面扩大和完善了保护制度。可以说，在任何情况下，由于《第二议定书》序言部分第 4 条"马顿斯条款"的规定，发生在任何国家的恐怖主义都是违反国际人道法的行为，根据前南刑庭的结论，不论是国家行为者还是非国家行为体，违反国际人道法都应被追究刑事责任。[1] 因此，可以说，国际人道法的整个内容与习惯国际法一起禁止在国际或非国际性武装冲突中进行恐怖袭击，各缔约国均有义务将被指控的嫌犯绳之以法。

三、国际刑庭对恐怖主义的管辖权

（一）前南刑庭

《前南斯拉夫问题国际刑事法庭规约》（以下简称《前南国际刑庭规约》）是联合国安理会根据《联合国宪章》第七章设立的，用以起诉对 1991 年以来在前南斯拉夫境内所犯的严重违反国际人道法行为负责的人的国际法庭。前南刑庭（ICTY）在其规约中虽然没有对恐怖主义进行明确表述，但是法庭管辖对象是对严重违反国际人道法行为负责的人，恐怖主义属于国际人道法的调整范围，因此不能简单地否认前南刑庭对恐怖主义的管辖权。从管辖罪行的角度来看，前南刑庭所管辖的罪行主要有战争罪、反人类罪、种族灭绝罪。所管辖罪行中，战争罪、反人类罪似乎都与恐

---

〔1〕　The Prosecutor v. Dusko Tadić, Case No. IT‑94‑1‑AR 72, ICTY Appeals Chamber, 2 October 1996.

怖主义罪有着千丝万缕的关系。因此，将从恐怖主义与战争罪、恐怖主义与反人类罪两个角度考察前南刑庭的司法实践。

1. 恐怖主义与战争罪

认为恐怖主义在法律上只能被视为和平时期的刑事犯罪，这是一种谬误。根据《第一议定书》第 51 条第（2）款，暴力行为或威胁的主要目的是在平民人口中传播恐怖主义，该行为构成战争罪。这种禁止可以视为习惯国际法的一部分。《前南国际刑庭规约》第 3 条规定法庭将管辖那些违反战争法和惯例的行为，也就是战争罪。违反行为应包括下列事项，但不限于此：

（a）使用有毒武器或其他武器，以造成不必要的痛苦；

（b）无军事上之必要，横蛮地摧毁或破坏城市、城镇和村庄；

（c）以任何手段攻击或轰击不设防的城镇、村庄、住所和建筑物；

（d）夺取、摧毁或故意损坏专用于宗教、慈善事业和教育、艺术和科学机构、历史文物和艺术以及科学作品；

（e）劫持公私财产。

《前南国际刑庭规约》第 3 条没有将恐怖主义列为战争罪。然而，政府官员和非国家行为体与其他自然人都属于前南刑庭的管辖权范围，如果他们参与了故意引导攻击平民或者对平民的不直接参与的敌对行动都将有可能在武装冲突中构成战争罪。虽然《前南国际刑庭规约》没有将恐怖主义列为单独的犯罪，但在本质上很有可能与涵盖了同样非法行为的战争罪是等同的。[1]

要判断前南刑庭是否对恐怖主义享有管辖权需要解决两个主要问题：其一，暴力活动是否达到武装冲突的界限？换而言之，是否存在武装冲突？其二，恐怖主义行为是否满足战争罪的犯罪

---

[1] Elements of Crimes–International Criminal Court, New York, 30 June 2000, Article 8（2）（c）（iii）.

构成要件？由于恐怖主义罪的犯罪构成主要放在第五章详细讨论，因此本章主要讨论第一个问题。

武装冲突的概念一般出现在缔约国谈判条款中。1949 年日内瓦公约最低规定非国际性武装冲突当事人必须遵守的对非战斗人员的保护。虽然这一众所周知的"共同第 3 条"第 2 节规定，它的适用不会影响当事各方的法律地位，但一些国家表示关切，认为这些建议将赋予犯罪集团道义上的合法性，并妨碍各国政府采取合法的镇压措施。人们担心，这种安排将涵盖所有形式的叛乱和国家分裂，甚至包括纯粹的抢劫。为了减轻反对者的忧虑，外交会议的一个特别委员会保证，"共同第 3 条"不包括"恐怖主义"和偶然的暴动，而只适用于虽然具有内在性质，但表现出真正战争特征的冲突。

为了在敌对行动期间加强对平民和其他脆弱群体的保护，国际刑事法庭大大扩大了"武装冲突"的概念。前南刑庭在"塔迪奇案"上诉分庭开创了新领域并提出一个定义作为权威的起点和以后的判断依据。根据上诉分庭的说法，"当国家之间诉诸武装部队或政府当局与有组织的武装团体之间或国家内这类团体之间发生持久的武装暴力时"就会发生武装冲突。[1] 关于非国际武装冲突，该定义明确了两个方面：首先，武装冲突可以在没有任何官方政府参与的情况下发生，因此可以在叛乱集团之间进行战斗。只有在中央政府是交战方之一的情况下才适用的《第二议定书》范围的扩大反映了对失败国家问题的敏感性。其次，为了符合武装冲突的条件，必须满足两个累积条件：一是武装部队要有一定的组织性；二是战斗要有一定的强度。由于这些标准显然仍然相

---

[1] Prosecutor v. Tadić, Case No. IT-94-1-AR72, par. 72.

当模糊，因此需要在实践中进一步阐述和解释。[1]

在"立马吉案"（Prosecutor v. Limaj et al.）中，审判分庭有机会充实这些标准，因为它必须确定科索沃解放军和塞尔维亚武装部队之间是否存在武装冲突。[2] 科索沃解放军的组织力量是根据其对人民行使内部控制的能力，制定和执行协调一致的军事行动的能力以及在对外关系中作为一个整体进行运作的能力来衡量的。[3] 审判分庭还阐明了冲突强度方面的要求，除其他外，还提到了武装冲突的频率和严重性、动员精英军事集团以及对平民人口的影响。[4] "博斯科斯基和塔尔库洛夫斯基"（Boskoski & Tarkulovski）的审判分庭有益地总结了在评估敌对行动的激烈程度时应考虑的因素，经常提到"立马吉案"的判决：

> 被迫逃离战区的平民人数；使用的武器种类，特别是使用重型武器和其他军事装备，例如坦克和其他重型车辆；对城镇的封锁或围困，以及对这些城镇的猛烈炮击；炮击或战斗造成的破坏程度和伤亡人数；部署部队和单位的数量；当事方之间存在和变更前线；对领土、城镇和村庄的占领；向危机地区部署政府部队；关闭的道路；停火令和停火协议，以及国际组织（如安理会）代表调解和执行停火协议的努力。[5]

---

〔1〕 Prosecutor v. Rutaganda, Case No. ICTR-96-3, Judgment, 6 December 1999, par. 93.

〔2〕 Prosecutor v. Limaj et al. Judgment, Case No. IT-03-66-T, 30 November 2005.

〔3〕 Prosecutor v. Limaj, par. 46 and 125.

〔4〕 Prosecutor v. Limaj, par. 146, 150 and 166.

〔5〕 Prosecutor v. Boskovski & Tarculovski, Judgment, Case No. IT-04-82-T, 10 July 2008, par. 177.

关于组织方面的要求已逐渐具体化为五组因素，这些因素表明有充分的组织：①组织的管理结构；②一个有组织的方式；③组织化程度；④纪律水平和实现"共同第 3 条"的基本义务；⑤统一性程度。[1] 虽然组织的水平和冲突的强度都是不可缺少的条件，但最近的判例法对冲突的地理和时间范围的要求已有所减弱。国际人道法的适用并不取决于某一特定地点实际发生的敌对行动。国际人道法将政权的执政行为与相关冲突区分开来，只要一定地理区域存在武装冲突就可以适用国际人道法。在时间方面，美洲人权委员会非常愿意将国际人道法的适用范围扩大到在拉塔布拉达（La Tablada）军事基地的一场短暂的叛乱。[2]

虽然（非国际）武装冲突的概念随着时间的推移而扩大，但对组织程度和强度仍有明确的要求。此外，这些参数之间存在明显的相关性。只有武装集团拥有足够的军事力量来对抗政府武装或其他具有类似威力的集团，它们才能进行长期的武装斗争。因此，武装冲突的概念是建立在敌对双方一定的武器平等的基础上的。当这个反叛的武装组织不是官方力量的对手，或者相反，当其暴力的受害者无法保护自己时，就像没有保护的平民一样，则认为不存在武装冲突。

总而言之，需要正确看待恐怖主义和武装冲突之间的关系。大多数恐怖组织没有能力与政府军进行旷日持久的战斗，因为他们缺乏这样做的组织力量。"塔迪奇案"法庭认为，"在一个内部的武装冲突，使用这些密切相关的标准仅仅是为了目的，作为一个最小值，区分武装冲突和乱党、无组织的和短暂的叛乱，或者

---

〔1〕　International Law Association, Final Report on the Meaning of Armed Conflict in International Law, The Hague Conference, 2010, 21.

〔2〕　Prosecutor v. Kordić & Čerkez, Judgment, case No. IT-95-14/2-T, 26 February 2001, par. 27.

恐怖主义活动。"[1] 结论很明确，如果民兵的间歇性袭击没有达到武装冲突的临界点，要么是因为他们没有达到要求的强度水平，要么是因为该组织组织不力，这些袭击将不属于战争罪，而国际刑事法庭将缺乏管辖权。

2. 恐怖主义与反人类罪

前南刑庭"加力奇案"（Prosecutor v. Galić）案，该案中暴力行为的目的是在平民中传播恐怖而非明显的军事目的。恐怖主义行为在法律上没有明确规定的问题在前南刑庭上诉分庭的"加力奇案"中已经得到解决，对平民使用恐怖手段，在武装冲突期间可以视为习惯国际法下的战争罪行。[2] 上诉分庭确认，压制平民的恐怖手段已经构成严重违反国际人道法，即《第一议定书》第51条第（2）款，禁止行为或暴力威胁的主要目的是在平民中传播恐怖的规定。法庭澄清，《第一议定书》的有关规定旨在扩大对平民的保护，使其免遭恐怖袭击，因为《日内瓦第四公约》第33条的范围有限，只保护被占领国中的平民。因此，《第一议定书》第51条第（2）款和《第二议定书》第13条第（2）款针对所有人——交战者、平民和有组织团体，要求他们放弃武装冲突各方领土内的恐怖主义行为。[3] 在对这些文书和决定进行全面审查之后，上诉分庭的结论是，习惯国际法确实对违反对平民的禁止恐怖行为规定了个人刑事责任。[4] 在前南刑庭的"加力奇案"中，被告被指控犯有反人类罪，并以与恐怖主义战争罪相同的犯罪事实为依据。在前南刑庭"布拉戈耶维奇案"（Prosecutor v. Blagojević and

---

〔1〕 Prosecutor v. Tadić, Opinion and Judgment, Case No. IT-94-1-T, 7 May 1997, par. 562.

〔2〕 Prosecutor v. Galić, Judgment of the Appeals Chamber, IT-98-29-A, 30 November 2006, par. 91-98.

〔3〕 Antonio Cassese, "The Multifaceted Criminal Notion of Terrorism in International Law", *Journal of International Criminal Justice*, 4（2006）, pp. 917-944.

〔4〕 Prosecutor v. Galić, Appeals Chamber, par. 92.

Jokić）中，布拉戈耶维奇被控参与 1995 年斯雷布雷尼察大屠杀。这起案件涉及对平民的屠杀、强迫迁徙、谋杀等多项罪行，虽然主要罪名是反人类罪，但案件中的一些手段符合恐怖主义的定义，即通过恐惧控制特定群体。与"加力奇"案高度相似，两起案件都包括通过恐惧来实施政治目标的行为，这种方式超越了传统的战争行为，接近了恐怖主义的操作模式，法庭定义"恐吓平民"的要素主要包括如下三项：

（1）暴力行为或暴力威胁；

（2）违法者故意使不参加敌对行动的平民或个别平民成为这些行为或威胁的目标；

（3）实施暴力行为或威胁的主要目的是在平民中传播恐怖。[1]

在"布拉戈耶维奇案"中，检方选择以反人类罪起诉，需要证明有广泛的歧视意图和系统的攻击。[2] 在"加力奇案"判决中，认定恐怖主义罪要素中所述的针对平民的攻击符合反人类罪要素：其一，针对平民或未直接参加敌对行动的平民的暴力行为，造成死亡或严重身体伤害；其二，犯罪者故意使平民或不直接参与敌对行动的平民成为这些暴力行为的对象；其三，犯上述罪行的主要目的是在平民中散布恐怖。[3] 在"布拉戈耶维奇案"中，审判分庭认为，尽管《前南国际刑庭规约》中没有具体规定"对平民人口进行恐吓"的行为，但该行为类似于《第一议定书》第 51 条第（2）款规定中的"主要目的是在平民中散布恐怖的暴力行为或威胁"，因此可以认定恐怖主义行为属于违反国际人道法的

---

〔1〕　Prosecutor v. Blagojević, par. 589.

〔2〕　Gerhard Werle, "Individual Criminal Responsibility in Article 25 ICC Statute", *Journal of International Criminal Justice*, 5（1981），pp. 953-963.

〔3〕　王秀梅：《普遍管辖权的司法适用——以美国为例》，载《政法论丛》2020 年第 3 期。

行为。恐怖主义行为的受害者被视为被剥夺了大多数法定权利，包括《公民权利和政治权利国际公约》（International Covenant on Civil and Political Rights）和《欧洲人权公约》中所规定的基本安全权。

此外，《前南国际刑庭规约》第 5 条关于反和平罪是这样规定的——国际法庭有权起诉对在武装冲突中犯国际罪行或内部罪行并针对任何平民的下列罪行负责的人：谋杀；灭绝；奴役；驱逐出境；监禁；酷刑；强奸；基于政治、种族和宗教理由的迫害；其他不人道的行为。从条款本身来看，很明显，必须证明所指控的反人类罪与前南斯拉夫"武装冲突"之间的联系。换句话说，被告的行为与武装冲突之间必须存在地理和时间上的联系，但武装冲突的类型和性质是无关紧要的。[1] 然而，这种管辖权限制并不反映习惯国际法的状况。"武装冲突"的要求是前南刑庭的特殊规定，并不构成反人类罪的附加内容。[2] 当前的习惯国际法并不要求在反人类罪和武装冲突之间建立联系。

（二）卢旺达刑庭

《卢旺达问题国际刑庭规约》第 4 条 d 款明确规定"恐怖主义行为"是对第 3 条的严重违反。根据 1949 年《日内瓦第四公约》及其 1977 年《第二议定书》，卢旺达刑庭对恐怖主义行为具有刑事管辖权。由于卢旺达刑庭只对在非国际武装冲突中犯下的罪行具有管辖权，因此该规约将恐怖主义定义为在非国际武装冲突中犯下的战争罪。

此外《卢旺达问题国际刑庭规约》对《前南国际刑庭规约》

---

[1] Prosecutor v. Tadić, Case No. IT-94-1, Decision on the Defense Motion for Interlocutory Appeal on Jurisdiction, par. 573.

[2] Prosecutor v. Tadić, Case No. IT-94-1-A, par. 249.

中所载的反人类罪同样进行了列举。但是，它在两个基本方面与前南刑庭有所不同：首先，删除了《前南国际刑庭规约》中对于在武装冲突中犯下此类罪行的要求；其次，对反人类罪的界定增加了"歧视意图"。第二个要素至关重要，因为它限制了卢旺达刑庭的地域管辖权。《卢旺达问题国际刑庭规约》第3条是这方面的基本规定，内容如下：卢旺达刑庭有权管辖，以国家、政治、种族或宗教为由对任何平民进行广泛或系统的攻击，对下列罪行负有责任的人：谋杀；灭绝；奴役；驱逐出境；监禁；酷刑；强奸；以政治、种族和宗教为由迫害；其他不人道的行为。

《卢旺达问题国际刑庭规约》引入了"歧视意图"的概念，基于卢旺达刑庭的管辖范围，这要求反人类罪必须"作为基于民族、政治、族裔、种族或宗教理由对任何平民的广泛或系统攻击的一部分"。换句话说，起诉方必须确定所指控的罪行是在迫害政策的基础上犯下的，在卢旺达冲突的实际情况下，这一证明要求很容易达到。在"凯伊舍马案"(Prosecutor v. Kayishema and Obed Ruzindana) 中，卢旺达刑庭引用了其他歧视性因素。[1] 正如《前南国际刑庭规约》规定反人类罪与"武装冲突"之间的联系一样，卢旺达刑庭管辖权内的这一额外"歧视意图"内容也只能反映部分习惯国际法。最终"歧视意图"内容与政策或计划要件一起被纳入《罗马规约》。实际上，根据《罗马规约》第7条第1款，必须将反人类罪"定为对任何平民的广泛或系统攻击的一部分"，并可转化为"对任何可识别的群体或集体的迫害"，并基于第3款中定义的"政治、种族、民族、文化、宗教、性别或其他理由"。[2]

---

　　〔1〕　Prosecutor v. Kayishema and Obed Ruzindana, Case No. ICTR - 95 - 1 - T, par. 130 (May, 21 1999).

　　〔2〕　Prosecutor v. Jean-Paul Akayesu, Case No. ICTR - 96 - 4 - T, paras. 583 - 84 (Sept. 2, 1998).

四、混合法庭对恐怖主义的管辖权

（一）黎巴嫩特别法庭

黎巴嫩特别法庭上诉分庭在 2011 年的一项中间裁决中称，根据习惯国际法的规则，恐怖主义确实已明确形成一种独特的国际犯罪。在这一裁决中，黎巴嫩特别法庭敢于冒险进入迄今为止在司法上一直回避的法律领域，并直接将恐怖主义定义为"离散"犯罪。

黎巴嫩特别法庭认为在和平时期的恐怖行动适用习惯国际法，然而实际上更多的适用了黎巴嫩国内法。《黎巴嫩刑法》第 314 条规定的恐怖主义罪行的两个构成要件是：①意图"造成恐怖"的行为，不论是否构成刑法规定的其他罪行；②使用"容易导致危害公共安全"的手段。

由于《黎巴嫩问题特别法庭规约》没有对恐怖主义做出详尽的定义，因此法官们的任务是对此作出决定。然而，上诉分庭指出，国际公约和习惯法都将指导法庭对黎巴嫩国内刑法的解释，令人吃惊的是，这表明在习惯国际法下确实出现了恐怖主义的定义。法庭指出：许多条约、联合国决议、国家的立法和司法实践都表明，一致的国家实践可能产生习惯国际法效应，一个关于恐怖主义罪的惯例规则，至少在和平时期确实出现了。这一习惯法规则要求有下列三个关键要素：①犯罪行为（如谋杀、绑架、劫持人质、纵火等）或威胁实施此种行为；②意图在人群中散布恐惧（这通常会造成公共危险）或直接或间接地强迫国家或国际当局采取某种行动，或不采取这种行动；③涉及跨国因素的。

（二）塞拉利昂特别法庭

2012 年 5 月 30 日，利比里亚前总统查尔斯·泰勒（Charles

Taylor)〔1〕被判定谋杀、强奸及强迫儿童当兵等 11 项罪名成立，被海牙法庭判处入狱 50 年。2013 年 9 月 26 日，海牙上诉法庭宣布维持原判，利比里亚前总统面临 50 年监禁。检察官指控查尔斯·泰勒 11 项战争罪和违反人类罪行：①违反《联合国宪章》的恐怖主义行为和违反日内瓦公约及其附加议定书的战争罪行；② 5 项反人类罪，包括谋杀、强奸、性奴役，其他不人道行为和奴役；③其他暴行和残酷待遇。〔2〕2004 年 5 月 31 日，联合国塞拉利昂特别法庭上诉分庭驳回了他的上诉。

审判分庭判定查尔斯·泰勒在起诉期内协助和教唆实施《塞拉利昂特别法庭规约》第 6 条第 1 款所指的罪行，例如恐怖主义行为，违反日内瓦公约"共同第 3 条"和《第二议定书》第 3 条第（4）款。〔3〕法庭认为，恐怖主义行为与战争罪的构成要素实质上是不同的，恐怖行为的关键要素是意图散布恐惧，这将恐怖主义犯罪与其他被指控的战争罪区别开来。在讨论《塞拉利昂特别法庭规约》第 3 条第（4）款规定的恐怖主义行为所必需的犯罪要件时，除了合理违反第 3 条的规定外，还规定了恐怖主义行为的客观对象要素，即针对个人或财产的暴力行为的实际行为或威胁行为，其主要目的是在人与人之间散布恐怖。这种恐怖活动的证据可以用来确定犯罪的其他要素，而起诉必须证明散布恐怖的意图可以从行为或威胁的"性质、方式、发生时间和持续时间"中推断出，也可以从实际意图中推断出散播恐怖主义的犯罪意

---

〔1〕　Prosecutor v. Taylor, Case No. SCSL － 2003 － 01 － PT, T. Ch. II. 21（June 2006）.

〔2〕　Christopher D. Totten, "Head-of-State and Foreign Official Immunity in the U-nited States After Samantar: A Suggested Approach", *Fordham International Law Journal*, 34（2011）, p. 356.

〔3〕　Prosecutor v. Taylor, Case No. SCSL － 2003 － 01 － PT, T. Ch. II. 21（June 2006）.

图。[1] 与之相反的是"米洛舍维奇案"（Prosecutor v. Mr. Slobodan Milošević）的审判判决，某行为或威胁只有在其造成平民死亡或严重伤害的情况下，才可被视为恐怖主义。塞拉利昂特别法庭认为，对人身造成死亡或严重伤害并不是恐怖罪行的基本要素，而是受害人由于其暴力行为或威胁而面临的严重后果，其中可能包括死亡或严重身体伤害。法庭也拒绝接受黎巴嫩特别法庭上诉分庭规定的恐怖主义罪行，黎巴嫩裁决涉及和平时期的恐怖主义，而塞拉利昂特别法庭处理的是与战争罪有关的"恐怖主义行为"，审判分庭坚持认为，恐怖主义行为应与战争罪区分开来。

五、恐怖主义纳入国际刑事法院管辖权问题研究

（一）排除在外的现状

1998 年 7 月 17 日，160 个国家的代表在罗马举行的联合国设立国际刑事法院全权代表外交会议上通过了多边公约《罗马规约》。该规约根据其第 126 条于 2002 年 7 月 1 日生效，因此不适用于在该日之前所犯的罪行。国际刑事法院的成立是各国政府和学术评论人士数十年讨论的结果，需要有一个代表世界主要法律制度的常设司法机构来审判被控犯有整个国际社会所关切的最严重罪行的个人。

从联合国设立国际刑事法院筹备委员会进行审议开始，在指导规约通过的整个谈判过程中的一个关键问题是，哪些罪行应属于国际刑事法院的管辖范围。几乎所有国家都同意应列入种族灭绝罪，绝大多数国家支持列入战争罪和反人类罪，这三类罪行在规约中都有定义。虽然侵略罪当时被推迟列入国际刑事法院的管辖范围，但是，2017 年 12 月 15 日《罗马规约》缔约国大会决定

---

[1] Prosecutor v. Galić, Appeals Chamber, ¶102, 104, 107.

从 2018 年 7 月 17 日起启动国际刑事法院对侵略罪的管辖权。自通过关于侵略罪的《坎帕拉修正案》以来，其管辖制度一直存在争议。纽约的突破完成了"罗马会议"和"坎帕拉会议"的工作，这是自纽伦堡、东京两大审判之后侵略罪再次被纳入国际司法实践中。尽管侵略罪管辖制度依然存在不完善之处，但是在禁止非法使用武力、防止侵略的国际法治进程中又迈进了一大步。

广泛的共识就此结束。其他被考虑列入国际刑事法院基于实质理由管辖范围的罪行包括贩毒、恐怖主义和针对联合国及有关人员的罪行[1]则没有被纳入管辖范围。很明显，一些国家坚决反对法院的管辖权扩大至毒品走私和恐怖主义，罗马会议决定搁置争议，以消除潜在的重大分歧，并确保规约在规定的时间内可以被适用。[2] 因此，尽管联合国大会和安理会一再谴责国际恐怖主义，而且最近已经将这一罪行描述为"对国际和平与安全最严重的威胁之一"，但是国际恐怖主义没有作为一个类别的罪行出现在《罗马规约》第 5 条中描述的"国际社会关注的最严重罪行"中。将恐怖主义排除在国际刑事法院管辖范围之外不应成为规约的永久特征。从 1998 年 7 月 17 日通过《罗马规约》到 2002 年 7 月 1 日生效，世界为 2001 年"9·11"事件所震惊，导致一些长期坚持的国际法原则受到了挑战。人们日益认识到有必要对恐怖主义做出协调一致的国际反应，包括建立一个集调查、逮捕、审判和惩罚被指控的恐怖主义分子于一体的综合全球系统，以克服以政治理由为其罪行开脱或忽略其罪行的企图。如果将这些罪行列入国际刑事法院的管辖范围，就可以实现这些目标。罗马会议通过的一项决议设想了将来通过召开一次审查会议，决定将恐怖主义

---

〔1〕　East Timor Case（Portugal v. Australia），Judgement，I. C. J. Reports 1995.

〔2〕　Final Act of the Rome Conference，Resolution E，UN Document A/CONF. 183/10.

罪行列入法院管辖范围的可能性。

（二）国际社会的讨论

有趣的是，随着罗马会议的进行，一些国家表示希望将国际恐怖主义行为纳入国际刑事法院的管辖范围内。阿尔及利亚、亚美尼亚、刚果、印度、以色列、吉尔吉斯共和国、利比亚、马其顿、俄罗斯、斯里兰卡、塔吉克斯坦和土耳其均表示该条约应涵盖此类罪行。[1] 阿尔及利亚、印度、斯里兰卡和土耳其这四个国家支持以下论点，即国际恐怖主义应在反人类罪项下归属国际刑事法院管辖。在罗马会议召开时，关于将国际恐怖主义作为反人类罪纳入国际刑事法院管辖范围的提议遭到了强烈反对。由于担心该提议可能导致国际刑事法院政治化，因此从未明确授予国际刑事法院对国际恐怖主义的管辖权。

在反恐形势日益严峻的今天，国际刑事法院成员国应认真考虑恐怖主义问题，以便在国际刑法领域进行重大的相应变化。例如，前南刑庭法官安东尼奥·卡塞斯坚称，"9·11"事件必然会影响国际社会，需要重新审视《罗马规约》以及反人类罪。[2] 将恐怖主义纳入国际刑事法院管辖权范围的想法并不是一个新颖的观点。实际上，它源于半个多世纪的思想，其中一些思想起源于第一次世界大战。一战后，国际联盟于1937年11月通过了《预防和惩治恐怖主义公约》，以打击战后发生的恐怖主义活动。该公约规定设立国际刑事法院，但该公约从未生效，法院也从未得到

---

[1] K. Kittichaisaree, *International Criminal Law*, Oxford: Oxford University Press, 2001, pp. 227–241.

[2] Antonio Cassese, "The Multifaceted Criminal Notion of Terrorism in International Law", *Journal of International Criminal Justice*, 4 (2006), pp. 993–995.

执行。[1]

1994年，国际法委员会（ILC）在其有关《罗马规约》的讨论中考虑了类似的倡议。[2] 恐怖主义的国际管辖权的概念在1998年罗马会议进行的初步对话中再次出现。除了最终被列入《罗马规约》的"国际社会关注的最严重罪行"的罪行清单之外，国际法委员会还建议将例如恐怖主义和毒品贩运，包括在受国际刑事法院管辖的罪行之内。但是，随后的谈判结果最终将《罗马规约》管辖权限制在已经列举的严重罪行。

同样，在国际刑事法院筹备委员会第八届会议期间，土耳其提交了一份文件，其中声称恐怖主义行为对和平构成了重大威胁。土耳其建议采取务实的态度来处理恐怖主义问题并扩大法院的管辖权，认为法律必须适应现实，并强调了两种可能的途径，以采取有效和积极的变革，使恐怖主义成为特定类别的犯罪。[3] 事实上，许多国际恐怖主义行为符合《罗马规约》规定的必要条件，因此已经属于反人类罪。换句话说，《罗马规约》的案文应保持目前的措辞，因为它允许国际社会将恐怖主义罪列入第7条，这也是对国际刑事法院的核心价值的重申，即震慑、惩罚国际罪行和实现对受害者的正义。

目前，对"恐怖主义"还没有一个普遍接受的定义。在过去的30年里，人们尝试了几十种定义，但对合适的定义仍缺乏共识。参加筹备委员会的几个国家认为，国际恐怖主义不应列入国际刑事法院的管辖范围内，因为对这种罪行没有一般的定义，拟定这

---

〔1〕　Commission on Human Rights, Specific Human Rights Issues: New Priorities, In Particular Terrorism, E/CN. 4/Sub. 2/2003/WP. 1（Aug. 8, 2003）.

〔2〕　Report of the International Law Commission on the Work of Its Forty Sixth Session, at 70, Supplement No. 10（A/49/10）(1994）.

〔3〕　Comments by Turkey with Regard to the Terrorist Crimes, PCNICC/2001/DP. 1（2 October 2001）.

样的定义将大大拖延法院的设立。[1] 然而，这并不能解释为什么恐怖主义罪行没有得到与侵略罪行同样的处理，它本来可以列入规约第 5 条，但有一个附带条件，即国际刑事法院对该罪行的管辖权将在今后一个时间开始运作，只要罪行的构成要素已经确定。

但是，不应低估达成一项普遍同意的恐怖主义定义所涉及的困难，有学者认为定义恐怖主义是"一项不可能完成的任务"，甚至试图将恐怖主义的概念减少为缺乏正式定义的某些核心要素，但迄今也未能形成国际协商一致的意见。然而，如果要将恐怖主义罪行作为一个单独的类别列入国际刑事法院的管辖范围，则必须在规约中对这些罪行做出定义，以符合"法无明文不为罪"原则。1998 年，筹备委员会在提交罗马会议的规约草案和最后文件草案中提出了恐怖主义的定义。尽管段落（2）和段落（3）需要被替换为一个草案的最新国际反恐公约的清单，但这个定义仍然有许多可取之处，因为它包含了几乎所有的不同表现形式的恐怖主义，已经被国际社会反复认同。[2] 然而，一些国家急于将它们所支持的民族解放和自决运动及其他组织或代表这些运动或代表这些组织的恐怖主义暴力行为的定义排除在外。筹备委员会的定义并不排除据称属于这一类的行为，因此，至少目前不太可能得到国际社会的广泛支持。

联合国第六委员会（法律委员会）的一个工作组目前正在拟定另一个可能的定义，该工作组是根据联合国大会第 51/210 号决议设立的，其目的是编制一项禁止恐怖主义的公约草案。草案第 2 条第 1 款对恐怖主义的定义大量采用了《制止恐怖主义爆炸事件的国际公约》所使用的定义。这种提法只是为了突出而不是解决

---

〔1〕 王秀梅：《全球恐怖主义犯罪：形势、应对与执法合作》，载《法学》2020 年第 11 期。

〔2〕 Ktir v. Ministère Public Fédéral, International Law Reports, 1961.

在无数次定义恐怖主义的努力中出现的许多问题和困难。草案承认，工作组未能就是否应将民族解放和自决运动的行为排除在公约的运作之外达成协商一致的意见，如果是这样，则在何种程度上应如此。另一个困难是，第 2 条第 1 款前言中的"非法"一词使该规定成为通函。该定义的目的是宣布某些行为是非法的，但它是该段适用的一个先决条件，即该段所适用的行为是非法的。同样不清楚的是，不法行为必须是根据国际法还是国内法，或者是其中之一。

将"恐怖主义"定义为国际刑事法院管辖范围内的一种不那么雄心勃勃但可能被各国更广泛接受的方式，就是将"恐怖主义"限制在现有国际反恐怖主义所定义的具体罪行的严重情况下进行约定。国际刑事法院本身将决定是否在满足"严重性"要求之前提出此类问题。这里所主张的这一解决办法是可行的，因为过去 30 年来反恐怖主义公约的数目不断增加，而且有许多国家是公约的缔约方。这些反恐公约都规定了国家必须禁止和防止的特定类型的行为。缔约方规定，任何人，无论是个人或政府官员，如违反这些公约的任何规定，均应负刑事责任。在行为主体是政府官员的情况下，如果罪行可以归咎于有关国家，则该国本身将承担国际责任，但不承担刑事责任。国际刑事法院的管辖权限于"自然人"，因此不包括国家犯罪的概念。[1]

在筹备委员会中，将"恐怖主义"严格界定为现有国际公约所规定的严重罪行，纳入国际刑事法院管辖权的想法受到下列论点的反对：国际刑事法院的管辖权应限于一般国际法规定的核心罪行，即《罗马规约》第 5 条所覆盖的四类犯罪，以方便更多国家接受国际刑事法院管辖权，为了便利国际刑事法院的运作，不

---

〔1〕 Report of the Ad Hoc Committee on the Establishment of an International Criminal Court, UN General Assembly, 50th Session, Supplement No. 22, A/50/22, 1995.

需要对不同种类的罪行提出复杂的国家同意要求或司法机制，以避免使国际刑事法院的作用和职能变得微不足道，同时也避免了使法院有限的财政和人力资源负担过重。[1]

（三）纳入国际刑事法院管辖的可能性与法理基础

将恐怖主义纳入国际刑事法院管辖范围是有充分根据的。一方面，考虑到当前在反恐领域所做的努力，许多国家希望起诉外国人在其领土上实施的恐怖行为。另一方面，各国还希望保护和庇护其本国国民免遭恐怖主义袭击。在后一种情况下，这些国家常常表示，无论犯罪地点在哪里，国家均应对那些对平民犯下的罪行行使管辖权。为了解决上述问题，将此类问题提交国际刑事法院确实是一种合理的途径。这种解决方案远非理想，但在解决诸如起诉国际恐怖分子之类的政治敏感问题时，应当尽可能避免各国之间的管辖权冲突。以下假设了国际刑事法院至少可以对国际恐怖主义行为行使管辖权的五种情况：

第一，"洛克比案"类似的情况。[2] 在著名的"洛克比案"判决中，两名利比亚国民被指控参与了对泛美 103 号航班的轰炸，造成了许多美国人的死亡。在美国起诉后，利比亚政府坚决拒绝引渡其国民，辩称美国正试图减损《关于制止危害民用航空安全的非法行为公约》（即《蒙特利尔公约》）中规定的义务。据利比亚称，相比履行其条约义务，美国似乎对阻止利比亚实施管辖权方面更感兴趣。从利比亚的角度来看，不确定美国是否将给予可疑恐怖分子以法定待遇。因此，利比亚领导人卡扎菲（Muam-

---

〔1〕 Report of the Preparatory Committee on the Establishment of an International Criminal Court, Draft Statute and Draft Final Act (UN Document A/Conf. 183/2/Add. 1, 1998).

〔2〕 Lockerbie (Libyan Arab Jamahiriya v. United Kingdom), I. C. J. Reports 1992.

mar Ghaddafi）不信任美国对其国民的起诉。[1] 从美国的角度来看，有罪不罚才是主要问题。从客观中立视角来看，如果恐怖主义嫌疑人被引渡到美国，这些人确实可能面临与所犯罪行不相称的惩罚。[2] 这种情况通常会导致司法管辖上的僵局和经济上更强大的国家对拒绝协助国家的经济报复。因此，将此事转交给国际刑事法院这样独立的国际司法机构可能是对"洛克比案"中困境的最佳回应。

第二，从人权保护与正当程序的角度来看，国际刑事司法机构是最佳选择。在"洛克比案"中，卡扎菲显然不相信美国或英国的司法机构可以为涉嫌恐怖主义犯罪的嫌疑人提供公正的审判。利比亚政府除了提出严重的正当程序关切事项外，还认为审理应严格遵循无罪推定，而美国却不一定能做到。众所周知，各国政府为遏制恐怖主义都可能存在一定的人权克减的情况。[3] 因此，在一国不相信其国民被他国引渡后将获得程序公正和人权保障的情况下，将问题提交国际刑事法院是一个合理的中间立场。

第三，必须提到"尤尼斯案"（United States v. Yunis）。在某些情况下，政府采取一些特殊手段对恐怖主义犯罪嫌疑人进行抓捕，例如在"尤尼斯案"中，美国联邦调查局特工精心策划了一项名为"金罗德行动"的计划：联邦调查局特工允诺以毒品交易的承诺将尤尼斯吸引到地中海东部的一艘游艇上，并在船只进入国际水域后将其逮捕。在打击恐怖主义的斗争中，这种类型的特殊行动饱受争议。从国际法或更广泛的法律和秩序的角度来看，试图通过任何必要手段追踪恐怖分子的可能性（无论所涉及的法

---

〔1〕　Lockerbie（Libyan Arab Jamahiriya v. United Kingdom），I. C. J. Reports 1992.

〔2〕　Eric Zubel, "The Lockerbie Controversy: Tension between the International Court of Justice and the Security Council", *Annual Survey of International and Comparative Law*, 5（1999），pp. 259-260.

〔3〕　Al Odah v. United States, 321 F. 3d 1134, 1140-41（D. C. Cir. 2003）.

律影响如何）的前景显然不是理想的情况。重要的是，一个国家，例如洛克比局势下的利比亚，可能会更有信心将其国民移交给国际刑事法院，而不是移交给美国或英国。[1]

第四，这个框架可以在较小程度上解决游击队和叛乱团体的问题。在某些情况下，这些团体会非法推翻民主政府，[2] 可能正是恐怖行为的实施才促成叛乱团体推翻政权的目的实现，由于这些恐怖主义行动有利于叛乱团体，这些叛乱团体很可能不同意对这些恐怖主义行动进行审判。这种情况再一次提出了有罪不罚的问题，并重申了国际刑事法院管辖权作为谴责未经惩罚的恐怖主义行为的适当手段的有效性。

第五，联合国安理会在建立国际刑事法院管辖权方面的作用是适当的。[3] 在某些情况下，国际社会呼吁由安理会来决定可疑恐怖分子的命运。在政治上敌对的情况下将问题提交国际刑事法院，这可能是一个有效而迅速的解决方案。换句话说，作为对这些困难案件的回应，应当建议将安理会的决定作为建立国际刑事法院管辖权的基础之一。

将恐怖主义作为单独的罪行列入国际刑事法院管辖范围的动力有双重来源。一方面，黎巴嫩特别法庭根据习惯国际法对和平时期的恐怖主义提出了权威的定义。另一方面，大多数恐怖主义攻击可能不能被界定为武装冲突，这要么是因为它们缺乏必要的强度，要么是因为犯罪者没有达到战争法所规定的交战者的组织水平。正因为这个原因，大多数恐怖主义行为也不能同反人类罪

---

〔1〕 Lockerbie (Libyan Arab Jamahiriya v. United Kingdom), I. C. J. Reports 1992.

〔2〕 Basic Principles of the Legal Status of the Combatants Struggling against Colonial and Alien Domination and Racist Regimes, G. A. Res. 3103, U. N. GAOR, 28th Sess., U. N. Doc. A/9120, para. 1 (1973).

〔3〕 Antonio Cassese, "Terrorism is Also Disrupting Some Crucial Legal Categories of International Law", *European Journal of International Law*, 12 (2001), pp. 993-994.

相提并论。由于恐怖主义在民众（平民）中造成了类似程度的痛苦和折磨，有充分的理由弥补这一司法漏洞。

恐怖主义和战争罪行之间的相似性经常被观察到，这个类比可以作为一个有用的出发点，以便将恐怖主义界定为国际刑事法院管辖下的单独罪行。战争罪的实质是对战争中的弱势群体使用暴力，或者在战争中使用残忍、野蛮的手段。在恐怖主义情况下，这些被禁止的作战方法和手段与以非战斗人员为目标相一致，正如恐怖主义的定义所暗示的那样，对平民的攻击意图是制造普遍的恐惧。从刑法的角度来看，对一般公众的恐吓有时被认为是有问题的，因为它强调主观的意图。但是，我们应承认这种特殊的意图是可以从对客观情况的回顾中推断出来的，而不是把它作为扩大的工具。

通过过早地将不良意图归罪于恐怖分子而进行的刑法镇压，可以部分地排除这些反对意见。根据黎巴嫩特别法庭的说法，根据习惯国际法，政治动机不是恐怖主义的必要因素。与这一观点稍微不一致的是，黎巴嫩特别法庭仍然承认，恐怖主义行为的目的可能是在人民中传播恐怖，或迫使政府或国际组织执行或不执行某一行为。毕竟，用恐怖袭击威胁恐吓政府以获取纯粹的经济利益当然是可行的，但对政府官员施加压力主要是为了让他们改变政策。我们赞成在将恐怖主义定义为国际刑事法院管辖下的单独罪行时，删除恐怖分子假定目标的另一个方面——迫使政府执行或不执行某一行为。根据《罗马规约》序言部分的规定，保护平民和其他易受害群体不受令人发指的罪行之害是国际刑事法院的主要目标和宗旨。此外，如此精确的恐怖主义定义将使国际刑事法庭免于在国内政治斗争中偏袒任何一方。规约的定义将偏离习惯国际法的定义，但这并不构成障碍，因为《罗马规约》第10条明确允许国际刑事法院偏离国际法。

在评估恐怖主义行为是否必须具有国际因素才能够成为国际

刑事法院管辖下的国际罪行的问题时，可以采用类似的推理方法。如前所述，黎巴嫩特别法庭上诉分庭认为，恐怖主义行为的跨国性质是它进入习惯国际法领域的先决条件。然而，将其与在非国际武装冲突中犯下的战争罪行相提并论，不利于这种限制。承认在内战中犯下战争罪行的平民的痛苦和国际社会对他们的镇压的伴随利益是毫无意义的，而在"国内恐怖主义"的情况下却否认这种承诺。

也许最困难的问题是，国际刑事法院是否以及在何种程度上只对某个组织实施的恐怖主义行为具有管辖权。简而言之，赞成某些组织性要求的更有力的论据是，国家司法机构通常会发现，通过刑法手段镇压恐怖主义组织比单独的犯罪者更加困难。显然，如果我们对组织的级别附加夸大的要求，我们将推翻我们以前的立场，即恐怖主义不能与反人类罪等同。一个适当的标准可能是《联合国打击跨国有组织犯罪公约》（United Nations Convention Against Transnational Organized Crime，又称《巴勒莫公约》）对"有组织犯罪集团"的定义。

国际刑事法院作为国家司法管辖失败的默认选择，符合普遍看法，即恐怖主义不仅在现象学意义上，而且从刑事执法的角度来看，与经典的"核心犯罪"有很大的相似之处。总而言之，将恐怖主义行为纳入国际刑事法院管辖权的法理依据主要有四个方面：

第一，恐怖主义行为违反习惯国际法。在现有的各项公约中，所有这些公约都证明大量的国家惯例和法律意见都支持这一主张，即这些罪行不仅是以条约为基础的，而且也是习惯国际法所禁止的。为免生疑问，联合国大会或安理会可根据《联合国宪章》第96条第（1）款将该事项提交国际法院，就每一种此类罪行的习惯法地位提出咨询意见。虽然咨询意见不具有约束力，但具有很强的说服力。

第二，恐怖主义行为足以震撼人类良知。2001 年"9·11"事件和世界其他地区的蓄意杀害或针对平民的暴力行为越来越多，这引起了联合国更频繁和更严厉的谴责。这些事件，以及目前规约所涵盖的四项"核心罪行"，都是对人类良知的震撼，因为它们故意造成了巨大的无辜人类痛苦和财产损失。

第三，与补充管辖原则的关系。许多发展中国家特别容易受到恐怖袭击，且没有资源进行大规模情报收集和冗长的诉讼指控恐怖分子。[1] 如果与规约的其他缔约国共同承担调查、起诉和惩罚恐怖分子的责任，这些国家就更有希望对恐怖主义做出有效的反应。这也符合发达国家的利益，因为发达国家不敢让恐怖分子在缺乏有效对付他们的资源的国家肆无忌惮地猖獗。当然，它仍然向任何缔约国开放，让它们选择利用自己国内的执法和司法程序来处理任何恐怖主义事件。将现行国际公约所界定的恐怖主义罪行列入国际刑事法院的管辖范围，将不会损害规约所载的补充关系原则和国家管辖权。[2]

第四，规约中所载的司法先决条件和触发机制没有理由不能适用于恐怖主义罪行。即使可能存在针对恐怖主义犯罪单独设计触发机制的法律需求，但是新增加的规则很大概率不会比目前确定的管辖范围和引渡义务更复杂。

该定义不一定包括使用致命化学或生物制剂、核武器或导弹技术的恐怖主义行为。[3] 但是，当人们接受这种行为属于规约中已经确定的其他罪行，例如反人类罪的范畴时，这种论点就失去了效力。蓄意使用这种毁灭性手段杀害或伤害平民必然构成《罗马规约》第 7 条所指的"对任何平民的广泛或系统攻击"，也可能

---

〔1〕　UN Document A/C. 6/56/WG. 1/CRP. 5/Add. 5（Definition of Terrorism）.

〔2〕　UNGA Resolutions 40/61, 49/60 and 56/1（Terrorism）.

〔3〕　Bassiouni, "Legal Control of International Terrorism: A Policy-Oriented Assessment", *Harvard International Law Journal*, 43（2001）, p. 83.

构成第 8 条第（2）项下的战争罪行。此外，国际社会极有可能对恐怖主义事件的继续扩散做出反应，制定进一步的国际公约，将其他具体类型的行为界定为恐怖主义罪行。[1] 这些公约可以被纳入规约，因为它们逐渐被承认为习惯国际法。

（四）管辖权例外：民族自决与政治犯罪

1. 民族自决

《世界人权宣言》指出，追求自决权利的人民"有权根据《联合国宪章》的宗旨和原则寻求和获得支持"。恐怖主义行为与民族自决之间的矛盾在联合国大会关于侵略定义的决议中以更加鲜明的语言出现。该决议第 3 条载有一份不详尽的构成侵略的行为清单。其中包括"派遣或代表武装匪帮、团体、非正规军或雇佣军前往一个国家，对另一个国家进行严重武装行为"。[2] 但是，同一决议第 7 条规定，"本定义，特别是第 3 条，绝不妨碍关于各国依联合国宪章建立友好关系和合作的国际法原则宣言里所述被强力剥夺了渊源于宪章的自决，自由和独立权利的人民，特别是在殖民和种族主义政权或其他形态的外国统治下的人民取得这些权利，亦不得妨碍这些人民按照宪章的各项原则和上述宣言的规定，为此目的而进行斗争并寻求和接受支援的权利。"第 7 条实际上说明了一个重要的例外，即殖民地和受外国统治的民族在争取独立或自决时所采取的暴力行为不应被视为侵略。

具体举例，一个国家企图通过武装代理人使用或威胁使用武力颠覆另一国。但是，他们宣布，只要这种行为符合《联合国宪章》的原则和国际法的民族自决原则，这种行为即是被允许的。这种逻辑循环的背后是许多国家反对将恐怖主义暴力行为定为犯

---

［1］ UNGA Resolution 3314 (XXIX), 14. 12. 1974 (Aggression).

［2］ UNGA Resolution 3314 (XXIX), 14. 12. 1974 (Aggression).

罪的政治现实。在国际刑事法院筹备委员会会议期间，一些代表团还强调必须区分国际恐怖主义和被强行剥夺这一权利的人民，特别是在殖民主义和种族主义政权或其他形式的外来统治下的人民的自决、自由和独立的权利。将此类行为排除在恐怖主义定义之外的企图，似乎是为了支持这样一种说法，即此类行为不属于联合国大会和安理会各项反恐怖主义公约和各项反恐怖主义决议的范围。这种推理在一定程度上混淆了"正义目的"（*jus ad bello*）和"正义手段"（*jus in bellum*）的概念。自决原则是强制性的规范或规则，[1]但是这并不是说，声称追求这一原则的每一个行动实际上都是这样，也不是说，如果以自决为目标就可以使用任何手段。

日内瓦公约及其附加议定书所依据的是一个没有明确说明的前提，即使合法的目的也不能证明某些手段是正当的。叛乱分子和革命者虽然有诉诸武装冲突的权利，但必须遵守适用于战斗人员和非战斗人员在非国际武装冲突范围内的武装冲突规则。与这些组织作战的国家部队也是如此。一方的违反行为不能成为另一方报复的理由。因此，在法律义务中建立了对称性。[2]

2. 政治犯罪

作为引渡的障碍，而不是作为实质性的辩护，政治犯罪存在很多实际问题。根据国家主权原则，一个国家控制其领土内所有人的权利不受非本国强加的任何限制。因此，只有通过条约，当一个国家（庇护国）境内有一名被控在其他地方犯了罪的人时，才可能被另一国家（请求国），即试图就所称罪行起诉该人的国家，要求将此人引渡。大多数国际公约都载有一项规定，要求面

---

〔1〕　East Timor (Portugal v. Australia), Judgement, I. C. J. Reports 1995.

〔2〕　Bassiouni, "Legal Control of International Terrorism: A Policy-Oriented Assessment", *Harvard International Law Journal*, 43 (2001), p. 83.

临与公约所述罪行有关的引渡请求的庇护国，要么起诉被指控的罪犯本身，要么遵守该请求。然而，这种"或引渡或起诉"的义务并不是没有条件的。习惯国际法的一项规则是，庇护国不得允许引渡具有政治性质的罪行。[1] 由于它是非强制性的习惯规则，除非条约的条款被明确废除，否则将适用。

这一规则背后的基本原理是，对于政治犯罪，被引渡的嫌犯可能会因为他们的政治信念或从属关系而受到惩罚，而不是因为他们的涉嫌犯罪行为而受到惩罚。隐含的担忧是，嫌犯在请求国的法院得不到公正的审判，该规则试图在将国际罪犯绳之以法以维护国际公共秩序与将被告的人权置于公正审判和保护其不受迫害之间取得平衡。这些原则是在 19 世纪制定的，目的是保护从事自由民主和民族主义运动的人免受他们所反对的专制政权的任意惩罚。

对于什么是政治犯罪一直存在很大争议。一项"纯粹的"政治罪行只针对一个国家，不涉及平民，也不存在同时犯下共同的罪行，例如谋杀。叛国、煽动叛乱、阴谋推翻政府和从事间谍活动本身就是"纯粹的"政治犯罪，显然符合政治犯罪的例外。"相对的"政治罪行使有关情况变得复杂。因为"一些罪行具有混合性质，也就是说，它们或涉及一种共同罪行与纯粹的政治罪行的结合，或更多情况下涉及一种根据政治议程所犯的共同罪行"。没有制定普遍的标准来确定在何种情况下，为了引渡这一目的，有关的政治犯罪应被定性为"政治"。在英国，这种罪行要免于引渡，就必须符合一定的标准，它必须是"政治动乱的附带和组成部分"，也就是说它必须是"在政治动乱的过程中"和"在促成政治动乱的过程中"发生的。最重要的是，被指控的罪行必须接近

---

[1] H. Lauterpacht, "Laws of Nations and the Punishment of War Crimes", *British Yearbook of International Law*, 58 (1944), p. 58.

异议方的最终目标。逃亡者的政治或意识形态动机本身不足以适用豁免条款。

尽管美国法院声称要遵循英国的案例，但在实践中，他们只是拒绝引渡发生在政治动乱过程中的犯罪行为，无论该犯罪行为与政治动乱的最终目标有多么遥远。因此，美国法院一贯认为，北爱尔兰政治动乱的存在意味着临时爱尔兰共和军在动乱中所犯的罪行是政治罪行，因此不应引渡。[1] 另一方面，巴勒斯坦解放组织的一名成员被美国法院引渡到以色列，他被指控在以色列的一个城市不加区别地轰炸平民。法院认为，被指控的罪行必须具有直接的政治影响，才能使其属于不受引渡的范围。[2] 在欧洲大陆法系国家中，有一种做法是把政治犯罪的例外限于纯粹的政治犯罪。大陆法系国家现在采用瑞士法院的做法。在大多数情况下，瑞士法院将这些要求解释为将恐怖主义行为排除在政治犯罪例外之外。恐怖主义行为被认为是"任何文明良心都厌恶的"，因此不能被合理化，即使是作为实现政治目的之最后手段。

另一个困难是，即使引渡得到批准，由于舆论和其他政治因素的影响，在请求国进行的任何审判可能存在不公正。不能排除引渡人在请求国因司法偏袒或其他原因受到迫害的可能性。即使是"正当程序"和"不受迫害"的概念，就其适用于政治犯罪例外的程度而言，也被批评为对西方自由民主价值观的文化偏见。[3] 不能简单地通过将恐怖主义的定义限于有关国际公约所阐述的具体罪行来避免政治犯罪问题。的确，《劫持人质公约》第12条特别将民族自决行为排除在其范围之外。此外，与其他一些公

---

〔1〕 张贵玲：《应对国际恐怖主义犯罪："或引渡或起诉"义务》，载《社科纵横》2018年第8期。

〔2〕 Ziad Abu Eain v. Wilkes, 641 U.S. Federal Reporter, 2nd Series 504 (1981).

〔3〕 G.S. Gilbert, "Terrorism and the Political Offence Exemption Reappraised", *International and Comparative Law Quarterly*, 34 (1985), p.695.

约一样，它通过规定引渡请求应根据庇护国法律来决定，从而间接地达到同样的结果，庇护国法律目前普遍包括政治犯罪例外。

反对恐怖主义爆炸和资助恐怖主义的各项公约都明确规定，不得基于政治犯罪例外而拒绝根据公约进行引渡。然而最严重的恐怖主义行为的肇事者总是声称是出于政治或宗教的相关目的。几乎可以肯定的是，被指控的罪犯会依靠"政治意见"例外来设法避免引渡。因此，人们必须断定，所有界定恐怖主义罪行的国际公约都以一种或另一种形式保留引渡的政治罪行例外，尽管这些公约都没有规定可以将其作为一种实质性辩护。

如果某些犯罪行为符合国际刑事法院管辖范围内的罪行定义，而犯罪发生地的庇护国不愿起诉涉嫌犯罪的个人，那么必须决定是否将犯罪嫌疑人引渡给国际刑事法院。同时，必须排除任何基于政治犯罪的例外，以确保司法正义不受政治因素的干扰。即使人们接受这种政治倾向，庇护国拒绝向国际刑事法院移交一名涉嫌罪犯的决定，将比不将此人引渡到另一个国家的决定更难以证明其正当性。《罗马规约》确保其法官广泛代表世界法律制度，个别法官在实际或认为有偏见的案件中可能受到被告的挑战。规约中清楚地阐明了国际刑事法院运作所依据的法律原则，包括对被告的广泛保护。如果一个庇护国辩称，被移交给国际刑事法院的被告将面临得不到公正审判或因其政治信念而有受到迫害的危险，那将是令人难以置信的。也不能令人信服地认为国际刑事法庭天生就有亲西方文化的偏见。国际审判将对最严重的恐怖主义罪行的起诉和惩罚产生重大的影响，并可能最终使作为起诉障碍的政治罪行例外变得过时。[1]

---

[1] Antonio Cassese, "Terrorism is also Disrupting Some Crucial Legal Categories of International Law", *European Journal of International Law*, 12 (2001), pp. 993-1001.

小　结

将恐怖主义纳入国际刑事司法管辖范围对打击国际恐怖主义、维护国际社会和平与稳定有着重要意义：其一，有助于协调关于意识形态或政治动机的罪行的实体法，以便消除目前不同的地方法院之间在推理方面的差异，特别是关于界定政治罪行的适当检验。其二，国际刑事法院对国际恐怖主义的量刑做法最终将确立一个标准，这将有力地制止目前各国在对极为相似的罪行量刑时存在的严重不一致。例如，在美国、古巴和伊朗，由于这些国家的政治和法律制度有着根本的不同，对空中劫机的判决从绞刑到完全赦免不等。其三，国际刑事法院将能够为调查和案件建立有关恐怖主义罪行的国际共享数据库。个别国家提供的数据可以补充这些数据，《罗马规约》所有缔约国都可以查阅这些数据。不管扩大国际刑事法院的管辖范围可能造成何种政治影响，都有一些论点支持这种倡议。实际上，根据《罗马规约》第7条，与"9·11"事件类似的恐怖主义行为应被视为反人类罪。即使国际刑事法院希望对审判恐怖主义案件适用采用严格的标准，但如此大规模的事件很轻易便满足所有必要要素。总之，这种恐怖主义行为是在已知攻击的情况下针对任何平民进行的广泛或系统攻击，是针对无辜平民的多种谋杀行为。从这个角度看，无需将《罗马规约》的案文修改为涵盖恐怖主义行为。总而言之，大多数国家认为恐怖主义罪行包含两个关键要素，即以平民为攻击目标和存在某种意识形态或政治目的的发展。在此基础上，显然国际恐怖主义行为符合《罗马规约》第7条的框架。实际上，恐怖主义和某些第7条涵盖的犯罪有明显的相似之处——都被视为最泯灭人类良知的犯罪，都以平民为目标，都不是传统犯罪，都以最不可挽回的形式构成了危害人类尊严、夺取无辜生命和毁灭人口的罪行等。

关于国际恐怖主义的引渡

一、介绍

国际法从国家主权的基本概念产生，主权国家仅在其领土边界内行使管辖权，对于在境外被指控为犯罪或已经被判刑的人，由于主权和国家平等原则，必须实行引渡。由于引渡本质上涉及一国行使域外管辖权，因此它必须在本质上是自愿的，可以通过条约或外交程序达成。从维护国际法治秩序角度来说，一般会对通过法外措施拘留任何人的任何手段加以谴责。通过条约机制，国家同意让渡部分的主权权利，使其在法律上有义务修改其本国法律，并在拒绝引渡时产生了起诉的法律义务。恐怖主义一般是指以追求政治或意识形态为目标而针对平民采取的暴力行为，恐怖主义行为的概念、范围和组成部分已经通过许多渠道得到发展，例如国内法、国际法和各种国内、国际司法裁决，这为国际恐怖主义的引渡理论与实践都提出了巨大的挑战。

在本章中，将研究普遍管辖权问题，并进一步探讨恐怖主义是否已达到赋予国家普遍管辖权的犯罪地位的问题。本章将要探讨的另一个重要问题是，是否存在习惯国际法，将各国与被控犯有恐怖主义行为的个人联系在一起，以及国家是否应承担责任。引渡在起诉可疑个人方面起着至关重要的作用，而引渡的义务来自国际法的规定，因此，一国的引渡义务也受这些国际法渊源的约束。"或引渡或起诉"原则早已由多边和区域条约确立。这些条约要么专门针对引渡做出安排，要么专门处理国际罪行或跨国犯罪。从前面的讨论中可以明显看出，与恐怖主义有关的国际公约缔约国可以通过国内立法对恐怖主义法律加以补充。另一方面，恐怖主义有时被作为反人类罪或违反日内瓦公约"共同第3条"和附加议定书被纳入习惯国际法范围。一些学者建议将恐怖主义解释为反人类罪或战争罪项下的一种分支类型，主张根据此类国际刑事法规将恐怖主义定为犯罪。因此，确定恐怖主义在国际法中的管辖权依据是非常重要的，以下将对这个问题进行系统深入讨论。

二、国际法框架下的引渡

国际公法制度下的"引渡"概念一直是随着社会的需要而发展的，对被告人提起公诉的需求不断增加，为这一研究领域提出了更多的要求。在过去的几十年中，我们目睹了国内和国际法院在引渡问题上作出的一些非常重要的判决，这些判决越来越多地鼓励受害者寻求正义。像国际法中任何其他学科一样，引渡法是从国家实践中发展而来的，目前已经构成习惯国际法规则上的被普遍承认的基本原则，这些基本原则现已在双边和多边条约中被广泛采用。本章将首先解释"引渡"一词的由来和含义，同时提及"引渡"概念的主要和次要渊源，目的是理解数百年来发展起来的引渡的一般原则。随着国际关系动态的变化，法律上关于引渡的范围也在发生变化，因此有必要参照历史上的一些分水岭来了解引渡法律的发展。

众所周知，引渡在满足社会需要的同时，其执行方式也发生了变化。但是，如果我们试图找到其最近几十年发展中最重要的阶段，那么现有的恐怖主义威胁肯定与引渡法的重要发展节点紧密联系在一起。恐怖主义已在全球范围内蔓延开来，为了应对恐怖主义行为构成的挑战，国际社会建立了详细的多边条约体系，该体系也对引渡问题进行了进一步规范与发展。恐怖主义的核心术语"恐怖"，拉丁语为"*terrere*"，恐怖主义通常指为实现政治或意识形态目标而针对平民的暴力行为。[1] 根据国际人道法，恐怖主义被理解为对非军事目标的系统性攻击，目的是通过这种攻击引起的恐惧和痛苦来迫使敌方的军事人员遵守攻击者的意愿。引渡义务适用于影响世界人口的广泛犯罪，所有反国际恐怖主义的部门公约均已包括在内。本章将概述引渡法特别是恐怖主义方面的主要发展情况，以及为适应恐怖主义袭击威胁所带来的新挑战而制定条约法的方式。

（一）引渡的一般原则

首先，"引渡"一词通常被理解为根据法规或条约的规定将一个国家的被告或定罪的人移交给另一国的行为。但是，"引渡"（extradition）一词的词源来自拉丁语"*ex*"与"*traditionem*"，本意为"交出"的意思。"引渡"定义为，根据法律将被告或被定罪的个人暂时由其所居住的国家交付到被指控或已被定罪的国家。关于引渡法的国际和区域性著作已有广泛的论述，并且大多采用了上述法律含义。[2] 可以通过参考国际组织给出的定义以及国际条约来确定引渡的一般原则。一些最重要的条款与原则已被联合国、欧盟和南亚区域合作协会（South Asian Association for Regional Cooperation）等国际组织整理采纳。很长一段时间以来，各国普遍对不断演变的犯罪性质感到不安，这些犯罪的性质日益跨国化，也被普遍称为"有组织犯罪"。有组织犯罪以多种形式表现出来，

---

〔1〕 孙璐：《国际反恐与人权的协调发展》，载《当代法学》2020 年第 2 期。

〔2〕 Malcolm Shaw, *International Law*, Cambridge: Cambridge University Press, 2008, pp. 171-210.

例如贩毒、枪支甚至人口贩运。这类犯罪威胁着国际和平与安全，严重侵犯了人权，破坏了世界各地经济、社会、文化、政治和公民发展。为此，联合国毒品和犯罪问题办公室通过了《联合国打击跨国有组织犯罪公约》（即《巴勒莫公约》），并在与人口贩运、偷运移民和枪支贩运有关的三项议定书中对相关内容予以补充规定。除此以外，联合国还制定了反恐普遍法律框架，其中包括 18 项反恐通用法律文书以及联合国安理会相关决议。所有这些努力的共同点之一就是为引渡从事此类犯罪的人。联合国大会通过了《引渡示范条约》（Model Treaty on Extradition）。引渡法的基本原则可以从条约的规定中确定，如①存在引渡的义务；②可引渡罪行类别，被称为"双重犯罪原则"（The Principle of Double Criminality）；③强制驳回和选择性驳回的理由；④罪名特定原则，又称同一原则，指请求国在将被引渡的人引渡回国后，必须以请求引渡时所持罪名审判或惩处，不得以不同于引渡罪名的其他罪行进行审判或惩处。

　　所有上述原则在多边、双边条约和国家立法中都应体现。要求引渡的国家在收到引渡请求后便存在引渡义务，并且要遵守条约的要求。此类义务涵盖可起诉罪行中被通缉或以执行判决为目的的个人。双重犯罪原则指可引渡的犯罪必须是请求引渡国家和被请求引渡国家双方都认为是犯罪的行为。这种方法不同于各国早期的共享罪行清单的方法。该原则能否实现取决于各国国内法院对条约中列举的罪行不作限制性解释，以要求在每种情况下实际指控的罪行应与被请求国法律所规定的罪行相对应，不要求具有与被请求国法律所定义的相同名称的犯罪。由于欧洲引渡法律的发展，双重犯罪原则在引渡法中的必要性地位也在逐步下降。例如，英国颁布的 2003 年《引渡法案》（Extradition Act 2003），该法允许从英国引渡因犯罪而被判刑的人，最高判处一年或一年以上的刑期，无需在英国也将其定为罪行。此外，通过引入"欧洲逮捕令", 这一举措实质上简化了在欧盟范围内的引渡程序。[1]

国际人权法的发展以拒绝引渡请求的强制性和选择性理由的形式, 为个人权利保护提供了更多保障。拒绝的理由最初是通过国家立法发展起来的, 但是随着涉及多种罪行的条约制度的出现, 它也对各国国内法律也产生了深远的影响。这样的理由之一就是"政治罪行豁免", 其中包括叛国、煽动叛乱, 甚至拥有被禁止的政治成员的行为, 这些行为都可以看作是对国家安全和完整性的直接攻击。但是, 长期以来一直试图将某些用于实现政治意图的行为排除在政治犯罪类别之外, 例如种族隔离、种族灭绝、战争罪、反人类罪、夺取生命或谋取其生命的任何尝试与行为。然而, 从恐怖主义的角度来看, 各国仍然按照公约的规定, 维持将恐怖主义行为视为政治暴力行为的统一政策, 同时规定了起诉或引渡的义务。[2] 引渡条约实践的最新趋势是减少拒绝、增强国际司法合作, 目前引渡的例外一般为死刑、人道主义例外等理由, 使被请求国有机会行使其酌处权, 以决定引渡事宜。

(二) 恐怖主义引渡的国际法渊源与发展

1. "9·11" 事件之前

全球范围内发生了许多恐怖袭击, 但没有一个袭击事件像"9·11" 事件一样能促使各国改变其反恐机制。在"9·11" 袭击发生之前, 代表国家和国际组织采取的集体反恐措施非常有限。引渡起源于罗马法原则, 随着国际交往的发展逐渐进入了国际法领域。在早期, 重点主要放在政治和宗教罪犯身上, 这反映了各国对保留其司法管辖权的极大担忧, 这是出于维护宗教价值和镇

---

〔1〕 Gavan Griffith, Q. C., and Claire Harris, "Recent Development in the Law of Extradition", *Melbourne Journal of International Law*, 2 (2005), p. 33.

〔2〕 London Scheme for Extradition within the Commonwealth (as amended in 2002), Section 12 (2), http: //www. oas. org/juridico/mla/en/jam/en_jam-scheme-ext. pdf.

压政治派别的动机。从 18 世纪到 19 世纪初，由于国家之间的持续战争，军事逃兵成为引渡条约的重点。直到 1736 年，法国和荷兰确立了引渡被控犯有常见罪行的个人的协定。紧接着，法国、埃及、瑞士、撒丁岛和德国等之间达成了"引渡被控犯有常见罪行"的协议。这一时期还见证了"主权国家"概念的出现，该概念基于宪法文件，表明人们的权利并非来自宗教神圣力量，并引导了引渡法的新发展方向，其中包括"政治犯罪"作为引渡的例外。[1]恐怖主义最初与国家资助的暴力有关，将其适用于法国和俄罗斯的无政府主义者之后转向与非国家行为体有关的恐怖主义。19 世纪末，根据国际法上的"自然法"理论，关于国家引渡或起诉逃犯的行为，即使在没有条约义务的情况下也应负有引渡的义务。因此，引渡法的发展历程中存在关于引渡义务基础是"自然法"还是"实证主义"的争议，构成了与引渡有关的当代法律的基本理论基础。国际联盟于 1937 年通过了《预防和惩治恐怖主义公约》，开启了现代反恐国际条约编纂的第一步。[2]该公约由 24 个国家签署，仅被一个国家批准，并从未生效。该公约旨在制止具有"国际性"的恐怖主义行为，其大多数规定专门用于具有国际要素的恐怖主义行为。该公约第 8 条描述了"可引渡罪行"，并力图使成员有义务引渡该公约下的所有罪犯，在英国领导的西方国家的压力下，这些罪犯被排除在政治罪犯之外。

第二次世界大战后，通过区域和多边条约，国际社会在引渡法发展方面做出了更进一步的努力。国际法的战争法规则（*jus in bello*）分支在引渡问题上采取了初步措施，提出了以起诉据称犯有

---

〔1〕 Extradition Treaty, 22 November 1834, Belg. -Fr., Article 5, 84 Consol. T. S. 457, 462.

〔2〕 John Dugard, "International Terrorism: Problems of Definition", *International Affairs (Royal Institute of International Affairs)*, 50 (1974), p. 68.

严重侵权行为的个人的制度。[1] 这一制度通过区域条约取得了重大进展，这种发展在美洲和欧洲更为普遍，并逐渐出现在非洲联盟的相关条约中。[2]

在"9·11"事件之前，总共有 13 项与恐怖主义有关的国际公约，它们以相似的模式运作，建立了国际法对恐怖主义的准普遍管辖权基础。[3] 在缔约国之间的所有引渡协定中自动确定涉案罪行中的恐怖主义行为并将此类罪行纳入缔约国，同时规定缔约国有义务将这些罪行列为国内法中的一项罪行，行使管辖权，并且在该领土上存在被指控的罪犯时，起诉或引渡到请求国。除上述措施外，安理会自 20 世纪 90 年代初以来一直通过对与某些恐怖主义行为有联系的国家实施制裁，以实践表明了联合国一贯打击恐怖主义的明确态度。[4] 安理会还补充了其他区域组织和国家的努力，通过决议迫使各成员国将恐怖分子绳之以法，以确保各国履行其根据双边条约的引渡义务。安理会根据其基本职责，毫不犹豫地对不遵守条约的国家实施制裁，以维护国际和平与安全。

2. "9·11"事件之后

"9·11"事件之后，国际社会通过国际法机制加强了反恐行动的力度。传统的引渡原则是限制性的，例如不问询原则。国际社会一直致力于加大逮捕、讯问和起诉涉嫌恐怖主义的个人的力度。布什政府宣布"反恐战争"，并制定了"先发制人"战略，即对恐怖组织或窝藏或支持恐怖组织的国家实施军事打击。2001 年10 月 16 日，与欧盟司法部长讨论了"恐怖主义"的共同定义，以

---

[1] Articles 49, 50, 129 and 146, Respectively, of Geneva Convention for the Amelioration of the Condition of the Wounded and Sick in Armed Forces in the Field.

[2] League of Nations, Treaty Series, Vol. 86, No. 1950.

[3] Upendra D. Acharya, "War on Terror or Terror Wars: The Problem in Defining Terrorism", *Denver Journal of International Law and Policy*, 37 (2009), p. 659.

[4] Security Council Actions to Counter Terrorism, https://www.un.org/en/terrorism/securitycouncil.shtml.

促进刑法方面的合作。他们还商定了共同的欧洲逮捕程序，以方便拘留和引渡恐怖主义行为嫌疑人。"9·11"事件之前的欧洲恐怖主义研究传统上集中于单个欧洲国家以及内部的分离主义或革命团体恐怖袭击所带来的挑战。[1]"9·11"恐怖袭击导致欧洲通过了《欧盟理事会关于欧洲逮捕令和成员国之间移交程序的框架决定》，现在被广泛认为是欧洲反恐斗争中最重要的法律文件。2002年6月13日《关于联合调查组的框架决定》（Joint Investigation Teams Framework Decision）是另一个重要方面，目的是打击毒品、人口贩运以及恐怖主义。在过去十年中，引渡条约更多地侧重于限制引渡决定中的司法裁量权，这减少了政府官员的国内压力。同样，也出现了不允许公民例外的条约。与法律机制一起，还出现了一些耗时较少的做法，例如临时协议等。

国际条约是今天国际法的主要构成之一，条约是国家代表审议的最终产物。像其他部门法一样，引渡法律也随着条约数量的增长而发展。目前国际社会还没有一个专门针对引渡问题的多边条约。迄今为止，联合国大会（UNGA）仅有一部关于引渡的示范法，但该示范法依然具有很强的说服力。另一个为引渡法提供支持的法律文件是《刑事事项互助示范条约》（Model treaty on mutual assistance in criminal matters）。虽然此类示范条约仍未被作为国际公约通过，但是已经有很多区域组织相互提供司法协助以及签订与引渡有关的具有法律约束力的条约，为恐怖主义罪行的引渡提供法律框架。

（三）恐怖主义引渡的管辖权基础

国际刑法上的管辖权主要可以分为两种类型：一种是基于普遍保护原则的普遍管辖权。一些犯罪被认为具有如此恶劣的性质，

---

[1] 范娟荣：《欧洲反恐斗争的新态势》，载《现代国际关系》2021年第2期。

以至任何国家，无论是不是特定条约的成员，都可以行使普遍管辖权。普遍管辖背后的含义更为广泛，其依据是，某些犯罪对国际利益是如此有害，以至于国家有权（甚至有义务）对犯罪者提起诉讼，而不论犯罪的地点和犯罪者的国籍如何。[1] 另一种是基于国际公约的义务。与恐怖主义有关的公约将特定犯罪定为刑事犯罪行为，例如爆炸、劫持人质和资助恐怖主义活动，公约仅在规定范围内要求成员国负有引渡义务。尽管有各种各样的国际刑事犯罪公约都规定了"或引渡或起诉"，但值得注意的是，这些条约并未涵盖所有罪行，例如反人类罪或战争罪。在这种情况下，联合国安理会需要要求各国向特设刑事法庭或国际刑事法院移交被控犯有严重国际刑事犯罪的个人。根据补充性管辖原则，国际刑事法院成员国有义务根据国际刑事法院的要求"或引渡或起诉"应被起诉的个人。基于公约义务、双边条约义务的恐怖主义引渡一般不存在争议，而是否能基于普遍管辖权要求引渡的问题普遍存在争议，因此下面将围绕恐怖主义与普遍管辖权原则进行探讨。

在将恐怖主义作为一种具有普遍管辖权的犯罪问题进行探讨之前，应首先了解根据国际法的普遍管辖权的概念，以及国际和跨国犯罪的概念。管辖权既可以是民事的也可以是刑事的，是指每个国家根据国际法有权就人身和财产规定执行其国内法律的权力。刑事条约中所包含的管辖权原则是犯罪实践的产物，例如属地管辖、属人管辖（包括主动性人格管辖与被动性人格管辖）、普遍性和保护性原则。目前，刑事管辖权问题仍然是国际关系中高度争议的领域，因为有时国与国之间可能就管辖范围、执行或等级状态等持不同意见。但是，将普遍管辖权适用于特定罪行并不需要任何与犯罪的连结点，普遍性和保护性原则使任何国家都可

---

[1] Mary Robinson, *The Princeton Principles on Universal Jurisdiction*, Princeton: Princeton University Press, 2001, pp. 16-31.

以对普遍管辖权范围内的罪行主张管辖权。普遍管辖范围内的犯罪类型被认为是对国际社会构成严重危害，以至于所有国家都有权逮捕和起诉该犯罪行为的实施者。任何可以对这些人进行管辖的国家都可以起诉他们。[1]

国际法上的犯罪一般以两种方式受到普遍管辖：其一，基于令人发指的犯罪性质和规模，严重违反国际人道法的犯罪行为；其二，基于国家执法法规对在不受任何国家管辖的地方（例如公海）犯下的罪行。[2] 此外，可能会受到普遍管辖的情况也需要国际社会的明确同意。某些严重犯罪例如违反国际人道法的核心罪行，战争罪、反人类罪等已经被普遍认为具有国际强行法（*jus cogens*）地位。[3] 普遍管辖权目前的适用范围限于海盗行为、战争罪、反人类罪（通过纽伦堡和东京审判确立），并进一步扩大到包括奴隶贸易、毒品贩运和酷刑。[4] 普遍管辖权已经被比利时等几个欧洲国家采用，例如比利时已经适用普遍管辖权起诉菲德尔·卡斯特罗（Fidel Castro）、萨达姆·侯赛因（Saddam Hussein）和阿卜杜拉耶·耶罗迪亚·恩多姆巴西（Abdulaye Yerodia Ndombasi）。

因此，鉴于普遍管辖权仅限于少数经证明在一定程度上震撼社会公共良知的罪行，因此，需要处理的问题是恐怖主义行为是否能够具有赋予国家普遍管辖权的法律地位。在过去的几十年中，发生了一些人质危机、轰炸飞机等恐怖主义活动，这些恐怖主义事件震惊了国际社会，导致通过了涵盖特定恐怖主义行为的公约，

---

〔1〕 Sarah Mazzochi, "The Age of Impunity: Using the Duty to Extradite or Prosecute and Universal Jurisdiction to End Impunity for Acts of Terrorism Once and for All", *Northern Illinois University Law Review*, 2 (2011), pp. 76-102.

〔2〕 UNCLOS Seizure of a Pirate Ship or Aircraft, Article 105.

〔3〕 Vienna Convention on the Law of Treaties, 1969, Article 5, 1155 UNTS 331.

〔4〕 Michael P. Scharf, "Application of Treaty-Based Universal Jurisdiction to Nationals of Non-Party States", *New England Law Review*, 35 (2001), pp. 372-373.

被统称为反恐怖主义公约。但是，这些公约在行使管辖权方面仅限于成员国，并且在此过程中，它们显然避免赋予普遍管辖权来预防和惩治此类犯罪。因此，根据反恐主义公约的规定，惩处实施恐怖主义行为实施者的管辖权来自国内立法，而国际刑法则根据国际法规定了个人刑事责任，无论个别国家是否根据其国内法将这种行为定为犯罪，根据国际刑法，恐怖主义犯罪的实施者都应被追究责任。同时，由于缺乏任何公认的恐怖主义定义，除了在《制止向恐怖主义提供资助的国际公约》及其要素中找到的描述之外，国家还根据其国内法律对恐怖主义标准进行了不同的定义和确定。对"恐怖主义"的定义分歧在某种程度上阻碍了各国以与违反人道法或惩治海盗行为相同的方式来对待恐怖主义。虽然在某些公约中，在武装冲突情况下犯下的罪行不在这些公约的规定范围之内，但另一方面，资助在武装冲突情况下可能犯下的某些罪行属于恐怖主义行为的范围。

根据国际法，犯罪分为两大类，即"国际"和"跨国"。跨国犯罪强调针对个体的伤害，而国际犯罪则强调特定犯罪是对整个国际社会的伤害，因此在前者中，各国必须在犯罪与国家之间建立合理的联系，以行使该领土的管辖权；在后者中，不必建立这种特定的联系。[1] 为了理解以上区别，有必要强调国际犯罪危害国际价值、国际秩序，而跨国犯罪仅影响个别国家。另外与国际犯罪不同，跨国犯罪损害了利益，而国际犯罪可能对国际和平与安全产生严重影响。但是，事实上，恐怖主义行为有时涉及跨国犯罪和国际犯罪两个种类。联合国安理会在第 1377 号决议中宣布，"国际恐怖主义行为是 21 世纪对国际和平与安全的最严重威胁之

---

〔1〕 Luz E. Nagle, "Terrorism and Universal Jurisdiction: Opening a Pandora's Box?", *Georgia State University Law Review*, 339 (2010), p. 362.

一。"[1] 国际刑法中的核心罪行包括种族灭绝、酷刑、反人类罪、战争罪等，都会对国际和平与安全、人类福祉造成直接威胁，而不论其强度、范围、暴力程度、破坏程度、对国家安全的影响如何，联合国通过设立国际刑事法庭对上述国际核心罪行进行惩处，例如前南刑庭和卢旺达刑庭。因此，可以说引起普遍管辖权的犯罪具有某些要素，例如被精确定义、被国际社会公认，并且审判此类犯罪的管辖权可以在具有超国家性的国际法庭或具有普遍管辖权的国内法庭中进行审判。因此，除非在国际刑法相关规则中明确将恐怖主义行为定为犯罪或隐含在现有国际犯罪之内，否则不能将其视为具有普遍管辖权。

另一个问题涉及"国内恐怖主义"，这超出了反恐国际公约的范围。但是，即使这些行为仅限于一国领土内，也仍然被视为严重违反了国际人道法。国际刑事法庭的主要优点是查明恐怖主义及其作为受普遍管辖的国际罪行的资格。[2] 前南刑庭通过其决定确认，在武装冲突中，恐怖主义行为经常被视为非法作战手段。[3] 因此，恐怖主义行为有时会被认为构成战争罪或反人类罪。诸如"加力奇案"之类的先例，但根据武装冲突法和恐怖主义法，恐怖主义行为被明确认定为具有特定目的的战争罪。

塞拉利昂特别法庭对《塞拉利昂特别法庭规约》第 3 条（d）款进行了更广泛的解释，涵盖了日内瓦公约及其附加议定书中包含的所有反恐怖主义规定，并指出恐怖主义涉及非国际武装冲

---

〔1〕 G. A. Res. 4413/1377, 2, U. N. Doc. A/RES/4413/1377 (12 November 2001).

〔2〕 Chernor Jalloh, *The Sierra Leone Special Court and Its Legacy: The Impact for Africa and International Criminal Law*, Cambridge: Cambridge University Press, 2014, p. 261.

〔3〕 Prosecutor v. Stanilav Galić, 1998, Case No. IT-98-29-T, Trial Judgement and Opinion, ICTY.

突。[1] 在 "布瑞玛案"（Prosecutor v. Alex Tamba Brima et al.）[2] 中，与 "加力奇案" 相反，恐怖主义行为被视为是对人道待遇基本保证的具体违反（《第二议定书》第4条），而不是其他严重违反国际人道法的行为，因此法庭重申了管辖权的连结点要求。

根据以上讨论，可以得出结论，在和平时期，"恐怖主义" 本身仍未成为国际法赋予普遍管辖权的罪行。但是，根据刑事法庭新兴的判例，这些判例涉及大量的人道法文献，很显然，武装冲突情况下的 "恐怖主义行为" 依然是各国行使普遍管辖权的犯罪。[3]

三、国际法下恐怖主义引渡典型案例分析

当前反恐国际条约背后的主要目标之一是预防和惩处恐怖主义，从这个角度来看，成员国负有法律义务修改其国内法以实现此类条约的目标。在现有的国际法框架中，一个国家作为国际社会的一员，负有多重义务，包括根据条约法或有时通过行使普遍管辖权来预防和惩处此类恐怖分子。在国家尚未加入的情况下，仍然负有国际强行法上的义务阻止恐怖分子采取任何违反国际和平与安全及任何原则的行为。国际层面与各国国家层面的司法机构作出的众多司法裁决进一步加强了与恐怖主义有关的法律发展。这些司法裁决使与恐怖主义罪行有关的引渡法律出现了新的问题和挑战。由于涉及普遍管辖权等问题，一些具有里程碑意义的司法裁决引起了国际社会的广泛关注。是否能确认其习惯国际法地

---

[1] Prosecutor v. Moinina Fofana and Allieu Kondewa, 2007, Case No. SCSL-04-14-T.

[2] Prosecutor v. Alex Tamba Brima, Brima Bazzy Kamara and Santigie Borbor Kanu (the AFRC Accused), 2007, Case No. SCSL-04-16-T.

[3] Sébastien Jodoin, "Terrorism as a War Crime", *International Criminal Law Review*, 7 (2007), pp. 77-115.

位、有罪不罚问题、引渡安排，以及国家元首和其他国家的豁免权等问题都接连而出。在此，通过讨论现有的司法裁决，展示其对建立某些法律原则的贡献，进而对上述问题提供一定程度的解决方案。对以下案件进行总结，对于确立新的关于恐怖主义的国际规范具有重要意义。

在过去的 70 年中，国际法院不得不作出一些判决，其中涉及国家元首、政府高官以及据称犯有条约所定义罪行的个人，讨论了与引渡有关的法律和原则。

（一）"洛克比案"

1988 年 12 月 21 日，泛美航空公司 103 号航班执行德国法兰克福—英国伦敦—美国纽约—美国底特律航线。它成为恐怖袭击的目标，飞机在英国边境小镇洛克比上空爆炸解体。巨大的火球从天而降，狠狠地砸在了苏格兰小镇洛克比的谢伍德新月广场上，航班上 259 名乘客和机组人员无一幸存，地面上 11 名洛克比居民死于非命，史称"洛克比空难"。这次空难被视为是利比亚针对美国的一次报复性恐怖袭击，是"9·11"事件发生前针对美国的最严重的恐怖袭击事件。这起爆炸案分别指向两名利比亚公民阿卜杜勒-巴西特·阿里·穆罕默德·阿·迈格拉希（Abdelbaset Ali Mohmedal-Megrahi）和阿里·阿明·哈利法·希米（Ali Amin Kha-lifa Fhimah）。因此，英国和美国政府要求利比亚政府引渡被告，以便可以在苏格兰或美国对其进行起诉。针对此次空难，联合国安理会通过了三项决议：1992 年的第 731、748 号决议和 1993 年的第 883 号决议，以消除国际恐怖主义。利比亚将争端诉诸国际法院，声称其尚未与英国和美国签署任何引渡条约，并且宣称根据《关于制止危害民用航空安全的非法行为公约》第 5 条和第 7 条，规定在其境内发现被指称的罪犯的缔约国，如不将此人引渡，则不论罪行是否在其境内发生，应无例外地将此案件提交其主管当局以便起诉，该当局应按照本国法律，以对待任何严重性质的普通罪行案件的同样方式作出决定。由于利比亚公民在利比亚境内，因此利比亚当局有权审判自己的公民。利比亚指出，所指控的行为构成《关于制止危害民用航空安全的非法行为公约》第 1 条规定的犯罪，这赋予了国际法院行使管辖权的权力，以处理利比亚与美、英之间关于公约实施和解释的争端。1998 年 8 月 24 日，美国和英国分别宣布，同意在荷兰海牙审判涉嫌于 1988 年制造震惊世界的洛克比空难的两名利比亚人，二人于 2001 年 1 月 31 日被判有罪。

（二）"刚果诉比利时案"

2000 年 4 月，布鲁塞尔的一名调查法官对时任刚果民主共和国外交部长的阿卜杜拉耶·耶罗迪亚·恩多姆巴西下达了逮捕令，指控他实施了严重违反根据日内瓦公约及其附加议定书中规定的罪行并犯有反人类罪。根据比利时 1993 年 6 月 16 日通过的《关于惩处违反 1949 年 8 月 12 日日内瓦公约和 1977 年 6 月 8 日其附加的第一、第二议定书的法律》和 1999 年 2 月 19 日修正的《惩处严重违反国际人道主义法的法律》，耶罗迪亚被指控的行为应当受到比利时国内法的惩罚。2000 年 10 月 17 日，刚果向国际法院起诉比利时，请求法院宣布"比利时应当撤销该国际逮捕令"。在刚果提出诉讼后，耶罗迪亚立刻被停止外交部长的职务，不久后被停止了所有的官方职务。[1]

刚果出于两个理由质疑逮捕令的合法性：一是比利时根据其国内法规定的普遍管辖权违反了"一国不能在其他国家的领土内进行管辖"的国际法原则，以及"《联合国宪章》第 2 条第 1 款规

---

〔1〕 Democratic Republic of the Congo v. Belgium, I. C. J. Judgement of 14 February 2002.

定的成员国主权平等的原则"。二是比利时国内法不承认在任外交部长外交豁免权的规定违反了"主权国家外交部长享有外交豁免"的国际法规则。国际法院最终指出，根据国际法，国家元首和外交代表在民事和刑事方面均享有不受其他国家管辖的豁免权。

本案中一个重要的但是被国际法院回避掉的问题就是普遍管辖权的问题，这个问题关系到国际法，特别是国际刑法的发展，也是近年来讨论激烈的问题。刚果在法院开庭审理前将起初的两个诉求缩减为一个，即只要法院回答比利时发布逮捕令是否侵犯了耶罗迪亚的外交豁免权的问题，而不再要求法院回答比利时1993 年的国内法以及比利时法官根据该国内法发布逮捕令的行为是否违反国际法这个问题。在管辖和豁免的关系问题上，法院采纳了"不得超越诉讼请求"的规则，将二者分开考虑："支配国内法院管辖权的规则必须和支配管辖豁免的规则仔细地区别开来：进行管辖并不意味着不具有豁免权，而没有豁免权也并不意味着可以管辖。"法院尽量避免对普遍管辖权问题加以评述，也反映出普遍管辖权在国际社会中饱受争议的处境。尽管一些国家，如比利时，已经在国内立法中确立了普遍管辖权，但一旦付诸实施，还是困难重重。比利时于 1999 年对国内法加以修改，限制普遍管辖权的行使，即可以看出普遍管辖权与国家主权及利益之间的张力。

尽管法院没有对普遍管辖权的问题做出正面的论述，但是通过其肯定在任外交部长外交豁免权的不可侵犯性的态度，可以看出法院是否定比利时提出的对战争罪和反人类罪的普遍管辖是排斥外交豁免权的观点的，法院坚持外交豁免的绝对性。法院这样的态度与"皮诺切特案"中英国上议院的态度完全不同，后者认为智利前国家元首皮诺切特对其执政期间涉嫌实施的国际罪行不享有豁免权。同时，《前南国际刑庭规约》第 7 条第 2 款及《卢旺达问题国际刑庭规约》第 6 条第 2 款以相同的措辞规定："任何被指控者的职务地位，无论其是作为国家或政府的首脑或者是作为对政府负责的官员，不得免除该人的刑事责任，也不得减轻处罚。"另外尚未正式生效的《危害人类和平及安全治罪法草案》第7条也规定，"即使以国家元首或政府的身份行事"，在犯有危害人类和平与安全罪行的情况下，也不能免除刑事责任或减轻刑罚，其中也提到了战争罪和反人类罪。因此，在本案之前，一些人深信国际刑法的发展趋势必将是限制外交豁免权以便对某些国际罪行进行审判，而法院的这次判决无疑给这个趋势来了个"急刹车"。

（三）"比利时诉塞内加尔案"[1]

在本案中，被寻求审判的是乍得共和国被推翻的前国家元首哈布雷（Hissène Habré）。指控其在1982年是通过暴力革命上台的，在他执政的8年中以暴力手段著称，他在总统任期内违反国际法的行为致使大量民众沦为难民。2012年国际法院对"比利时诉塞内加尔案"作出判决，认定塞内加尔违反了《禁止酷刑公约》中的"或引渡或起诉"义务。该案判决体现了两方面的重要价值：首先，该案首次承认受害国以外的国家基于"共同利益"在国际司法机构享有诉权，有权援引不法行为国的国家责任，可能对国际法上的诉讼制度产生重要影响。其次，该判决澄清了包括《禁止酷刑公约》和《海牙公约》等使用同样表达方式的多边条约中的"引渡"与"起诉"之间的关系，即二者是"择一"而非顺序性的关系，"起诉"是犯罪嫌疑人所在国承担的一项绝对的条约义务，不以他国提出"引渡"请求为前提。"引渡"是犯罪嫌疑人所在国在收到他国引渡请求后享有的一项选择权。

---

[1] Belgium v. Senegal, I. C. J. Reports 2012.

四、"或引渡或起诉"原则的例外

(一) 国家元首的豁免权

"豁免"的概念在国际法中并没有明确,其范围有待通过理论分析和国家实践来确定。在《联合国国家及其财产管辖豁免公约》(UN Convention on Jurisdictional Immunities of States and Their Property)、《维也纳外交关系公约》(Vienna Convention on Diplomatic Relations)中都规定了豁免的一般原则。一个国家享有绝对的和完整的对于在其领土上的人员和财产的管辖权,在商业、外交和其他领域的互动关系中,接收国通过授予特权和豁免权自愿放弃管辖权。现在,这种授予豁免权的国际惯例已演变为接受国方面的法律义务。无论在何种情况下发挥何种作用,都适用绝对豁免规则,但是随着时间的流逝,它只限于具有公共性质的法律行为,因此不包括那些私人行为。[1]

但是,所有这些豁免在国际刑事法庭的管辖权方面均无效。在这方面,国际法委员会提出了关于国家官员不受外国刑事管辖权豁免的第二份报告,[2] 规定国家的刑事管辖权可以基于属地管辖权、属人管辖权(主动或被动)、保护性原则或普遍管辖权,并且其中任何一个都可能对可能归为官员的外国人行使刑事管辖权,因此可以援引豁免权。特别报告员认为,对外国罪犯享有豁免权的属人管辖权应限于担任高级职务的个人。同意国际法院在"刚果诉比利时案"[3]中的论点,国际法委员会指出,对外国刑事管

---

〔1〕 John Dugard, "International Terrorism: Problems of Definition", *International Affairs (Royal Institute of International Affairs)*, 50 (1974), p. 68.

〔2〕 International Law Commission, Immunity of State Officials from Foreign Criminal Jurisdiction, Text of Draft Articles 1, 3 and 4 Provisionally Adopted by the Drafting Committee at the Sixty-fifth Session of the International Law Commission [A/CN. 4/L. 814].

〔3〕 Case Concerning the Arrest Warrant of 11 April 2000 (Democratic Republic of the Congo v. Belgium), I. C. J. Judgement of 14 February 2002.

辖权的豁免是完全豁免，包括该人在下达命令之前执行的所有私人或官方行为任期。在考虑这种类型的豁免的时间范围时，人们达成了广泛的共识，即属人的豁免始于任期开始时，而自该人离任时终止。

基于这种豁免，国内和国际刑事法庭已审理了许多案件，大多数案件以失败告终。因为国内法院行使管辖权的大多数罪行通常是由国家高级官员实施的，"或引渡或起诉"的法律义务常常受到挑战。在这种情况下，豁免法成为制止有罪不罚现象的真正障碍。在"德国诉意大利案"中（Germany v. Italy: Greece Intervening），意大利允许向德国法院提起民事诉讼，要求赔偿第二次世界大战期间德意志帝国对违反国际人道法造成的伤害进行赔偿；此外，意大利还采取限制措施，对位于意大利境内的德国国家别墅维戈尼（Villa Vigoni）采取了限制措施，侵犯了德国的豁免权，并进一步侵犯了德国的管辖权。在该案中，德国指责意大利侵犯了国际法所规定的司法管辖豁免权。国际法院在"德国诉意大利案"中不仅强烈谴责了这种做法，更将"国家主权平等"描述为"国际法律秩序的基本原则之一"。[1] 法院认为，强制法规则和习惯法规则要求一国对另一国赋予豁免权，以避免冲突。法院的结论是，即使假定意大利法院的诉讼涉及违反强制法规则，但习惯国际法在国家豁免方面的适用性仍然不受影响。法院指出，根据《关于国家对国际不法行为责任的条款草案》（Draft Articles on Responsibility of States for Internationally Wrongful Acts），只能通过参照行为发生时的现行法律来确定某行为与国际法相符的程度，从而由法院进行审查并适用了意大利诉讼程序中存在的关于国家豁免的法律，而不适用于 1943 年至 1945 年的法律。根据法律规定、国家惯例和其他司法机构的裁决，法院得出结论，从目前的情况来

---

[1] Germany v. Italy: Greece Intervening, I. C. J. Reports 2012.

看，一个国家并没有因为其被指控严重违反国际法而被剥夺豁免权。

在"皮诺切特案"中，英国上议院针对涉嫌酷刑行为拒绝给予豁免，这一决定是基于联合国《禁止酷刑公约》中关于存在引渡或起诉义务的规定，以及该公约所建立的普遍管辖权制度。但是基于传统国际法原则，国家官员仅仅是国家的工具，而其官方行为只能归因于国家，国家官员应享基于身份与职务的"豁免"。在 2007 年 11 月，法国检察官拒绝起诉美国前国防部长唐纳德·拉姆斯菲尔德（Donald Rumsfeld），他被指控在 2003 年入侵伊拉克期间犯下罪行，认为他仍然受到职能豁免权的保护。在"刚果诉比利时案"中，国际法院驳回了比利时当局对当时的刚果外交部长耶罗迪亚发出的逮捕令，从而确认他享有豁免权。

（二）有罪不罚

"有罪不罚"的根源可以从仅归因于未能履行其追究违反国际人道法义务的国家的失误中识别出来。有多种情况可能导致有罪不罚，例如，大赦被扩大到涉嫌恐怖主义行为的犯罪者。结束有罪不罚是国际法刑事化的重要前提，因而西方学者大力主张消除有罪不罚，联合国等国际组织也为此做出诸多努力。

有罪即罚是一个法治社会的理想状态。但是从实践的角度看，当前的历史阶段，还不具备真正实现有罪即罚的环境，这样的尝试甚至是具有很大危险的。在国际层面上，国际刑事审判机构仍然存在着选择性的缺陷。由无政府社会所引致的强权政治更是当代国际关系和国际法不能忽视的基本问题。由于缺乏公正、透明、有效的超国家刑罚机制，在大国之内出现的罪行，或者这些大国官员所犯的罪行，或者由这些大国指使、默许而出现的罪行很可能无法受到有效的追究；而大国却可以通过操纵国际机制，使得惩罚弱小国家轻而易举。例如，在前南刑庭，试图起诉北约的努力都被消解、掩盖。而在国际法院提起的南斯拉夫联盟（或者塞尔维亚与黑山）诉北约诸国的案件也都在国际法院以缺乏管辖权而未能解决的情况下，强调有罪即罚，很可能导致倾斜性、选择性的不利后果。大国反对国际刑事司法体制，成了国际刑事法院在追求"完全负责"状态的道路上不可逾越的障碍。

有罪不罚最典型的例子是美国的"第98条协定"。针对《罗马规约》第98条，国际刑事法院对于在缔约国或接受了国际刑事法院管辖权的国家领土内实施的核心国际罪行的非缔约国国民具有管辖权的规定，美国在《罗马规约》第98条规定的基础上大做文章。美国为了规避国际刑事法院的管辖，千方百计向有关国家施加压力迫使这些国家与美国签订双边引渡互免协定即所谓的"第98条协定"，要求他们在向国际刑事法院移送美国公民时必须首先取得美国的同意。在美国的努力下，至今已有接近100个国家正式或秘密地与美国签订了此类协定，其中68个国家是规约的参加国或签约国。

关于美国与相关国家签订的此类协定的法律效力，有学者从《罗马规约》第98条的立法主旨角度认为"第98条协定"不符合《罗马规约》第98条的立法主旨及规范要义，规约缔约国与美国签订"第98条协定"就会违背其承诺履行的国际义务。也有学者从《罗马规约》第98条的语义进行解读，认为美国双边豁免协定扩大了第98条的仅适用于被派遣的执行公务的人员的规定，涵盖了其他从事私人活动的人员。对于既是《罗马规约》的缔约国，又与美国缔结了双边豁免协定的国家而言，它们可能面临着双重条约义务，并由此导致国家责任。但问题的关键是：谁是判断此类协定是否具备国际法效力的合法主体？国际法院尚未处理国家之间关于该问题的争端，也未对这一问题发表任何咨询意见。因此，尽管在理论上学者们否认此类协定的国际法效力，但在国际关系实践中，尚没有权威机构对该问题进行有拘束力的认定，因此此类协定仍然是协定主体之间的行为准则，美国国民可以凭借此类协定来规避国际刑事法院的管辖。

（三）特赦

"特赦"通常是立法机关的一项行为，国家以政令的形式，免除或者减轻犯罪人的罪责或者刑罚的一种制度。一方面需要重建和平，另一方面又需要民族和解，因此特赦制度是合理的。例如，阿根廷总统阿方辛（Alfonsín）于 1986 年提出了一项法律，称为《全面停止法》(Full Stop Law)，其目的是防止在特定日期之后对军方进行新的诉讼。在 1987 年 6 月又通过了《适当服从法》(Law of Due Obedience)，该法律允许初级军官逃脱法律制裁。同样，巴西根据 1979 年颁布的大赦法，允许军事领导人免于对在最严重的独裁统治时期所犯的罪行负刑事责任。自 20 世纪 70 年代以来，安哥拉、阿根廷、巴西、柬埔寨、智利、萨尔瓦多、危地马拉、海地、洪都拉斯、科特迪瓦、尼加拉瓜、秘鲁、塞拉利昂、南非、多哥和乌拉圭都分别赦免了前政权成员在其各自境内实施的国际罪行。[1]

著名国际法学家谢里夫·巴西奥尼（Cherif Bassiouni）教授指出："和平不是要在冲突之间进行短暂的穿插，而必须在正义的陪同下进行。"[2] 给予特赦或事实上的有罪不罚很可能导致了这些国家中国际罪行的增加。迈克·沙夫（Michael P. Scharf）认为，有罪不罚通常以特赦或流放安排的形式转化，相反地，它们最终

---

〔1〕　Michael P. Scharf, "From the eXile Files: An Essay on Trading Justice for Peace", *Washington and Lee Law Review*, 63（2006），pp. 339-342.

〔2〕　M. Cherif Bassiouni, "Searching for Peace and Achieving Justice: The Need for Accountability", *Law & Contemporary Problems Edition*, 59（1996），pp. 9-13.

会鼓励世界其他地区的领导人从事严重犯罪，以期逃脱惩罚。[1]
理查德·戈德斯通（Richard Goldstone），前南刑庭的检察官认为：
"由于国际社会未能起诉波尔布特（Pol Pot）、伊迪·阿明（Idi
Amin）、萨达姆·侯赛因（Saddam Hussein）和穆罕默德·艾迪德
（Mohammed Aidid）等人，这促使塞族与前南斯拉夫共同发起了前
南斯拉夫的种族清洗政策，并使他们认为自己可以免于被追究刑
事责任。"一国对国际罪行实施者进行特赦或流放，显然是违反了
"或引渡或起诉"的条约义务。1949 年《日内瓦第四公约》的第
49~51 条规定了某些违反公约的刑事制裁，要求各缔约国确保立
即逮捕并起诉该人。被告必须受到起诉，并且必须遵循相同的法
律规则，并由同一法院进行审判。如果有引渡请求，国内法将指
导本国决定是否符合引渡条件。

各种人权条约及人权司法实践表明，惩罚可以包括处以罚款、
免职、降低职级、没收政府或军事养恤金。[2] 因此，对于某些严
重违反国际法的国际罪行，国家有义务起诉这些人，但国家实践
却相反。特赦对于某些国家仍然是一个现实问题，可以看到，特
赦问题也是各国之所以不愿通过《罗马规约》的重要原因之一。
在欧洲，《欧盟理事会关于欧洲逮捕令和成员国之间移交程序的框
架决定》的成员国允许成员国强制拒绝执行逮捕令，理由是该罪
行在执行国受到特赦的保护，并具有根据其刑事法规提起诉讼的
权利。

（四）政治犯罪例外

"政治犯罪例外"不能引渡因"政治"行为而受到刑事起诉的

---

[1] Michael P. Scharf, "The Case for a Permanent International Truth Commission", *Duke Journal of Comparative & International Law*, 7 (1997), pp. 375-398.

[2] UN Commission on Human Rights, Declaration on the Protection of All Persons from Enforced Disappearance, 28 February 1992, E/CN. 4/RES/1992/29.

个人，该原则长期以来一直是引渡中最具争议的问题。[1] 然而，恐怖主义行为、内部冲突和极权主义压迫行为日益增加引发了对例外范围的重新思考。本质上，将任何行为归类为"政治"的标准均来自国内法院制定的判例。最初，将政治犯罪作为引渡例外的目的实际上是为了保护革命者免于返回本国，以免于面对其本国政府提出的起诉。[2] 几个世纪以来，国际社会一直致力于解决政治犯罪例外，涉及恐怖分子、战犯、前政府官员和寻求庇护者等情况。到 20 世纪 70 年代后期，为遏制这种保护的滥用，一系列双边和多边条约重新定义了"政治标准"，开始停止基于任何具有政治色彩的犯罪的豁免，这些特殊行为将逐渐被引渡，而不被视为政治犯罪。例如，1970 年《海牙公约》、1971 年《蒙特利尔公约》、1979 年《劫持人质公约》等。根据上述条约，缔约国有义务制定本国法律以遵守条约义务。

　　各个国家法院已经开发出各种测试，例如瑞士的"比例性"或"优势"测试，法国的"客观"测试以及英美的"事件"测试，以确定是否存在"犯罪与政治之间的关系"。犯罪行为与政治因素联系足够密切，足以使犯罪被认为是不可引渡。瑞士的"比例性"测试，其中包括了犯罪的政治要素和共同要素之间的平衡，如果犯罪的共同要素是暴力的话，如果暴力共同要素将超过政治动机，则被认为应"引渡"。[3] 英美的"事件"测试要求，在被指控的犯罪发生时发生起义或其他类似的政治骚乱事件，并且被指控为犯罪。"事件"测试受到广泛的批评，因为该理论不能充分

---

〔1〕　David M. Lieberman, "Sorting the Revolutionary from the Terrorist: The Delicate Application of the Political Offense Exception in U. S. Extradition Cases", *Stanford Law Review*, 59 (2006), p. 181.

〔2〕　Aimee J. Buckland, "Offending Officials: Former Government Actors and the Political Offense Exception to Extradition", *California Law Review*, 94 (2006), p. 423.

〔3〕　Geoff Gilbert, "Transnational Fugitive Offenders in International Law", *International Studies in Human Rights*, 55 (1998), p. 235.

解决国际恐怖主义的现实。因此将革命限制在某个地理区域，同时有效地排除了国际恐怖主义活动，原因是这些行为者所犯的罪行超出了其本国的范围。"伊恩诉威尔克斯案"（Eain v. Wilkes）拒绝了传统上适用此例的想法，并裁定，只有那些或将被判处"破坏国家的政治结构而不是建立政府的社会结构的行为"才被视为犯罪。[1] 其中，无政府主义者由于以国家的社会结构为目标而被排除例外。

在打击恐怖主义方面开展合作的国际努力主要集中在引渡协定上，该协定载有限制的政治罪行例外。与保护所有政治斗争的原始形式不同，当前形式不能用作制止恐怖主义的有效工具，因为它不能区分政治行动主义和恐怖主义。自1997年以来谈判达成的与恐怖主义有关的普遍性协定，废除了这些协定中定义的针对犯罪的实际犯罪例外，并列入了一项关于不歧视的条款，该条款可防止基于各种不允许的考虑因素的歧视性待遇，而不是仅仅从政治标准进行判断。

小　结

将恐怖主义行为通过司法方式进行追究，目的是审判个人、给予赔偿、寻求正义与真相。随着人们对人权原则的认识不断提高，第二次世界大战之后，各国逐渐敢于挑战一些公认的国际原则和做法，例如揭开国家元首和政府官员的免于刑事起诉的面纱，追究个人国际刑事责任。但是，上述案例生动地揭示了国际法院与国际刑事法庭框架之间的区别。这两个框架在刺破豁免面纱和现任领导人的不可侵犯性权利方面都采取了非常矛盾的观点，国际法院认为比利时违反了尊重豁免权的法律，而另一方面，国际

---

[1] Ziyad Abu Eain v. Peter Wilkes. 1981, United States Marshal for the Northern District of Illinois (641 F. 2d).

刑事法庭和其他刑事法庭已发布针对现任国家元首甚至流亡前国家元首的逮捕令。由于存在这种分歧，各国在国际法的各个分支下承担着相互冲突的义务，这使各国有消除这种有罪不罚现象的政治意愿。另一方面，国际法院维持了批准国履行不加拖延地履行起诉或引渡义务的法律义务的约束性质。考虑到国家惯例是不将恐怖主义视为反人类罪和其他罪行的核心罪行，因此根据国际法对"恐怖主义"进行统一定义的想法是不可行的。越来越多的与恐怖主义有关的公约进一步支持了这一论点。事实上，国际人道法已经充分涵盖了恐怖主义行为，在没有任何例外或保留的情况下禁止恐怖主义行为，在非国际性武装冲突期间也可以提供类似的保证。最后，根据国际人道法和国际刑法，对有关人员具有管辖权的国家优先于国际刑事法庭的管辖，以审判恐怖分子的严重违法行为、反人类罪行或战争罪行。

第五章

"恐怖主义"罪行界定及其犯罪构成要素

一、关于"恐怖主义"罪行界定的重大分歧

2001 年美国"9·11"事件后，国际社会对恐怖主义的危害达成了共识并大力加强了反恐怖的双边和多边国际合作。但实际上，国际上对恐怖主义问题的认识并不一致，分歧明显存在。国际法对恐怖主义的讨论由来已久，由于没有公认的恐怖主义定义，各国经常为区分"恐怖主义"和"被占领人民争取解放的合法斗争"而发生争议。然而，关于什么是构成恐怖主义的争论表明了一个事实："一个民族的恐怖分子可能是另一个民族的自由战士。"

学者们对恐怖主义的定义有分歧，因此更应从学理上提供一个共同的定义。恐怖主义的根源和恐怖分子的政治动机与界定恐怖主义的问题相关，没有一个准确的定义，就不可能认识到对恐怖分子起诉的困难之处。这一定义还可以确立对被抓获的恐怖分子定罪的必要因素，定义的首要问题是难以描述恐怖主义的性质，因为恐怖主义是一个法律内容不确定的术语。然而，缺乏"定义共识"并不妨碍对恐怖分子的管辖权。

尽管国际社会还没有确定一致的恐怖主义定义，但对恐怖主义的广泛含义正在形成共识。一些政府将恐怖主义定义为单个的暴力行为，仅仅是为了个人利益。对大多数人来说，"恐怖主义"一词包括为达到政治、宗教或意识形态目的而试图胁迫一国当局

或人民的暴力行为。某些条约也将恐怖主义定义为犯罪，这些条约对缔约国行使对此类犯罪的管辖权具有约束力。国内恐怖主义涉及主要发生在国内的行为，而国际恐怖主义是涉及国际因素的恐怖行为。

美国法典简单地将恐怖主义定义为"亚国家集团或秘密特工对非战斗目标实施的有预谋的或出于政治动机的暴力行为"。虽然恐怖主义有许多定义，但大多数定义有五个基本要素：①以任何方式实施暴力；②以无辜平民为目标；③意图造成暴力或肆意无视其后果；④以引起恐惧、胁迫或者恐吓敌人为目的；⑤为了实现一些政治、军事、种族、意识形态或宗教目标。根据大多数对恐怖主义的定义，有两个要素最为关键：以平民为目标，以及意识形态或政治目的的存在。

然而，起诉恐怖分子的问题是显而易见的，国际社会从未就恐怖主义的确切定义以及谁应对其负责达成共识。不管普遍接受的恐怖主义定义如何，恐怖主义的一个共同特征是诉诸恐怖主义的暴力行为，以实现包括权力结果在内的目标。无论恐怖行为的实施者是一个国家还是一个非国家行为体。作为犯罪行为，恐怖主义试图恐吓或胁迫平民或政府。

总之，国际社会同意两个事实：其一，恐怖主义是邪恶的；其二，对于如何定义还没有达成共识。然而，恐怖主义通常可以被定义为出于政治或意识形态目的针对平民的恐怖或暴力手段。事实上，恐怖主义不是特定罪行或行动的具体术语。这是一个总括性术语，在这个术语下，代理人偶尔或连续采取一系列行动来达到目的。恐怖主义不是一种理念或运动，而是一种方法。国际恐怖主义通常被理解为涉及公民或一个以上国家领土的恐怖主义，国际恐怖主义包括违反任何国家刑法的暴力行为或危害人类生命的行为，在另一个国家支持恐怖主义活动甚至有时被认为可以看作是间接侵略。

迄今为止，恐怖袭击通常被界定为严重罪行，由一国国内法院根据国家立法予以惩罚。关于这一问题的众多国际条约要求缔约国开展司法合作，打击这些罪行。此外，关于恐怖主义是否能成为国际法上的一种罪行，目前尚无定论。但是著名国际法学家安东尼奥·卡塞斯认为至少跨国的、国家支持的或国家纵容的恐怖主义应被认为是构成了一种国际罪行，并且已经被习惯国际法作为一个单独类别的罪行加以考虑和禁止。[1]

尽管如此，事实是，当一些国家，特别是阿尔及利亚、印度、斯里兰卡和土耳其，提议将恐怖主义视为应受国际刑事法院管辖的国际罪行之一，即作为反人类罪时，包括美国在内的许多国家反对这一提议。同时，许多发展中国家也反对这项提议，因为它们认为《罗马规约》应该区分恐怖主义和外国或殖民统治下的人民争取自决和独立的斗争。结果，该提案以及后来印度、斯里兰卡和土耳其的提案均被否决。

可能发生的情况是，各国逐渐认同严重的恐怖主义罪行属于反人类罪（特别是《罗马规约》第7条中的"谋杀""灭绝""其他不人道行为"的子类别）。如果发生这种情况，反人类罪的概念范畴将会被扩大。然而，问题是：①恐怖袭击是否属于这一概念的具体情况；②未来的国际刑事法院是否也有权裁决严重的恐怖主义案件。从人道角度来看，恐怖袭击的规模和极端严重性以及袭击以平民为目标事实上是对整个人类社会的严重破坏，也是反人类罪要素中"广泛或系统做法"的一部分。

国际政治学者迈克尔·沃尔泽（Michael Walzer）说，"恐怖主义"最常用于描述革命暴力。[2] 在将近一个世纪的时间里，如何

---

〔1〕 Antonio Cassese, "Terrorism is also Disrupting Some Crucial Legal Categories of International Law", *European Journal of International Law*, 12（2001）, pp. 990–1001.

〔2〕 Michael Walzer, *Just and Unjust Wars: A Moral Argument with Historical Illustrations*, New York: Basic Books, 2006, pp. 177–215.

将恐怖分子与解放运动区分开来确实是定义恐怖主义的主要障碍。恐怖主义的近端类别（the proximal generic term）有两个方面：极端主义和暴力犯罪。前者是指恐怖主义行为的意识形态背景与社会存在巨大矛盾；后者是指恐怖主义是一种暴力犯罪，因为它涉及使用破坏性手段来实现某些意识形态目标。当然，即使在未发生暴力的情况下（例如放置未爆炸的炸弹），这种特征也是一致的。该定义似乎仍然无法将恐怖分子与自由战士区分开来，因为他们都可能使用极端主义和暴力来实现其目标。因此，找到解决问题的方法的关键在于"特定差异性"，即通过概念界定将两个概念区分开来。这恰恰是真正困扰着当代学者和国际社会的难题：恐怖主义行为与为自由而进行的合法斗争之间有何区别？

恐怖主义可以像其他任何犯罪一样，根据普通法对罪行与辩护的二分法来描述，国际刑法已明确采用了二分法。这意味着要与可作为辩护提出的现有辩护分开观察犯罪行为和犯罪行为要素。解决这个问题的可能方法实际上是从为所谓的恐怖主义行为辩护的角度进行思考：①民族自决权；②自卫；③必要性；④战斗人员地位。这个问题将在第六章抗辩与免责事由中详细讨论。

二、国际社会对"恐怖主义"罪行界定所做的努力

1987年，联合国大会通过了第42/159号决议，认识到可以通过建立一个普遍认同的国际"恐怖主义"定义来加强打击恐怖主义斗争的有效性。这个问题最初被分配给联合国第六委员会（法律委员会），该委员会多年来起草了一些涉及恐怖主义具体罪行的公约，虽然这些公约都没有使用"恐怖主义"这一术语。当第六委员会在达成对恐怖主义的协商一致的定义方面没有取得进展时，大会于1996年设立了一个特别委员会，以制定一个处理国际恐怖

主义的全面框架性协议。[1] 特别委员会首先制定了《制止向恐怖主义提供资助的国际公约》，该公约将恐怖主义定义为："①12 项反恐怖主义条约所涵盖的任何活动；和②旨在对平民或在武装冲突中不积极参加敌对行动的人员造成死亡或严重身体伤害的行为，其行为的性质是恐吓人口，或强迫政府或国际组织做出或不做出某种作为。"迄今 129 个国家批准了这项多边条约。这是最接近于国际社会广泛接受的恐怖主义的一般定义。

2001 年"9·11"事件发生后，大会立成立了一个工作组，以制定一项关于国际恐怖主义的全面公约。本着"9·11"袭击之后的合作精神，工作组成员就如下恐怖主义的界定达成了共识："恐怖主义是一种行为，旨在对任何人造成死亡或严重的身体伤害；或严重损害国家或政府设施，公共交通系统，通信系统或基础设施……其行为的性质或目的是恐吓人口，或强迫政府或国际组织为或不为某项行为。"[2]

然而，马来西亚代表伊斯兰会议组织提议增加以下例外情况：人民的斗争，包括反对外国占领、侵略、殖民主义，武装冲突旨在根据国际法原则实现民族解放和自决不应被视为恐怖主义犯罪。根据美国驻联合国代表团总法律顾问尼古拉斯·罗斯托（Nicholas Rostow）的说法，伊斯兰会议组织的建议旨在对被占领领土上的以色列采取行动，对克什米尔采取行动打击恐怖主义。[3] 最终双方都不愿意在这个问题上妥协，该议项被无限期搁置。

由于关于恐怖主义的一般定义的确定工作在大会再次停滞不

〔1〕 G. A. Res. 210, U. N. GAOR Ad Hoc Comm., 52nd Sess., Supp. No. 37, U. N. Doc. A/52/37 (1996).

〔2〕 Measures to Eliminate International Terrorism: Report of the Working Group, U. N. GAOR 6th Comm., 55th Sess., Agenda Item 164, at 39, U. N. Doc. A/C. 6/55/L. 2 (2000).

〔3〕 Nicholas Rostow, "Before and After: The Changed UN Response to Terrorism since September 11th", *Cornell International Law Journal*, 35 (2004), pp. 475-488.

前，联合国安理会介入。安理会根据《联合国宪章》第七章采取行动，通过了第 1373 号决议，该决议实质上将《制止向恐怖主义提供资助的国际公约》转变为所有联合国成员方的义务，要求成员方禁止向从事恐怖主义的个人和组织提供财政资助。[1] 然而，理事会决定不将《制止向恐怖主义提供资助的国际公约》中关于恐怖主义的定义纳入第 1373 号决议时，也没有给出通过恐怖主义的普遍定义的机会，而是将这一术语保留为未定义的状态，允许每个国家根据自己的情况界定恐怖主义。此外，安理会设立了一个委员会（反恐怖主义委员会），以监督决议的执行情况，但该委员会没有颁布一份恐怖分子或恐怖主义组织的名单、一份禁止向其提供财政援助的名单。

　　安理会最近关于恐怖主义的声明是针对 2004 年 10 月在俄罗斯一所小学发生的血腥的恐怖主义攻击。在俄罗斯的坚持下，安理会通过了第 1566 号决议，其中规定："犯罪行为，包括针对平民的犯罪行为，意图造成死亡或严重身体伤害或劫持人质，目的是在公众或特定人群中引起恐怖状态，恐吓民众或迫使政府或国际组织为或不为某项行为，这些行为构成属于恐怖主义的国际公约和议定书范围内所定义的罪行，在任何情况下都不得以政治、哲学、意识形态、种族、族裔、宗教或其他类似性质，并呼吁所有国家防止这种行为，如果不加以防止，则确保这些行为受到与其严重性质相符的惩罚。"[2] 起初，这一条款似乎是对恐怖主义的一般性定义。但是，由于某种程度上采用了倾斜性的语言表达，而这是获得协商一致意见的需要，因此，该条款实际上只是重申没有任何理由犯下 12 项反恐怖主义公约所禁止的行为；这是在过

---

　　〔1〕　S. C. Res. 1373, U. N. SCOR, 56th Sess., 4385th mtg., U. N. Doc. S/RES/1373（2001）.

　　〔2〕　S. C. Res. 1566, U. N. SCOR, 59th Sess., 5053rct mtg., U. N. Doc. S/RES/1566（2004）.

去的大会和安理会的许多决议中所表达过的。因此实际上，该条款依然很难被认为对恐怖主义犯罪作出了明确的界定。

三、和平时期界定"恐怖主义"

(一) 作为专门国际罪行的犯罪构成

如上所述，许多因素表明在和平时期国际社会已经对恐怖主义的定义形成了实质性共识。首先，《阿拉伯联盟制止恐怖主义公约》《非洲统一组织预防和打击恐怖主义活动的公约》和伊斯兰国家会议组织通过的《伊斯兰会议组织关于打击国际恐怖主义的公约》等，都提出了一个在很大程度上与联合国1999年《制止向恐怖主义提供资助的国际公约》以及联合国大会各项决议均载有的类似的概念。其次，大多数国家法律和国家判例法都采用了相同的方法。

这个被普遍接受的定义具有如下要素：广义上讲，恐怖主义包括：①通常在任何国家刑法体系下均被定为犯罪的行为，或在和平时期进行的协助实施行为；②意图在人民中引起恐怖状态或胁迫一个国家或国际组织采取某种行动；③具有政治或意识形态动机。这些是公认的定义的粗略元素，以下将探讨如何将它们转化为国际法中的严格规定。随后，将围绕关于恐怖主义的犯罪构成要素进行讨论。

1. 客观要素

国际恐怖主义犯罪构成的第一个要素与行为有关。恐怖主义行为必须是根据任何国家刑法机构已被定为犯罪的行为：谋杀、大规模杀害、严重的人身伤害、绑架、炸弹、劫持等。但是，在某些特殊情况下，该行为本身可能是合法的，例如组织筹资。如果该行为与恐怖主义有必然联系，例如向其提供金钱的行为或代表该组织收取金钱的行为，本质上是恐怖主义行为，则该行为构成犯罪。在这种情况下,该行为的性质原本的合法性将不能成立。

此外,该行为必须具有跨国性质,即不限于一个没有外国要素或联系的国家的领土(在这种情况下,该行为将完全属于该国的国内犯罪体系的管辖)。《制止向恐怖主义提供资助的国际公约》第3条深深地抓住了国际恐怖主义的跨国性质("本公约不适用于在单个国家内实施的犯罪,所指控的罪犯是该国国民,并且在该国领土上存在,没有其他国家……行使管辖权……")。至于犯罪行为的受害者,他们可能包括平民、国家官员、国家执法机构的成员。

2. 主观要素

恐怖主义的第二个特征涉及该行为的目的。一些国际文书和国家法律规定,恐怖分子追求的目标可能是在民众中散布恐怖,或者是迫使政府或国际组织执行或放弃某种行为。[1] 其他法律文书也设想了其中一个目标的可能性,即动摇或破坏一个国家的结构。[2] 人们可以理解,这些条约、法律或其他法律文件,出于描述目的,也为了涵盖所有可能的犯罪行为,列举了一系列广泛的恐怖主义目标。此外,当对恐怖团体的要求不清楚或没有针对特定的恐怖袭击提出明确要求时,明确考虑恐怖分子追求的各种其他目的可能有利于检察官和其他执法机构工作的展开。在这些情况下,为了将行为归类为恐怖行为,至少足以确定恐怖分子的近期目标是在人群中散布恐慌。的确,这可以极大地促进检察官在实施国家反恐法方面的刑事司法活动。但是,严格的审查和法律逻辑表明,事实上,恐怖分子的主要目标始终是强迫公共机构或个人采取某种行动。恐惧或焦虑的蔓延只是迫使政府或其他机构

---

〔1〕 Security Council Res. 1566, Adopted on 4 October 2004; Art. 83. 01 (1)(B) of the Canadian Criminal Code.

〔2〕 The 1999 Convention of the Organization of the Islamic Conference on Combating International Terrorism, Art. 1 (2).

做或不做某事的一种手段，它本身绝不是目的。同样的，国家政治结构的不稳定也是迫使现任政府采取一定行动方针的一种手段。可以肯定的是，在某些情况下，无论是在恐怖行动之前还是之后，恐怖分子的目标都没有用太多的话来阐明。例如，"9·11"事件中对双子塔和五角大楼的袭击之前或之后都没有阐明构成恐怖组织的主观方面的要求。但是，即使在这些情况下，谋杀、轰炸或绑架也不是为具体行为人自己而做的。它有助于诱使公共机构或个人做某事或不做某事。在"9·11"事件中，这次袭击显然是在促使美国政府改变其在中东的总体政策，特别是通过撤出其在中东的军事力量并改变其对以色列的政策。因此，可以说，恐怖主义始终追求一个主要和必不可少的目的，即胁迫公共当局（政府或国际组织）或跨国私人组织（例如跨国公司）采取（或不采取）特定措施或特定政策。这是所有恐怖行动的最重要标志。

恐怖主义可以通过两种可能的方式来实现上述所讨论的目的：其一，在平民中散布恐惧或焦虑。例如，炸毁剧院、绑架平民，或在火车、公共汽车或学校、博物馆或银行等公共场所放置炸弹。显然，恐怖分子的目的是诱使受惊的民众向政府当局施加压力。其二，在公共机构进行犯罪行为。例如，炸毁或威胁要炸毁议会、国防部或外国使馆、私人机构，或对公众的领袖人物、知名人物（政府首脑、外国大使、跨国公司总裁等）实施犯罪行为来达到目的。

恐怖主义独有的另一个要素是动机。非出于个人目的采取犯罪行为（例如，获得收益、报仇或个人仇恨），它必须是基于政治、意识形态或宗教动机。动机之所以重要，是因为它可以区分作为集体犯罪表现形式的恐怖主义与个人刑事犯罪（谋杀、绑架等）。恐怖行为通常是由团体或组织，或由代表他们或以某种方式与其联系的个人进行的。恐怖行为，例如炸毁某个公共场所，肯定由不属于任何团体或组织的单个个人执行。但是，如果代理人被一组集体的思想或原则（一个政治平台、一个意识形态或一系列宗教原则）所感动，从而主观地将自己识别为打算采取类似行动的团体或组织成员，那么该行为就是恐怖主义行为。正是这一因素将个人的谋杀行为转变为恐怖主义行为。

可以说，恐怖主义的犯罪构成具有两个主观要素（*means rea*）：其一，适用于任何潜在的刑事犯罪的主观要素（意图）：谋杀、伤害、绑架、劫持等的必要心理要素（*dolus generalis*）。其二，强迫公众当局或有影响力的个人采取或不采取行动的特殊意图。动机在这里异常重要：如前所述，犯罪行为必须出于特定的犯罪意图（*dolus specialis*），而非受非个人诱因的启发。因此，如果证明犯罪行为（例如炸毁建筑物）是出于非意识形态、非政治或非宗教考虑的动机，则该行为将不再被定义为国际恐怖主义。尽管可能在某些国家中，恐怖主义仍然被界定在更广泛的概念之下。例如，对于类似于美国刑法中的犯罪行为但缺乏适合国际恐怖主义的跨国行为的案件也是如此。蒂莫西·麦克维（Timothy McVeigh）1995年在俄克拉荷马城的一栋公共建筑引爆自杀式炸弹，导致168人死亡。据报道，他采取该行动是为了报复联邦调查局杀死得克萨斯州韦科的一个宗教教派成员。同样，如果土匪闯入银行，杀死一些客户并劫持其他人质，以逃脱不受劫掠的目的，尽管杀害和劫持人质也意图在平民和平民中间引发恐怖，但这一行动并不能被归类为恐怖主义。虽然该行为旨在强迫当局做某事或不做某事，但是这里缺少意识形态或政治动机这一基本要素。因此，该犯罪行为属于谋杀、劫持人质、武装抢劫行为，而不是恐怖主义行为。

还需要补充的是，动机本身不足以将犯罪行为归类为恐怖主义。为了澄清这一点，举一个例子，假设一个恐怖组织对银行进行了武装抢劫，以补充该组织的资金。在这里，犯罪行为的动机不是个人的（获得私人利益），而是集体的（增加组织的资金）。

然而，该行动本质上不是恐怖主义，而是普通的刑事犯罪，因为缺乏适用于恐怖主义的另一个关键要素，即旨在通过犯罪行为强迫当局采取某种立场。但是，该结论并不排除各个国家的刑法犯罪体系可能认为，由于上述行为是为了支持恐怖组织而进行，因此将其认定为恐怖主义。

确定嫌疑人是否具备恐怖主义罪行主观要素，这对检察机关或刑事法院提出了严峻挑战。诚然，很难找到激发恐怖主义行为的原因，并难以将其行动的具体依据与可能动机的复杂性区分开。特别是，判断他的行为是否出于政治、意识形态或宗教动机可能会很费力。除了这一事实上的困难之外，在特定情况下，还可能难以决定到底是由一套思想构成的政治信条、意识形态还是宗教。一种简单的解决方法是确定行为人是否仅出于严格的个人原因行事，在这种情况下，可以排除其行为被称为恐怖主义行为。诚然，这个问题很复杂，可能引起很多争议，但事实仍然是，对于国际法上的国际恐怖主义而言，主观要素是重要的犯罪构成要素。

（二）作为广义的国际犯罪的具体子类别

众所周知，意识形态冲突使国际上关于恐怖主义的讨论陷入泥潭，国际社会难以就此事达成普遍共识。为了打破僵局，各国选择通过有关特定行为类别的国际公约。因此，国际社会商定了一系列公约，通过这些公约强加给缔约方的义务是在其国内法律中规定应予惩处和起诉。在每项公约中都是通过指出犯罪的主要外在因素来定义的。这些公约没有将其称为恐怖行为，也没有指出犯罪者行为的动机或目的。相反，他们仅限于确定违禁行为的客观要素。

这适用于：①不论其是否违反国家法律的行为，均可能或切实危害飞机、飞机上的人员或财产的安全或危害机上良好秩序和纪律的行为;[1] ②非法控制,以武力或威胁、以任何其他形式的恐吓手段对飞行中的飞机进行攻击;[2] ③针对飞行中的飞机上的人员或针对该飞机的暴力行为;[3] ④针对该飞行器的攻击和其他暴力行为如攻击国际保护人员或其官方处所、私人住所或运输工具;[4] ⑤非法拥有、使用、转让或盗窃核材料以及威胁使用核材料;[5] ⑥武力控制船舶,或采取任何其他形式的恐吓或暴力行为、威胁船舶上的人员;[6] ⑦以武力控制固定平台,或采取任何其他形式的恐吓、威胁船上人员的暴力行为;[7] ⑧在服务于国际民用航空的机场或机场设施上对人员的暴力行为;[8] ⑨制造或转移未标记的塑料炸药;[9] ⑩在公共场所或政府机构,公共交通系统或基础设施中交付、放置、释放或引爆爆炸性或其他致命装置。[10]

相反,其他公约除了阐明犯罪行为的客观要件外,还强调了

---

[1] The 1963 Tokyo Convention on Offences and Certain Other Acts Committed on Board Aircraft, Art. 1 (b).

[2] The 1970 Hague Convention for the Suppression of Unlawful Seizure of Aircraft, Art. 1 (a).

[3] The 1971 Montreal Convention for the Suppression of Unlawful Acts against the Safety of Civil Aviation, Art. 1 (1).

[4] The 1973 Convention on the Prevention and Punishment of Crimes against Internationally Protected Persons, Including Diplomatic Agents, Art. 2 (1).

[5] The 1979 Vienna Convention on the Physical Protection of Nuclear Material, Art. 7.

[6] The 1988 Rome Convention for the Suppression of Unlawful Acts against the Safety of Maritime Navigation, Art. 3 (1).

[7] The 1988 Rome Protocol for the Suppression of Unlawful Acts against the Safety of Fixed Platforms Located on the Continental Shelf, Art. 2.

[8] The 1988 Montreal Protocol for the Suppression of Unlawful Acts of Violence at Airports Serving International Civil Aviation, Art. II.

[9] The 1988 Montreal Protocol for the Suppression of Unlawful Acts of Violence at Airports Serving International Civil Aviation, Art. II.

[10] The 1998 International Convention for the Suppression of Terrorist Bombings, Art. 2 (1).

犯罪者追求的目的。1979 年《劫持人质公约》和 1999 年《制止向恐怖主义提供资助的国际公约》都是如此。这两项公约都将恐怖主义行为定性为强迫一个国家或国际组织采取行动或不采取任何行动，此外，后一项公约考虑了恐吓人口的目的。[1]

值得一提的是，上述公约隐含的一点是，以上概述的国际恐怖主义都可以被认定为和平时期的一项独立犯罪。但是，由于上述十项公约所禁止的行为类别非常广泛，因此不能排除那些虽已明确禁止但由于缺乏必要要素而未归入恐怖主义类别的行为。例如，劫机者以勒索赎金的目的劫机，或释放一些犯罪分子以换取挽救作为人质的乘客，这显然属于 1970 年《关于制止非法劫持航空器的公约》的规定，但这并不在上述公约所述范围内。

四、武装冲突时期界定"恐怖主义"

（一）恐怖主义作为战争罪

目前，国际人道法和国际刑法都已经涵盖了在国际或国内武装冲突期间发生的恐怖主义行为。首先要处理的一个问题是所谓的"国家恐怖主义"。据称，在战时，好战分子对敌方平民的袭击可能构成"国家恐怖主义"。这主要是一个没有法律价值的政治或意识形态用语，除非提到国家对严重违反国际法的行为承担国家责任的情况才具有法律意义。从法律上讲，如果这些袭击是蓄意的并且仅针对平民，那将严重违反国际人道法；如果他们以敌方战斗人员为攻击目标，但对平民造成偶然伤害，并且对平民的伤害不符合比例原则，这种攻击行为就可能被视为非法。[2]可以看到，战时在交战中所发生的恐怖行为只有在交战方对旨在散布恐

---

〔1〕 The Convention on the Taking of Hostages, Art. 1 (1).

〔2〕 Antonio Cassese, *International Law*, Oxford: Oxford University Press, 2005, pp. 415-423.

怖的平民进行非法袭击时才可能成立，因此，这种攻击行为的计划者或实施者可能因恐怖主义的战争罪而受到起诉与惩罚。接下来将讨论战斗人员（无论是国家武装部队成员、叛乱分子或游击队成员、非国家实体武装部队成员）实施恐怖主义行为的关键问题。

国际法规则无疑在武装冲突时期禁止恐怖主义行为。1949 年《日内瓦第四公约》第 33 条第（1）款规定禁止对平民采取"一切恐怖主义措施"。尽管该规定主要是为了防止占领国或交战国使用恐怖主义而制定的，但如果平民或有组织团体在被占领土或冲突当事方的领土上犯下恐怖主义行为，也是被禁止的。[1] 因此，《日内瓦第四公约》第 33 条第（1）款是一般性规定，适用于任何情况。1977 年《第二议定书》也包含类似的规定，第 4 条第（2）款（d）项禁止针对"不直接参与或已停止参加敌对行动的所有人员的恐怖主义行为"。两项议定书还阐明了普遍禁止恐怖主义的规定。《第一议定书》第 51 条第（2）款禁止"主要目的是在平民中散布恐怖的暴力行为或威胁"。《第二议定书》第 13 条第（2）款逐字逐句地重复了这一禁令。可以肯定地说，所有这些规定都反映了或至少已成为习惯国际法规则。

一言以蔽之，国际人道法在国际和国内武装冲突中都禁止恐怖主义。但是，问题在于，除了对国家的禁令之外，习惯国际法和条约法是否还将武装冲突中的恐怖主义定为犯罪。前南刑庭审判分庭于 2003 年在"加力奇案"中令人信服地证明，在 1992 年该案的事实发生时，就已经严重违反了禁止恐吓平民的规定，即构成违反国际法的个人刑事责任。[2]

---

〔1〕 ICRC Commentary, Art. 33 (1).

〔2〕 Prosecutor v. Stanilav Galić, 1998, Case No. IT-98-29-T, Trial Judgement and Opinion, ICTY.

然而，与此相反，《罗马规约》在第8条中广泛地列出了各种战争罪行，却没有提及诉诸平民的恐怖行为，对此，国际社会颇多争议。实际上，《罗马规约》的各项规定并非旨在将现有的习惯法规则编纂成文，这是由《罗马规约》第10条所证实的，"本部分的任何内容均不得解释为以任何方式限制或损害为达到本规约目的而已存在或正在发展的国际法规则"。也就是说，《罗马规约》其他规定仅部分考虑了习惯法。[1]

在各种国际规则的发展过程中都可以发现这样的观点，即将武装冲突中的恐怖主义行为定为犯罪。《卢旺达问题国际刑庭规约》和《塞拉利昂特别法庭规约》在授予这两个刑事法庭对违反国际人道法的行为的管辖权时，都涵盖了"恐怖主义行为"。[2]这证明这些规约的起草者认为这些行为可能构成战争罪。同样，1996年国际法委员会《危害人类和平及安全治罪法草案》也认为，在内部冲突中犯下的"恐怖主义行为"构成战争罪。此外，1999年《制止向恐怖主义提供资助的国际公约》第2条第1款（b）项中明确提到"武装冲突情况"，因此表明该公约涵盖了武装冲突情况下的恐怖主义行为。当然，《制止向恐怖主义提供资助的国际公约》仅对缔约方具有约束力。但是，迄今为止，已有153个国家批准或加入了《制止向恐怖主义提供资助的公约》（其中只有3个国家对有关条约的规定有所保留）。因此，有关条款表明，国际社会存在普遍认同，即使在武装冲突时期恐怖主义也应被定为犯罪。

总而言之，在武装冲突中针对平民和其他"受保护人员"的攻击旨在散布恐怖，可能构成战争罪。[3] 关于武装冲突中的战争

〔1〕 Antonio Cassese, *International Criminal Law*, Oxford: Oxford University Press, 2003, pp. 59-62, 93-94, 107-108.

〔2〕 The 1994 Statute of the ICTR, Art. 4 (d).

〔3〕 The Report of the International Commission of Inquiry on Darfur, UN Doc. S/2005/60 (25 January 2005), pp. 154-167.

罪，海牙法院在"阿富汗尼案"（Afghani）判决中强调了日内瓦公约共同条款的重要性［第49条第（3）款、第50条第（3）款、第129条第（3）款、第146条第（3）款］，并说明："各缔约方应采取必要的措施，禁止除以下条款所定义的严重违反行为外，所有与本公约的规定相违背的行为。"因此，恐怖主义行为在某些情形下可能被定性为与日内瓦公约的规定相违背。

那么，恐怖主义作为战争罪的构成要素是什么？在国际人道法中，恐怖主义作为战争罪似乎比整个一般国际法规则所构想的范围要窄。首先，被禁止的行为可以说是对平民或其他不直接参加武装敌对行动（例如，受伤、沉船、战俘）的人采取的暴力行为或威胁。可以从国际人道法的整体精神和宗旨以及日内瓦《第二议定书》第4条第（1）款和第（2）款（d）项的措词中推断出这一规则。国际法院1986年在"尼加拉瓜案"中提出的1949年"日内瓦四公约"中的"共同第3条"是适用于任何武装冲突的"最低准绳"。[1] 攻击未参加武装敌对行动的战斗人员也可能构成恐怖主义，例如，对在清真寺或教堂祈祷的人员的攻击或威胁。《制止向恐怖主义提供资助的国际公约》第2条第1款（b）项重申了上述类似规定，其中包括在武装冲突期间恐怖主义行为的可能受害者中，"对任何不积极参加敌对行动的战斗员的暴力行为或其威胁同样属于恐怖主义行为，只要采取这种行动的目的是要散播恐怖。"正如2004年《武装冲突法手册》（The Manual of the Law of Armed Conflict）指出的那样，制止恐怖袭击的规则将适用于如在繁华的购物街上安装汽车炸弹，即使没有平民被炸死或炸死，但其目标还是出于"威胁"。

因此，可以转向恐怖主义行为的主观要素。正如前面所说，

---

［1］ The Report of the International Commission of Inquiry on Darfur, UN Doc. S/2005/60（25 January 2005），pp. 154-167.

可以将日内瓦《第一议定书》第51条第（2）款和《第二议定书》第13条第（2）款中关于恐怖主义的国际人道法的其他规定进行简要概括：武装冲突中的恐怖行为是旨在平民或其他受保护人员中"散布恐怖"的行为。这样，与和平时期"恐怖主义"主观要素不同的是，没有规定具有强迫公共当局（或个人）采取某种行动的目的。从这个角度看，武装冲突时期恐怖主义唯一明显的目的似乎是恐吓敌人。换句话说，在国际人道法中，恐怖行为是在打败敌人这一总体目标框架内进行的行为。他们的最终目的是为武装冲突的胜利服务。交战者不仅采取简单的攻击平民的行动，还采取了各种行动（例如，随机杀害穿过桥梁的人员、随意炸毁平民设施或对居民区的空地进行有系统的炮击），以期在交战中引起严重的不安全感和焦虑。因此，很明显，在武装冲突时期，国际刑法对于恐怖主义犯罪构成的规定也包括主观意图，因此，正如前南刑庭"加力奇案"所强调的那样，必须排除简单的犯罪行为。

总之，在武装冲突期间，国际人道法和国际刑法都涵盖了被禁止和应定罪的好战恐怖主义行为。如果一个国家与恐怖主义作斗争受制于一项在和平时期和战争时期都处理恐怖主义问题的"国际恐怖主义公约"的约束，在这种情况下，同一行为将具有双重法律特征，或者两种不同的法律体系同时适用于同一行为。一个典型的例子是《制止向恐怖主义提供资助的国际公约》。如果一个国家是该公约的缔约国，则可以将其规定适用于资助在发生武装冲突的外国进行或计划进行的恐怖主义行为。因此，根据《制止向恐怖主义提供资助的国际公约》，将惩罚资助针对不积极参加武装敌对行动的人的国外暴力行为，同时，资助仅旨在攻击有关外国敌方武装部队的团体也不会被认为是违反国际法的行为。

（二）恐怖主义作为反人类罪

可以从两个方面入手进行分析：一方面，研究和分析国际恐怖主义和反人类罪的法律概念；另一方面，探寻两者之间的交汇点，打击恐怖主义已成为国际社会的优先事项。在此背景下，从理论层面进行探究。

第二次世界大战后，在纽伦堡审判和东京审判的背景下出现了反人类罪的概念和法律适用。《欧洲国际军事法庭宪章》（Charter of the European International Military Tribunal，以下简称《纽伦堡宪章》）对反人类罪进行了列举。[1] 尽管《纽伦堡宪章》在技术上使用了"犯罪"一词，且这些罪行被归类为与战争罪不同的类别，但纽伦堡法庭似乎并未承认其性质的新颖性。因此，在这种情况下，战争罪和反人类罪之间的边界从各个方面来说都是模糊的。[2] 此外，根据《纽伦堡宪章》，必须将反人类罪与反和平罪联系起来。1945 年《控制委员会第 10 号法案》（Control Council Law No. 10）也对反人类罪进行了列举。该法案厘清了反人类罪的概念：一方面，扩大了《纽伦堡宪章》所体现的具体罪行的清单；另一方面，消除了反人类罪与其他国际罪行例如反和平罪之间存在联系的要求。[3]

实际上，反人类罪不同于种族灭绝，因为在发生以下情况时，不需要专门的组织来消灭特定群体的成员。在这方面，"阿卡耶苏案"（Prosecutor v. Jean-Paul Akayesu）清楚地表明，"反人类罪针

---

[1] Agreement for the Prosecution and Punishment of the Major War Criminals of the European Axis, Aug. 8, 1945, Art. 6 (c), 59 Stat. 1544, 1548, 82 U. N. T. S.

[2] K. Kittichaisaree, *International Criminal Law*, Oxford: Oxford University Press, 2001, pp. 227-287.

[3] Control Council Law No. 10, Punishment of Persons Guilty of War Crimes, Crimes Against Peace and Against Humanity, Art. 2 (1)(c) (Dec. 20, 1945), 3 Official Gazette Control Council for Germany 50-55 (1946).

对的是任何平民，无论发生在国际或非国际武装冲突中，都是被禁止的。"[1] 实际上，反人类罪的概念并非仅源于纽伦堡审判，1907 年《海牙第四公约》第 2 段在提到 "人类的利益和不断进步的文明需求" 时就引入了这一概念。最重要的是，序言第 8 段，通常称为 "马顿斯条款"，是对这一概念的最早提法。尽管没有明确提到 "反人类罪" 一词，但该文件指出居民和交战者仍受国际法原则的保护和约束，这些原则源于法律中所确立的文明，显然，当时无意将反人类罪与战争罪区分开来。"阿卡耶苏案" 的决定提到了 "马顿斯条款"。[2] 此外，卢旺达刑庭指出，此类术语随后在第一次世界大战后被用来谴责土耳其对亚美尼亚人民的屠杀。因此，很明显，第二次世界大战后这一概念得到了加强，反人类罪的历史可以追溯到纽伦堡时代之前的国际文件。

在著名的 "艾希曼案"（Attorney-General of Israel v. Eichmann）中，奥托·阿道夫·艾希曼被指控以纳粹指挥官身份犯下罪行。[3] 法院根据以色列法律起诉艾希曼，"反人类罪意味着以下任何行为之一：针对任何平民的谋杀、灭绝、奴役、饥饿或驱逐出境以及其他不人道的行为，以及基于民族、种族、宗教或政治理由的迫害。"[4] 这时已经与现代反人类罪定义具有相同的要素了，如前所述，以色列法院还宣布，反人类罪并不需要特别意图或针对特定群体。艾希曼最终被判处死刑。在 "塔迪奇案" 中，前南刑庭第二分庭进一步对 "平民人口" 进行了解释与界定。"确立反人类罪的具体意图是通过以奉行意识形态或国家政策的名义，系

---

〔1〕 Prosecutor v. Jean-Paul Akayesu, Case No. ICTR-96-4-T, paras. 565 (Sept. 2, 1998).

〔2〕 Prosecutor v. Jean-Paul Akayesu, Case No. ICTR-96-4-T, paras. 566 (Sept. 2, 1998).

〔3〕 Prosecutor v. Jean-Paul Akayesu, Case No. ICTR-96-4-T, paras. 568 (Sept. 2, 1998).

〔4〕 Attorney-General of Israel v. Eichmann, 36 I. L. R. 5 (Dec. 11, 1961).

统地实施不人道行为或迫害，参与执行共同计划。"〔1〕最终将反人类罪纳入了《罗马规约》。

反和平罪并非仅仅起源于纽伦堡审判，从纽伦堡审判到以色列艾希曼案，实际上，用了将近一个世纪的时间来界定反人类罪。〔2〕与这一法律概念相关的资料，无论是国际法案例抑或国内法院案例，就不在此一一列出。由此得出了一个结论：反人类罪法律概念的各种要素，无论是否与意图、政策要素等有关，最终都以《罗马规约》第7条为最终结果。实际上，目前已经形成了充分的习惯国际法规则共识，即反人类罪是一种国际罪行。此外，此类罪行的实施者要承担个人的刑事责任。〔3〕

随着反恐形势的不断严峻，国际法的许多规则都需要重新审视，国际刑事法院的管辖权也不例外。根据《罗马规约》，国际恐怖主义行为，例如"9·11"袭击行为是否应属于反人类罪。考虑到《罗马规约》规定的管辖权是补充性的，本章讨论了哪些情况下最好赋予国际刑事法院对恐怖主义行为的管辖权。首先考察了国际刑事法院目前的管辖权，以及缔约国认为不需要将恐怖主义纳入国际刑事法院管辖范围的原因，以及为什么恐怖主义罪行可以在国际层面进行判决。考虑到大多数国家对这种定义的最低限度的内容有共同的理解，因此本书尝试为这种争论提供了解决方案。回顾反人类罪的概念，可以发现恐怖主义与反人类罪之间存在表面上的近似性或相容性，并且可用"基地"组织成员所犯下的罪行进行类比。

---

〔1〕　Prosecutor v. Dusko Tadić, Case No. IT-94-I-T, ICTY T. Ch. II, para. 643 (May 7, 1997).

〔2〕　Prosecutor v. Mile Mrksic et al., Case No. IT-95-13-R6, 528-529 (April 3, 1996).

〔3〕　Prosecutor v. Dusko Tadić, Case No. IT-94-1, Decision on the Defense Motion for Interlocutory Appeal on Jurisdiction, para. 141 (Oct. 2, 1995).

以下将以"9·11"恐怖袭击为例，讨论《罗马规约》反人类罪是否适用于恐怖主义行为：

第一，攻击：《罗马规约》第7条要求必须有实际的攻击行为。[1] 此外，第7条第2款（a）项将"针对任何平民的攻击"定义为"一种行为方式"。涉及或根据国家或组织政策实施攻击，对任何平民实施或多次实施第7条第1款所述行为。因此，"9·11"袭击涉及第7条列举事项规定的反人类罪。

第二，适用于特定的恐怖主义行为：由于"基地"组织声称对劫持飞机负有责任，并将其中三架撞入世贸中心和五角大楼，因此很容易达到第7条的"攻击"要素。事实上，"基地"组织也曾犯有其他恐怖主义行为。关于适用第7条第2款，可以看作恐怖主义行为人实施了针对数千人的谋杀行为。

第三，特定犯罪与攻击之间的联系：第7条的这一部分提出了另一项要求，不会引起太大争议。本质上，所指控的罪行必须与针对平民人口广泛或系统的攻击有关。[2]

第四，适用于特定的恐怖主义行为："基地"组织成员的行径是针对美国平民的系统运动的一部分。[3] 总而言之，这些具体犯罪趋向一个更大的目标，这是一项持续不断的全球"圣战"。

第五，针对平民人口：这一要素相对简单明了，被告的行为与对平民人口的攻击之间必须存在联系。[4] 对"平民"一词作一般作广义理解，以涵盖一般人口。确定受害者"平民地位"的关键因素在于评估犯罪发生时他或她的地位。[5] "布拉季奇案"

---

〔1〕 Rome Statute, Art. 7.

〔2〕 Prosecutor v. Dusko Tadić, Case No. IT-94-1-A, para. 271（July 15, 1999）.

〔3〕 Prosecutor v. Dragoljub Kunarac, Radomir Kovac and Zoran Vukovic, Case No. IT-96-23, para. 100（June 12, 2002）.

〔4〕 Prosecutor v. Dusko Tadić, Case No. IT-94-I-T, ICTY T. Ch. II, para. 251（May 7, 1997）.

〔5〕 Prosecutor v. Blaskic, IT-95-14-T, para. 214.

（Prosecutor v. Blaskic）中法庭认为，目标"人口"中的大多数必须是平民，法庭根据受害人的实际情况而非军事身份确定了"平民"身份。显然，针对世贸中心和五角大楼的袭击针对的是"平民人口"，更确切地说，是纽约市和华盛顿特区的人口，有 3000 多人丧生，其中大部分是平民。虽然目标人群包括平民和非平民成员，但本质上是平民。

第六，在广泛或系统的基础上：根据《罗马规约》，所犯下的罪行必须是对平民的"广泛或系统的攻击"。[1] 但是，被告的行为并不一定既是"广泛"攻击又是"系统"攻击的一部分。满足其中一种要素即可。[2] "阿卡耶苏案"决定将"广泛"的概念定义为"大规模、频繁地采取行动，针对众多受害者"[3]。总而言之，既定的国际法学理论将"广泛攻击"一词等同于针对很多平民的攻击，而"系统的攻击"一词则是指借助预先设想的计划或政策精心策划的攻击。[4] 以"9·11"事件为例，从受害者人数、攻击对象、攻击规模来看，该恐怖主义行为都满足反人类罪行要素。

第七，政策或计划元素：如前所述，《罗马规约》第 7 条要求在实施危害人类罪时必须有一项政策或计划。"9·11"事件反映了"基地"组织拥有的层级结构和组织级别几乎可以毫不费力地实现政策或计划要素，恐怖主义团体或组织如"基地"组织可以成为反人类罪的实施者。在这方面，国际法的适用范围已经超越了以国家为基础的政策模式，从而扩展到了犯罪集团。

---

〔1〕 Prosecutor v. Dusko Tadić, Case No. IT-94-1-A, para. 271（July 15, 1999）.

〔2〕 Prosecutor v. Dusko Tadić, Case No. IT-94-1-A, paras. 646-647（July 15, 1999）.

〔3〕 Prosecutor v. Jean - Paul Akayesu, Case No. ICTR - 96 - 4 - T, para. 580（Sept. 2, 1998）.

〔4〕 Prosecutor v. Dusko Tadić, IT-94-1-T, para. 648（July 14, 1997）.

综上所述，恐怖行为能否构成反人类罪？答案是肯定的，但要符合如下条件：其一，从有关反人类罪的相关国际规则和判例可以推断出，恐怖主义行为可能属于此类犯罪，无论这些犯罪行为是在战争时期还是在和平时期实施的。其二，这些行为必须由以下行为组成：①谋杀；②重大痛苦；③身体或精神受到严重伤害；④酷刑；⑤强奸；⑥强迫失踪，即"被国家或政治组织或在其授权、支持或默许下"逮捕、拘留或绑架，然后拒绝承认或提供有关这些人的下落的信息，以期剥夺其应享有的长期的法律保护。

恐怖主义行为还必须符合反人类罪行的基本要求。因此，①恐怖主义行动必须是对平民的广泛或系统攻击的一部分；②犯罪者，除了基本罪行（谋杀、酷刑等）外，其行为还必须是广泛或系统攻击的一部分。在恐怖主义行为构成反人类罪的情况下，受害人可能会同时包括平民、武装部队成员、国家官员。公认的是，"国际刑事法庭规约"在赋予这些法庭关于反人类罪的管辖权时，规定此类罪行的受害者必须是平民。但是，这种限制在习惯国际法中无法找到，因此往往也被认为作为反人类罪的恐怖主义也可能针对军事人员和其他执法机构的成员。一般来说，现代国际人权法和国际人道法，其立法精神在于保护个人免受可怕的、大规模暴行的伤害。恐怖主义作为反人类罪也是如此，是符合国际人权法与人道法立法精神的。例如，"9·11"袭击纽约双子塔（几乎只容纳平民）的行为是反人类罪，一架民用飞机坠入华盛顿五角大楼（大多是政府官员、军事人员），由于受害者身份不同则区分为两种犯罪类别，这种区分方式反而是违反国际人道法的立法精神的。

就将恐怖主义行为定罪而言，从刑事法律的角度来看，所保护的重要法益在于公共安全，在于避免公共当局或个人被强迫做某事或不做某事，无论其受害者是平民还是其他具有官方身份的人。从某种意义上说，受害者的身份在将恐怖主义行为定为犯罪方面并不起关键作用。从现行国际法中显然可以看出，作为反人类罪必要的犯罪构成要素是对平民广泛或系统的袭击。这是合乎逻辑的，因为在和平时期对武装部队成员进行的广泛或系统的攻击只会构成武装冲突的一部分。如果攻击者在境内，则是内部冲突；如果来自外部，则是国际冲突。在武装冲突时期，视情况而定，攻击可能会、也可能不会构成一连串大规模违反国际人道法的行为。举例来说，如果在和平时期，一群恐怖分子除了对平民进行袭击之外，还对军事或警察人员实施暴行，例如轰炸军营、炸毁警察局、摧毁国防部的主要建筑物或绑架军人和使他们遭受酷刑或强奸，这些行为（谋杀、监禁、酷刑、强奸等）应列为反人类罪。同样，如果在武装冲突期间，武装团体或组织（甚至是一个国家），除了不分青红皂白地暴力攻击未参加敌对行动的平民和其他人之外，还将敌方武装分子俘获，并实施强奸或酷刑等暴力行为，这些暴力行为的目的是在敌对作战方中散布恐怖，上述行为通常被归类为战争罪行，可能会构成反人类罪。

从上述讨论来看，很明显，除上述客观因素外，恐怖主义行为的实施者还必须要考虑到恐怖主义作为犯罪的特定意图，即强迫公共机构或个人采取或不采取某种行动，这种目的可以通过在公众中引起恐惧和焦虑或通过其他犯罪行动来实现。总之，恐怖主义作为反人类罪的子类别，实质上构成了各种战争罪行的离散形式。

五、黎巴嫩特别法庭对"恐怖主义"罪行的独立界定

（一）确定适用法律范围

在对《黎巴嫩问题特别法庭规约》进行解释时，法庭的任务是确定规则的适当含义，以便尽可能充分、公正地实现其起草者

的意图，特别是法庭必须使似乎不一致的法律规定保持一致。这项任务应根据 1969 年《维也纳条约法公约》（以及相应的习惯国际法规则）第 31 条第（1）款规定的一般原则，条约解释必须符合善意原则（in good faith），既包括根据条约的条款在其上下文中的含义进行解释，也包括根据条约的目的和宗旨的一般意义上的解释。鉴于《黎巴嫩问题特别法庭规约》，这一原则要求在进行条约解释时必须以使法庭能够更好地实现其公平和有效司法为目标。然而，如果这一原则被证明是无用的，则应选择更有利于嫌疑人或被告人的解释，利用有利于被告的刑法的一般原则作为解释标准。与其他国际刑事法庭不同的是，其他国际刑事法庭都是根据《黎巴嫩问题特别法庭规约》对其管辖范围内的罪行适用国际法，而黎巴嫩特别法庭的法官的主要任务是在法庭管辖权的范围内适用黎巴嫩国内法。

因此，法庭的任务是在行使其主要管辖权时适用国内法，而不是像大多数国际法庭通常的做法那样，只有在行使其附带管辖权时才适用。根据国际判例法，一般来说，法庭将适用黎巴嫩法院的司法解释和黎巴嫩国内法，除非这种解释或适用是不合理的，或可能导致明显的不公正，或不符合国际法一般原则，则适用对黎巴嫩具有约束力的国际法规则。此外，当黎巴嫩法院对有关法律规则有不同或相互冲突的看法时，法庭可以对该法律进行解释，使其更为适当，并符合国际法规则。

（二）确定犯罪构成要素

关于恐怖主义罪迄今为止争议最多的问题就是关于恐怖主义罪定义的问题，在黎巴嫩特别法庭上诉分庭的决议中最关键的也是恐怖主义罪适用何种定义的问题。虽然《黎巴嫩问题特别法庭规约》中规定法庭将适用黎巴嫩国内法所界定的恐怖主义罪，但上诉分庭认为，黎巴嫩特别法庭有权在国际条约和习惯法的协助下对恐怖主义罪适用的黎巴嫩国内法进行解释。[1] 这偏离了《维也纳条约法公约》第 32 条所反映的条约解释的传统做法，其中法庭将适用《黎巴嫩问题特别法庭规约》条款的"普通意义"，除非案文被发现是不明确或模糊或导致明显荒谬或不合理的解释。由于《黎巴嫩问题特别法庭规约》明确规定，法院将根据黎巴嫩国内法对恐怖主义罪进行界定和审判，根据传统做法，诉诸辅助性解释手段只有在法院裁定有关方面仅仅适用黎巴嫩国内法存在不一致或模糊时才能适用。与上述传统方法不同的是，上诉分庭决议中说明，所采取的解释方法与"明白时不需解释"（*in claris non fit interpretation*）的法律箴言并不冲突，脱离背景的解释会背离文本的真实意思。上诉分庭采用了一种"符号学"（Semiotics）的解释方法，这种解释方法首先做出这样一种假设：诸如"恐怖主义"这样的术语不是历史上特定的词汇，其含义随着时间的推移会发生改变，同时随着社会发展变迁而发生变化。[2] 正如黎巴嫩上诉分庭的说明，这种解释方法承认随着社会、时间推移而改变的现实，并且认为法律的解释应随之发展并与之同步。[3]

因此，上诉分庭认为，在黎巴嫩承担的国际义务的背景下对黎巴嫩法律进行解释是适当的，在没有非常明确的法律条款的情况下，推定这种法律解释方法符合《黎巴嫩问题特别法庭规约》。这种解释方法使得上诉分庭可以根据习惯国际法来确定是否存在恐怖主义罪的定义。为此，上诉分庭认为，尽管许多学者和专家

---

〔1〕 Interlocutory Decision on the Applicable Law: Terrorism, Conspiracy, Homicide, Perpetration, Cumulative Charging, Special Tribunal for Lebanon Appeals Chamber, Case No. STL-11-01/I（Feb. 16, 2011），¶¶ 45, 62.

〔2〕 P. Scharf Michael, "International Law in Crisis: A Qualitative Empirical Contribution to the Compliance Debate", *Cardozo Law Review*, 31 (2009), pp. 45–50.

〔3〕 Interlocutory Decision on the Applicable Law: Terrorism, Conspiracy, Homicide, Perpetration, Cumulative Charging, Special Tribunal for Lebanon Appeals Chamber, Case No. STL-11-01/I（Feb. 16, 2011），¶ 21.

认为，由于对某些问题的观点存在明显分歧，目前没有被广泛接受的恐怖主义罪的定义，但是如果更仔细地审查恐怖主义罪在世界范围内的演变历史，会发现实际上已逐渐出现了对恐怖主义的广泛界定。根据对国家实践和"内心确信"（*opinion juris*）的审查，上诉分庭认为，习惯国际法对恐怖主义的定义包括以下三个关键要素："①犯罪行为（如谋杀、绑架、劫持人质、纵火等），或威胁进行这种行为；②意图在民众中传播恐惧（通常会危害公共安全），或直接或间接地胁迫国家或国际当局采取某些行动或不采取行动；③行为涉及跨国因素。"上诉分庭认为，根据黎巴嫩国内法以及习惯国际法的法律渊源，对恐怖主义进行界定时，攻击使用的具体手段并非构成恐怖主义罪或仅仅是谋杀罪的决定性因素。换而言之，使用步枪或手枪进行攻击虽然可能本身并不会对一般民众造成危险，但仍然属于黎巴嫩特别法庭的管辖权范围，这与黎巴嫩国内判例法恰好是相反的。

这是历史上第一次，国际法庭有权根据习惯国际法确认恐怖主义罪的一般定义。鉴于国际社会尚未就恐怖主义罪的一般定义达成共识这一传统观点，该决定几乎肯定会引发关于黎巴嫩特别法庭的结论是否正确的争议。由于这一决定是由一个国际法庭发布的，并由一位享有盛名的法学家所签署，所以这项决定本身可能被视为"历史性的时刻"，使在国际法上对恐怖主义进行界定成为现实。如果是这样，这项决定将对国际社会几十年来为制定一个可广泛接受的恐怖主义定义所做的努力产生重大影响。[1] 无法就一般定义达成协商一致的意见，国际社会在过去30年中取得了进展，通过十多项单独的反恐怖主义公约，将劫持人质、劫持飞

---

〔1〕 Michael P. Scharf, "Defining Terrorism as the Peacetime Equivalent of War Crimes: Problems and Prospects", *Case Western Reserve Journal of International Law*, 359 (2004), pp. 360-361.

机、海上破坏、攻击机场、攻击外交官和政府官员、袭击联合国
维和部队成员、使用炸弹或生化武器、使用核材料、为恐怖组织
提供财政支持等恐怖主义行为纳入了国际条约中，规定了"或引
渡或起诉"的国家义务。通过将十多项反恐怖主义公约列入联合
国大会和安理会反恐怖主义决议的序言条款，确认恐怖主义行为
犯罪行为和非法行为，联合国已经将这些公约所禁止的行为界定
为习惯国际法上的犯罪行为。然而，这些反恐怖主义公约的覆盖
面仍然是不足够的。例如，这些公约所禁止的行为不包括暗杀商
人、工程师、记者、教育工作者等，条约只是将对外交官和公职
人员的袭击列为禁止行为。此外，并没有覆盖针对客运火车或公
共汽车、供水或发电厂的除投放爆炸物以外的其他手段的攻击或
破坏活动，仅仅覆盖了对飞机或远洋客轮进行袭击的活动。此外，
条约并不包括大多数形式的网络恐怖主义活动。此外，不涉及身
体伤害的精神损害，即使在公共场所放置假炸弹或通过邮件发送
伪造炭疽也可能是对公共人口的实际攻击，并且也会导致损害。
值得注意的是，黎巴嫩特别法庭上诉分庭指出，习惯国际法规则
可以解释为对国家施加的一项义务，以起诉那些根据习惯国际法
犯下恐怖主义行为的人。[1] 这将包括弥补十多项反恐怖主义公约
覆盖面以外的漏洞。

此外，联合国安理会第 1373 号决议禁止资助恐怖主义，但没
有对禁止行为给出明确的界定，[2] 上诉分庭对恐怖主义罪的一般
界定可能有助于更有效地执行这一重要决议。黎巴嫩特别法庭根
据对黎巴嫩具有约束力的国际条约、国际惯例、习惯国际法，对

---

〔1〕 Interlocutory Decision on the Applicable Law: Terrorism, Conspiracy, Homicide, Perpetration, Cumulative Charging, Special Tribunal for Lebanon Appeals Chamber, Case No. STL-11-01/I (Feb. 16, 2011), ¶ 102.

〔2〕 S. C. Res. 1373, U. N. SCOR, 56th Sess., 4385th mtg., U. N. Doc. S/RES/1373 (2001).

适用黎巴嫩国内法的恐怖主义犯罪进行界定与法律解释。根据黎巴嫩国内刑法，恐怖主义罪的客观要素如下：①不构成刑法其他条款下的犯罪行为；②使用"可能危害公共安全"的手段。这些手段在说明性列举中指出：爆炸装置、易燃材料、有毒或燃烧物质、传染性或微生物制剂。根据黎巴嫩判例法，这些手段不包括如下未列举的工具：枪、机枪、左轮手枪、炸弹或刀等。恐怖主义的主观因素是具有造成恐怖状态的犯罪意图。虽然《黎巴嫩问题特别法庭规约》第2条规定黎巴嫩特别法庭适用黎巴嫩国内法，但法庭为了更好地解释黎巴嫩国内法，国际法也应作为法律渊源。在这方面，可以考虑两套规则：黎巴嫩已经批准的《阿拉伯联盟制止恐怖主义公约》与和平时期关于恐怖主义的习惯国际法规则。《阿拉伯联盟制止恐怖主义公约》要求缔约国在防止和制止恐怖主义方面进行合作，并为此目的对恐怖主义进行界定，同时使每一缔约国有权根据本国国内法实行镇压恐怖主义的措施。将黎巴嫩法律中与《阿拉伯联盟制止恐怖主义公约》中"恐怖主义"的概念进行比较，会发现两个概念具有两个共同要素：①共同的客观要素；②要求具有散布恐怖或恐惧的犯罪意图。然而，《阿拉伯联盟制止恐怖主义公约》的定义比黎巴嫩法律的定义范围更加广泛，因为它不要求以特定的手段、工具来实施恐怖主义行为。在其他方面，《阿拉伯联盟制止恐怖主义公约》中恐怖主义的概念又更为狭窄：要求恐怖主义行为须是暴力犯罪，并且排除了在民族解放战争期间的行为。

根据相关国际条约、联合国决议以及各国的法律和司法惯例，黎巴嫩上诉分庭认为，有令人信服的证据表明，和平时期的习惯国际法规则中已经演化出了恐怖主义罪，其基本要素主要有：①具有犯罪意图（*dolus*）的犯罪行为；②具有传播恐惧或胁迫权威的特殊意图（*dolus specialis*）；③实施犯罪行为；④所实施的恐怖主义行为涉及跨国因素。仍然有少数国家坚持恐怖主义定义的例外，这些国家可以被视为持久反对者。将黎巴嫩刑法所界定的恐怖主义罪行与习惯国际法所规定的恐怖主义罪行进行比较，习惯国际法中关于界定执行恐怖主义行为的手段范围方面更为广泛，不限于国际法规则：①只限于和平时期的恐怖主义行为；②它需要一种潜在的犯罪行为和意图实施该行为；③包含跨国因素。在充分尊重黎巴嫩法院关于审理恐怖主义犯罪案件的判例时，法庭也需要考虑到恐怖主义犯罪的独特性、严重性与跨国性，安理会认为这些案件是特别严重的国际恐怖主义行为，正因为如此才应设立国际法院。因此，为了认定这些犯罪事实，法庭有理由在一方面适用黎巴嫩刑法关于恐怖主义罪的定义的同时，适用比黎巴嫩判例法更广泛的国际法规则。虽然黎巴嫩法院认为必须存在刑法中所列举的一种手段实施恐怖主义攻击，但黎巴嫩刑法本身就表明了，所列犯罪行为的清单是说明性的，而不是详尽无遗的，因此也可能包括诸如手枪、机械枪支等，视情况而定。唯一必要要素是，用于进行恐怖主义攻击的手段可能造成公共危险，或者通过使旁观者受到伤害，或以报复方式、使政治不稳定的方式进一步发动暴力。对黎巴嫩法律的这种解释更好地解决了当代恐怖主义的多种犯罪方式的问题，并使黎巴嫩法律与对黎巴嫩具有约束力的相关国际法更加一致。因此，法庭采用的解释方法不违背合法性原则，其合法性鉴于以下原因：①这种解释符合黎巴嫩法律明确界定的罪行；②特别是鉴于《阿拉伯联盟制止恐怖主义公约》和黎巴嫩批准的其他国际条约，黎巴嫩对这些国际条约也发布了官方通报；③因此，被告人可以合理地预见犯罪所要承担的刑事责任。

总而言之，根据上述原则，法庭适用的恐怖主义罪的界定包括以下内容：①恐怖主义犯罪行为的存在；②采用可能危害公共安全的手段或方式；③犯罪者具有造成恐怖状态的意图。考虑到恐怖主义犯罪界定的要素不需要基础罪行（underlying crime），导致死亡的恐怖主义行为的犯罪者在对恐怖主义行为负刑事责任外，死亡是一种加重处罚的情形；此外，如果犯罪者具有对该罪行所必需的犯罪意图，则犯罪者也可以并且独立地对该犯罪行为负责。

（三）界定恐怖主义罪行

2011 年 2 月 16 日，黎巴嫩特别法庭上诉分庭裁定，恐怖主义已成为习惯国际法中的一种犯罪行为，这是担任上诉分庭法官，同时也是著名国际法学家的安东尼奥·卡塞斯法官所提倡的。[1] 这是国际法院首次采取这种立场。上诉分庭对有关恐怖主义的国际法律标准进行分析，得出的结论是，国际恐怖主义罪行具有三个要素：①犯下犯罪行为（例如杀害、绑架、劫持人质等），或威胁这样做；②意图在民众中散布恐惧或强迫国家或国际当局做某事或不做某事；③具有跨国因素。尽管黎巴嫩特别法庭的决定因各种理由而受到争议，但该决定是朝着根据国际法确认恐怖主义为罪行迈出的重要一步。

对黎巴嫩特别法庭决定的争议可以概括为两方面：一方面，没有理由适用国际法；另一方面，恐怖主义虽然已接近成为一种国际罪行，但它不是"真正的"国际罪行。许多学者认为没有足够的证据表明国家惯例和意见支持习惯国际法中的恐怖主义定义。

首先，将黎巴嫩特别法庭的决定作为评估国际法中恐怖主义理论方法的跳板。有必要回答是否确实存在将恐怖主义作为国际罪行的习惯国际法，或者这种纳入是否仅代表黎巴嫩特别法庭上诉分庭法官的"一厢情愿"。得到的结论是，由于国际刑法没有采用严格的合法性原则，而现行的习惯国际法标准趋于更加进步，因此恐怖主义应当被视为国际罪行。将揭示承认恐怖主义为国际

---

〔1〕 Antonio Cassese, *International Criminal Law*, Oxford: Oxford University Press, 2003, pp. 162–69.

罪行的后果，该论点提出，将恐怖主义定为刑事罪行符合国际刑事司法的目标，特别是因为国际刑事司法的目标之一就在于对恐怖主义分子进行公正审判，并且在减少恐怖主义方面产生重要的威慑作用，以期降低未来恐怖袭击的风险。

在有关恐怖主义的讨论中，有一个常见的说法是"一个民族的恐怖分子可能是另一个民族的自由战士"。是否有可能在大量国际文件的各种定义中找到最能准确反映有关恐怖主义的定义？有可能，但找到一个好的恐怖主义定义并不能解决真正困扰当代国际法学者的难题：如何将恐怖主义行为与自由战士的合法行为区分开？因此，在本章第二部分中，将提出不同类型的问题：根据国际法，哪些刑法免责条件适用于恐怖主义？国际社会过分强调寻找恐怖主义的"正确"定义，而实际上，恐怖分子和自由战士的行为之间的区别在于确定这些行为的可能理由。这些辩护包括革命权、战士地位、自卫权和必要性等。

需要注意的是革命权问题，然而革命权问题经常被忽略，究其原因主要有三个：第一个原因是西方国家的全球统治地位，这些国家很久以前经历了革命。最重要的事件包括美国独立战争（1775—1783 年）、法国大革命（1789 年）和欧洲革命（1848年）。即使在 21 世纪，革命也在发生，并且这种情况将持续到最后一个暴君从地球上消失为止。忽略革命权的第二个原因可能是，没有革命性使用武力理由的完整标准清单。第三个原因是，战争法和人权法在 20 世纪逐步发展时，革命权并未纳入国际条约法。本章的结论是，或许应将革命权视为固有权利和一般法律原则。

当代国际法将革命权的一个方面纳入了自决权之下，这允许对殖民统治、外国人占领和种族主义政权使用武力。但是，自决权不包括其他被困国家遭受其政府严重压迫的情况。

最后，如果未来的国际惯例遵循黎巴嫩特别法庭的裁决，承认恐怖主义是国际法所规定的罪行，那么必须确定以下问题：哪些行为是恐怖主义？哪些行为是合法的自由斗争？本章将对此进行系统深入的研究与探索。

界定"恐怖主义"的问题已经困扰了国际社会数十年。联合国大会一再呼吁召开一次国际会议，界定恐怖主义，并将其与促进民族解放斗争的合法行为区分开来。2007 年 1 月和 2 月黎巴嫩政府和联合国分别签署了《联合国和黎巴嫩共和国关于设立黎巴嫩问题特别法庭的协定》。根据 2007 年 5 月 30 日安理会通过的第 1757 号决议的规定，设立黎巴嫩特别法庭的工作于 2007 年 6 月 10 日开始启动。黎巴嫩特别法庭主要对参与 2005 年谋杀前总理拉菲克·哈里里的人进行审判。法庭审判的被告不是大规模谋杀或反人类罪的犯罪者，而是实施暗杀等"令人发指的恐怖主义行为"的犯罪者。黎巴嫩特别法庭建立及其审判进一步丰富了在惩治恐怖主义犯罪方面的国际刑法理论与实践。

通过比较不同的多边条约对恐怖主义的描述，可以讨论"跨国"恐怖主义犯罪的犯罪要素。但是，国际条约并没有对恐怖主义罪的主观和客观要素作出详细规定，而是将这些条款留给缔约国的国内法。区域协定也是如此。除了早期的恐怖主义公约之外，这一实践表明，国家和国际文书中国家使用的恐怖主义定义通常有两个或更多的层次：第一，基本的行为，通常是一种刑事犯罪；第二，胁迫国家或国际组织的目的，以及/或在人群中引起警报的目的。有时还增加了政治或意识形态动机的要求，与国际恐怖主义有关，这是一个跨国境性质的行为（不应限制其对某一国家的影响）。

最终上诉庭裁决中认为，法庭必须适用黎巴嫩法律所界定的恐怖主义罪行。在习惯国际法与黎巴嫩刑法中，对恐怖主义犯罪的规定有两个重大差别：其一，在习惯国际法中，基本行为（underlying crime）必须是一种犯罪，这意味着除了恐怖主义罪行所需的特殊意图外，犯罪者还必须拥有犯罪所需的犯罪意图。相反，根据黎巴嫩 1958 年 1 月颁布的刑事法律第 6 条规定：死亡、财产损害等犯罪结果构成恐怖主义犯罪的加重情节；因此在提交法庭的案件中，检察官只能证明，除了"造成恐怖状态"的特殊意图之外，其基本行为也是具有犯罪意图的。其二，根据黎巴嫩刑法，用于实施恐怖主义行为的手段必须具有危害公众安全的主观要素。过去黎巴嫩法院对"可能造成公共危险的手段"类型进行了狭义的解释。根据对黎巴嫩具有约束力的国际法和根据所提交案件的具体情况，黎巴嫩特别法庭对"可能造成公共危险的手段"采用较宽泛的解释。

《黎巴嫩问题特别法庭规约》明确提到了仅适用黎巴嫩刑法。因此，法庭在适用恐怖主义行为概念时应考虑《黎巴嫩刑法》第314 条。然而，在解释《黎巴嫩刑法》第 314 条和其他有关规定时，不得忽视对黎巴嫩具有约束力的国际法。《黎巴嫩刑法》第314 条按照国际法解释，规定了恐怖主义犯罪的如下构成要素：①有意识地实施犯罪行为；②采用可能造成公共危险的手段；③具有造成恐怖状态的意图。

考虑到在法庭适用的恐怖主义概念的构成要素不需要故意杀人罪等基本罪行，导致死亡的恐怖主义行为的犯罪者将负刑事责任（假定符合上述讨论的其他要素），根据 1958 年刑事法律第 6条，死亡是加重处罚的情形。此外，犯罪者独立地对基本犯罪行为负责，例如杀人或企图杀人。必须根据该罪行的要素审查其对基本犯罪的责任，特别是确保犯罪者具有直接或间接意图。简而言之，被告对恐怖主义罪行和基本犯罪，例如故意杀人或企图杀人罪的责任必须单独评估。

虽然国际社会对"恐怖主义"一词没有达成定义共识，但《制止向恐怖主义提供资助的国际公约》却已经被国际社会广泛接受、认同。《制止向恐怖主义提供资助的国际公约》通过提及禁止资助的行为来界定恐怖主义，[1] 第 2 条第 1 款 (b) 项与犯罪者的身份无关，因此适用于国家/非国家行为体。黎巴嫩特别法庭最终得出的结论是，条约、联合国安理会决议、法律和国家判决表明，即使在和平时期，也要形成以国家实践为依托的界定方法，以建立与恐怖主义犯罪有关的习惯国际法。最终黎巴嫩特别法庭确认了恐怖主义行为的以下三个关键要素：①实施犯罪行为（例如谋杀、绑架、劫持人质、纵火等），或威胁进行这种行为；②意图在民众中散布恐惧（通常会造成公共危险），或直接或间接地胁迫国家或国际当局采取某种行动或不采取这种行动；③当该行为涉及跨国因素时。

小 结

"9·11"事件之后，打击国际恐怖主义成为新的国际优先事项。然而，在国际社会中"恐怖主义"定义仍然不明确，各国尚未就恐怖主义的普遍定义达成共识。实际上，在 1995 年 12 月 11 日通过的大会关于《消除国际恐怖主义的措施》的第 53 号决议中，将"恐怖主义"界定为：旨在或故意煽动犯罪的犯罪行为，在任何情况下，无论出于政治、哲学、意识形态、种族、族裔、宗教或其他可被用来辩解的考虑，使公众处于恐怖状态。尽管上述定义看似广泛，但并未被国际社会广泛接受。普遍接受的恐怖主义定义的主要障碍是恐怖主义的犯罪构成要素，联合国在定义恐怖主义时特别回避了恐怖主义的犯罪构成。一个显著的例子是联合国安理会关于打击恐怖主义行为对国际和平与安全的威胁的国际合作的第 1373 号决议，这是反恐斗争的里程碑性法律文件。该文件明确谴责国际恐怖主义行为，并明确指出任何国际恐怖主义行为都是对国际和平与安全的重大威胁，但未能提供恐怖主义

---

[1] Financing of Terrorism Convention, Article 2.

的定义。事实上,大多数国家对国际恐怖主义应当包含哪些要素有共同的看法。基于大多数国家对恐怖主义的定义或大多数国家对该概念的理解,有两个要素是必不可少的:以平民作为攻击目标和存在意识形态或政治目的。前者需要就战斗人员与非战斗人员之间的区别以及与日内瓦公约有关的一系列问题进行认真的辩论。后者与恐怖主义背后的动机联系在一起,并朝着一种标准出发,该标准违背通常的犯罪行为模式,着眼于恐怖分子的信仰体系、宗教动机或政治议程等内在的维度。

追究国际恐怖主义的刑事责任

一、国际层面追究恐怖主义刑事责任面临的困境

自 20 世纪末以来，国际恐怖主义已成为对国际和平与安全的全球威胁。现代恐怖主义主要有两个鲜明特征：第一个鲜明的特征是国际恐怖主义组织的出现。国际恐怖主义组织追求自己的经济和政治利益，并经常独立于国家行事。他们拥有的资源使他们能够控制某些领土，卷入世界不同地区的武装冲突，与跨国犯罪集团合作以及在某些情况下影响国家的政治决策。第二次世界大战后，国际法和国际人道法的主要重点是规范国家之间的关系，包括在防止武装冲突方面的合作与努力，应对涉及国际恐怖主义组织的武装冲突方面的法律准备还不够充分。第二个鲜明特征是某些国家和国际恐怖主义组织开始合作，这种合作具有隐蔽性特征且难以被证明。国家与国际恐怖主义组织之间的关系具有不同形式，主要包括如下几种：

其一，积极支持。国家协助非国家组织计划和实施恐怖袭击，提供后勤或物资支持。国家可以通过第三方与国际恐怖主义组织保持联系，并向其提供资金、武器、组织支持和其他形式的援助。这种合作是基于国家和国际恐怖主义组织可能具有的共同政治利益。但是，国家不控制恐怖主义组织的行为。缺乏控制正是这种合作形式与以下合作形式之间的区别。其二，利用国际恐怖主义

组织作为战争手段。当国家不仅支持国际恐怖主义组织而且对其活动也进行直接有效控制时，就属于这种合作形式。国际恐怖主义组织被各国用作战争的秘密武器。苏联解体改变了世界各地的地缘政治局势，许多以前遵循苏联或美国外交政策的国家在当前全球政治中扮演了更为独立的角色。某些国家没有足够的军事和经济资源直接面对美国等西方国家，因此利用恐怖主义作为影响敌对国家的有效机制，并借以这种方式逃避国际责任。其三，消极容许。当国家不提供直接支持或与国际恐怖主义组织没有联系时，就会发生这种合作形式。但是，他们没有采取任何行动来打击在其领土设立训练营并向金融机构注资的国际恐怖主义组织。通过提供消极容许，各国希望投资犯罪能对其国内经济产生积极影响，并确保本国的社会稳定。因此，他们既不对恐怖主义组织采取执法措施也不采取军事措施。其四，无力打击。在这种情况下，一国政府无法控制其部分领土而无法有效行使其权力，国家没有打击国际恐怖主义的能力。

除了客观的政治问题外，还有一系列国际法问题也对打击恐怖主义国际体系的良性发展存在不利影响。第一个问题是，缺乏有效的国际法律适用机制能够要求国际法主体追究国际恐怖主义组织的国际刑事法律责任。如果每一个国家仅在其国家管辖范围内采取行动，就无法确保对在多个区域中行动的国际恐怖主义组织采取足够和有效的应对措施。一个国家对国际恐怖主义组织及其成员的判决通常无法在其他国家产生法律效果，无法在其他国家执行。虽然目前许多国家都将恐怖主义列为刑事犯罪行为，但是，各国法律存在很大差异，国际恐怖主义可以利用这些差异，寻找避风港进行犯罪活动。第二个问题是，某些国家和国际恐怖主义组织的合作方式使国际反恐合作机制的建立变得更加困难，甚至不可能。各国可能会提出各种论点，以避免加入国际条约，或者不采取实际步骤来促进此类条约下的合作。那些不控制、不打击国际恐怖主义行为的主动支持或消极容许的国家通常也不承认其与国际恐怖主义的关系。毫无疑问，政治谈判在建立国际合作关系和解决国际冲突中起着重要作用。但是，谈判没有直接的法律效力。因此，为了追究支持国际恐怖主义组织的国家的责任，必须设计一种澄清其立场的法律机制。基本思路是制定有效的国际法律和法规，不仅打击特定的恐怖袭击或个别恐怖分子，而且特别打击国际恐怖主义组织。有了这样的规定，国际社会将能够采取预防措施并有效打击国际恐怖主义组织。

二、国际法下恐怖主义的犯罪主体类型

"恐怖主义"一词起源于拉丁文"恐怖的统治"（*Regime de la Terreur*），当今时代恐怖主义已经发展为全球性恐怖主义，不仅仅限于一个国家。恐怖主义行为是由个人实施的，但其主要是为了实现其政治、宗教或商业目标而执行国家或非国家行为体的团体意图。恐怖主义根据其主体性质可以分为两类：一类是国家恐怖主义；另一类是非国家角色。

第一类是政府、准政府机构和人员通过将恐怖主义作为外交政策和将恐怖主义作为国内政策来对付其敌对势力的国家恐怖主义。国家支持的恐怖主义通常是秘密的，由国家提供资助或为恐怖主义提供援助，例如根据政府命令进行的国际暴力，或在政府的鼓励和支持下实施国际暴力。在 20 世纪后半叶，各国政府不以恐怖主义为手段，也不将恐怖主义作为外交政策的手段，因为各国并不总是能够部署常规武装力量来实现战略目标。作为外交政策的恐怖主义是通过以下方式实现的，例如通过支持国的代理人提供政治、意识形态或宗教输出；通过自己的独立资源提供财务支持；向恐怖主义组织提供武器、军事训练；直接提供虚假文件、避风港；通过发出具体指示进行恐怖袭击；并利用其情报部门和安全部队的机构直接进行恐怖袭击。

第二类，参与恐怖主义活动的另一个关键角色是非国家角色，它们在非国际武装冲突中越来越重要。此种恐怖主义也可以被标记为持不同政见的恐怖主义，具有许多反政府主义性质。在大多数情况下，这种恐怖主义也具有与国家恐怖主义类似的政治主线。这种非国家行为体可能是叛乱分子，或与国家交战，甚至从事社会恐怖主义，但特点略有不同。叛国分子采取恐怖手段，经常利用或威胁使用旨在彻底革命的政治暴力。反对国家的团体的目标是打击国家及其机构，而他们可能对新社会有清晰或模糊的看法，或者有简单的获利动机。近来动摇国际社会良知的一种恐怖主义是种族、民族主义的恐怖主义所造成的广泛暴力，这种暴力甚至发展成为种族灭绝行为，大规模违反国际人道法、国际人权法。宗教恐怖主义也从 20 世纪末和 21 世纪初开始呈上升趋势。

无论涉及恐怖主义行为的主体如何，恐怖主义在全球化时代都获得了全新的发展，并由于新信息技术的发展导致了政治暴力的全球化。可以毫不夸张地说，"国际恐怖主义是当今世界舞台上政治的决定性因素之一。"[1] 在新时代，由于涉及国际利益和国际目标等因素，国内冲突甚至也发展成为国际恐怖主义，引起国际社会越来越多的关注。造成这种情况的主要原因之一是，自 1945 年以来世界体系和政治关系的结构和性质发生了变化，世界强国和联合国对欠发达国家事务的兴趣与日俱增，同时伴随着国际武器贸易的发展。不断发生的非国际性武装冲突证明，内战如何能够仅通过交战方政治地位的变化而轻易地变成国际战争。目前，军事技术在本质上不可避免地破坏社会基础设施并造成平民人口的伤亡，可能涉及镇压、谋杀、强奸、饥荒、恐怖主义、种族灭绝和使之流离失所等侵犯人权情形。界定恐怖主义的复杂性

---

〔1〕 韩晋、刘继烨：《"敌人刑法"的国际刑法法规范诠释——基于防御国际恐怖主义犯罪的思考》，载《武大国际法评论》2018 年第 5 期。

不言而喻，实际上，所有归类于恐怖主义的行为都被视为具有政治性质。政治立场没有绝对的标准，因此西方国家和发展中国家之间在恐怖主义认识上存在很大差距，这是基于它们之间的历史差异，前者坚决相信民主正义是一种规范，而后者认为与诸如反殖民主义、叛乱等其他原因作斗争时，恐怖主义也可能是一种合法的战争手段。因此，恐怖主义行为仅是根据部门条约处理，部门条约的成员有义务根据国内法对此类行为予以惩处。但是与此同时，这种恐怖行为实际上是政治暴力，因为它们主要是为了实现各自的政治目标而实施的。这种行为的背景还包括从单一行为到在指定领土内持续发生的暴力行为，甚至包括对犯罪者具有象征意义的任何其他领土，此类暴力涉及违反国际人道法、国际刑法，需要在国际人道法、国际刑法框架下对恐怖主义行为进行充分系统的研究。

三、关于恐怖主义组织的认定

（一）介绍

由于国际社会对于恐怖主义的判定存在分歧，因此在恐怖主义组织的认定上也必然存在相应的分歧。特别是由于政治立场不同，一个国家在恐怖主义组织的认定上，必然以维护本国国家利益与国家安全（包括作为其核心的社会政治制度）为标准，因此对某一组织是不是恐怖主义组织，不同的国家难免会有不同的看法。

首先，需要对"有组织犯罪/团体"和"恐怖主义组织/团体"的定义进行概念性讨论。区分"有组织犯罪/团体"和"恐怖主义组织/团体"相互关联的四种类型，并研究两种特殊类型的混合组织。本部分首先概述了 20 世纪 90 年代中期联合国预防犯罪和刑事司法委员会编写的《关于跨国有组织犯罪集团与国际恐怖主义组织之间联系的背景报告》[1]的主要发现，分析这两种类型组织之间的关键区别和相似之处。在 20 世纪 90 年代中期，跨国有组织犯罪集团和恐怖主义组织绝对是截然不同的，然而今天的情况已经发生了变化，国际恐怖主义犯罪已经出现了新特征。从目前的情况来看，"有组织犯罪/团体"和"恐怖主义组织/团体"的招募越来越多的针对青年群体。另外在监狱中，越来越多的普通的罪犯和其他"有组织犯罪/团体"成员被已定罪的恐怖分子激化。此外，值得注意的是，撒哈拉以南非洲的局势，一些走私和贩运网络与恐怖主义组织网络具有混合性。自 20 世纪 90 年代中期以来，有组织犯罪和恐怖主义活动犯罪均有所增加，但其主要原因并非在于恐怖主义组织与有组织犯罪集团之间越来越广泛的联系，而在于其内部的发展。"恐怖主义组织/团体"采取更加有组织的犯罪手段，"有组织犯罪/团体"采取恐怖主义手段，更重要的是全球化和互联网作用等因素加剧了上述两种犯罪类型相互融合的趋势。"恐怖主义组织/团体"和"有组织犯罪/团体"之间的联系是国际社会面临的重要问题，此外，越来越多的政治权力作为第三方参与其中，恐怖主义被某些国家用作工具和手段。

关于恐怖主义组织与有组织犯罪集团之间的联系、共生和融合，已有很多相关材料。[2] 然而，很少有文献讨论这种关系，以明确定义这些概念。诚然，关于概念的讨论可能是乏味的，其结果通常是不确定的。但是，如果没有对"有组织犯罪"和"恐怖主义"这一有争议概念的问题与性质的基本了解，那么就这两种现象及其联系取得结论的可能性就很小。克劳斯·范·兰佩（Klaus von Lampe）从学者和政府那里收集了 200 多种不同的"有

---

　　[1]　Alex P. Schmid, "The Links Between Transnational Organized Crime and Terrorist Crimes", *Transnational Organized Crime*, 2（1996）, pp. 40-82.

　　[2]　博汉仕：《新型犯罪和非法市场：亚洲的跨国犯罪》，陈波译，载《河南警察学院学报》2017 年第 5 期。

组织犯罪"定义，而约瑟夫·埃森（Joseph Easson）和亚历克斯·施密德（Alex Schmid）收集了 250 多种学术和政府对"恐怖主义"的定义。将一个现象的 200 个定义中的任何一个与另一个现象中的 250 个联系起来，已经产生了 50 000 种组合，从理论上讲，每种组合都可以得出关于恐怖主义与有组织犯罪之间亲密程度的不同结论。如果不比较定义，而是比较现实世界中的实际恐怖主义组织和有组织犯罪集团，则可能的组合数量甚至更多。[1] 首先，这里简要介绍一下棘手的定义问题。接下来，将着眼于当时和现在的有组织犯罪集团和恐怖主义组织，而后集中讨论它们之间的异同。

（二）作为跨国有组织犯罪的恐怖主义

各国被边界隔开，不仅划分领土，而且标志着不同的经济发展水平、不同的物价水平、不同的政治文化和不同的法律制度，对某些形式的犯罪有不同的惩罚。利用各国之间的差异性是跨国有组织犯罪的主要特征。随着全球化浪潮、国际交往的密切、边界控制的减少、电子银行业务的增加、海外避税天堂的增长、互联网的迅猛发展，加剧了跨境难民的流动，这些都是导致有组织犯罪在 21 世纪增长的重要因素。20 世纪 90 年代中期，主要的有组织犯罪集团仍然是按等级划分的组织，[2] 这反映在从事盗窃、绑架勒索、贪污、腐败、洗钱或清算的危险工作之间的划分中。"计划者"即制定、资助和掩盖有组织犯罪项目的人和犯罪组织中的最高者（通常在较高政治级别上运作）。这些最高者，表面上过着体面的生活，并与媒体、娱乐、政治、公共行政、司法、金融和商业等领域的精英看起来没什么不同，以购买影响力并获得保

---

〔1〕 Alex P. Schmid, ed., *The Routledge Handbook of Terrorism Research*, London and New York: Routledge, 2011, pp. 355-442.

〔2〕 United Nations Office on Drugs and Crime, Crime Trends: Results of a Pilot Survey of 40 Selected Organized Criminal Groups in 16 Countries, 2002, p. 20.

护，他们与实际犯罪相距甚远。这一发现反映出有组织犯罪已经渗透到了上层社会。[1] 如今，这一发现已被广泛认可。可以得出的结论是，政治与犯罪之间的界限是模糊的，犯罪组织在一些国家已经能够破坏政府的权威。

随着全球化的发展，国内事件与国际事件之间的差异已经变得有些模糊，实际上，许多跨国恐怖事件都是出于国内动机，例如，一国境外敌对流亡人员出于政治目的占领该国的国外使馆。就跨国事件而言，对恐怖主义的讨论只会产生误导，因为这些事件不可能作为与特定民族国家分开的现象而存在。关于国际恐怖主义，实际发动袭击的人要么是在将要发生袭击的国家招募的，要么是几个月或几年前被派往那里的，然后作为"沉睡者"，当他们被激活时，他们甚至不会被告知发生特定恐怖袭击的真实原因和背景。那些准备发动袭击的人会给他们指示，在发动袭击之前，从何处获得武器以及从何处放下武器并离开该国。最高层的计划者甚至没有进入计划攻击的国家，互联网的发展更是为渗透者提供了庇护所。

许多研究人员将"9·11"事件视为分水岭，对"旧"和"新"恐怖主义进行了区分。这种区别仅在一定程度上是有效的，因为这种变化也一直存在，并且许多变化是渐进的而不是突然的。例如，在20世纪70年代和80年代引入的自杀式恐怖主义确实在"9·11"事件之后才如雨后春笋般层出不穷，现在已成为"新"恐怖主义的标志之一。1974年至2016年，记录了40多个国家的5430起自杀式袭击。[2] 出于宗教动机的恐怖主义的兴起也始于20世纪80年代初，但直到20世纪90年代中期才开始大规模出现。

---

〔1〕　Alex P. Schmid, *Dirty Business*: *The Threat of Organized Crime to Business as Usual*, Rotterdam: Erasmus University, 1992, pp. 10–37.

〔2〕　50 Suicide Attack Database, University of Chicago, http://cpostdata. uchicago. edu/search_new. php.

"9·11"事件之前,阿富汗"基地"组织的恐怖主义分子不超过400名,今天在12个国家中,据统计,"基地"组织的战斗人员数量增加了一百倍。[1]

在20世纪,除了塔利班以外,没有一个使用恐怖主义来控制部分领土的团体长期存在。如今,这种情况也发生了变化,最有代表性的是"伊斯兰国",该组织在其权力鼎盛时期统治着伊拉克和叙利亚超过600万人口,同时也吸引了超过30 000名外国战斗人员。[2] 当前,在2001年底被击败并不得不逃往巴基斯坦的塔利班在阿富汗重返部队,并在不同程度上活跃于该国70%的领土上。[3] 截至2018年,"基地"组织在2011年被重创(在本·拉登被杀之后),但据估计其附属机构成员仍有超过35 000名的战士,在不同程度上控制着叙利亚、也门、埃及、利比亚、马格里布、索马里、印度尼西亚、阿富汗、巴基斯坦、印度、孟加拉国和缅甸的领土。[4] 从这个意义上讲,世界范围内的恐怖主义已经产生了质的变化,新的非国家武装团体已经成立,主要是在中东,在亚洲和非洲部分地区也是如此。

(三)"有组织犯罪"与"恐怖主义"比较研究

在过去的20年中,至少在部分方面发生了变化的一件事是在定义领域。在2000年之前,还没有国际公认的(即得到联合国大会批准的)"有组织犯罪"或"(国际)恐怖主义"的法律定义。现在至少有一个《联合国关于恐怖主义的定义草案》(UN Draft Def-

---

〔1〕 Bruce Hoffman, "Al Qaeda's Resurrection", *Council on Foreign Relations*, 6 (2018).

〔2〕 Alex P. Schmid and J. Tinnes, "Foreign (Terrorist) Fighters with IS: A European Perspective", *The International Centre for Counter-Terrorism -The Hague*, 8 (2015).

〔3〕 Http://www.bbc.com/news/world-asia-42863116.

〔4〕 Bruce Hoffman, "Al Qaeda's Resurrection", *Council on Foreign Relations*, 6 (2018).

inition of Terrorism），并在 2000 年的《联合国打击跨国有组织犯罪公约》（即《巴勒莫公约》）中确定了"有组织犯罪集团"的定义。

　　首先回顾一下 1993 年联合国预防犯罪和刑事司法委员会的报告，将有组织犯罪定义为："……通过非法手段进行的经济贸易形式，包括威胁和使用武力、勒索、腐败和其他手段以及使用非法商品和服务。"[1] 由于《巴勒莫公约》必须适应联合国成员的意愿和关切，因此有组织犯罪的定义更精确。《巴勒莫公约》的起草者只能就定义"有组织犯罪集团"（organized criminalgroup）而不是"有组织犯罪"（organized crime）达成共识。公约指出，"有组织犯罪集团"是指一个由三个或三个以上人员组成的结构化团体，存在一段时间，并协同行动，犯下一项或多项根据该公约确立的严重罪行，以便直接或间接地获得经济或其他物质利益。[2] 这个定义更侧重于"组织"的类型，而不是"犯罪"的类型，仍然含糊不清，可以说这是一个依然存在问题的定义。由两个以上的人共同实施的罪行，只要在某种程度上包含"跨国"因素，就可能受制于《巴勒莫公约》。[3] 可见，这个定义的适用，不仅涵盖普通的有组织犯罪，也涵盖来自上层社会的白领犯罪，例如在商业公司或政府中。这个定义依然存在界定不清的问题，因为该定义没有提到有组织犯罪团体的"共谋"（conspiracy）、秘密性组织等社会特征，但是，该定义在国际刑法中具有一定价值。不过，《巴勒莫公约》的定义缺失了有关有组织犯罪的犯罪学中公认的许多关

---

　　[1]　United Nations, General Assembly, 9th United Nations Congress on the Prevention of Crime and the Treatment of Offenders, Discussion Guide, Vienna: UN, 1993 A/Conf. 169/PM. 1, 27 July 1993: 8.

　　[2]　United Nations Convention Against Transnational Organized Crime, Art. 2; Annex I of General Assembly Resolution 55/25 of 15 November 2000.

　　[3]　UNODC, Transnational Organized Crime, Vienna, 2018.

键特征，例如①使用极端暴力；②官员的腐败，包括执法和司法人员的腐败；③合法经济的渗透（例如通过洗钱）；④干预政治进程。[1]

《巴勒莫公约》适用于旨在"直接或间接地获得经济或其他物质利益"的跨国犯罪集团。由于恐怖主义分子的动机一般认为不是以利益为导向，而是以意识形态、政治或宗教为目的，因此意味着《巴勒莫公约》将恐怖主义组织予以排除。然而，尽管恐怖主义组织的目标可能是政治性的，但为了获得支持其政治暴力运动的资源，有些恐怖主义组织也很可能参与了《巴勒莫公约》关于有组织犯罪定义所涵盖的犯罪活动。此外，有组织犯罪集团和恐怖主义组织都会组成秘密组织，向某些目标群体施加压力并实施暴力手段进行恐吓，同时向其他人发送恐怖信息。

关于"国际恐怖主义"的定义，尽管在恐怖主义问题特设委员会（联合国大会法律委员会的一个小组委员会）中进行了二十多年的辩论，但尚未形成联合国大多数成员都接受的具有法律约束力的定义。[2]《关于国际恐怖主义的全面公约草案》陷入僵局，该公约草案第2条界定了"国际恐怖主义"：

"任何人如果以任何方式，非法和有意造成以下行为，即构成本公约所指的罪行：（a）任何人的死亡或严重人身伤害；（b）对公共或私人财产，包括公共场所、国家或政府设施、公共交通系统、基础设施或环境的严重损害；（c）当行为的目的是根据其性质或背景而对本条第1款（b）项所指的财产、场所、设施或系统造成损害或可能造成重大经济损失时，恐吓民众或强迫政府或国

---

〔1〕 Jan van Dijk, *The World of Crime. Breaking the Silence on Problems of Security, Justice, and Development Across the World*, Los Angeles: Sage, 2008, pp. 146-157.

〔2〕 United Nations, International Instruments Related to the Prevention and Suppression of International Terrorism, New York, 2001.

际组织采取或放弃任何作为。"[1] 同样，该定义的特征是其广泛性（"任何人、任何方式"）和模糊性（其政治性质未得到明确）。因此，如果我想探索恐怖主义与有组织犯罪之间的联系，那么将面临如下困难：严格来说，至少在纯粹的法律意义上，不可能将国际上定义的有组织犯罪集团与恐怖分子进行同类比较。尽管联合国已将数百个暴力"实体"列为"恐怖分子"，但并未做出确切定义将其视为恐怖主义组织。[2]

尽管有组织犯罪集团和恐怖主义组织非常不同，前者通常（至少在最初）是由血缘联系在一起的。克劳斯·范·兰佩指出："……在研究有组织犯罪时，需要讨论两个不同的问题，一方面是有组织犯罪的现实，另一方面是其概念。有组织犯罪的现实包括社会因素中许多秘密的、多样化的和复杂的方面。这些并不容易形成一个易于识别的实体。"[3] 关于恐怖主义组织，全球恐怖主义数据库（GTD，马里兰大学，START)[4] 的首席研究员艾琳·米勒（Erin Miller）在调查了数百个恐怖主义组织后指出，"关于恐怖主义，实施暴力袭击的群体可能是小型的、秘密的、非正式相关的人群，由无领导者的抵抗力量团结的广泛网络，或者是正式建立的，明确表明其存在和目标的等级制组织。"[5] 据此，恐怖

---

〔1〕 United Nations Report of the Ad Hoc Committee established by General Assembly Resolution 51/210 of 17 December 1996 Sixteenth Session (8 to 12 April 2013) General Assembly Official Records, 68th Session Supplement No. 37.

〔2〕 The Consolidated UN Security Council Sanctions List, https://www.un.org/sc/suborg/en/sanctions/un-sc-consolidated-list.

〔3〕 Klaus von Lampe, "Not a Process of Enlightenment: The Conceptual History of Organized Crime in Germany and the United States of America", *Forum on Crime and Society*, 2 (2001), p. 100.

〔4〕 Global Terrorism Database, START, and College Park: University of Maryland, http://www.start.umd.edu/gtd/.

〔5〕 Erin Elizabeth Miller, *Patterns of Collective Desistance from Terrorism*, PhD diss., College Park: University of Maryland, 2015.

主义组织定义的关键词可以总结为"团伙""网络""组织",将该定义与《巴勒莫公约》对"有组织犯罪集团"("三个或三个以上人员")的定义进行比较,会带来困难。在《巴勒莫公约》的定义中,虽然提到了"严重犯罪",即犯罪不一定是暴力犯罪,其犯罪者应被判处四年以上监禁,但并未提及方法(暴力、腐败、勒索等)。另一方面,"恐怖主义组织"定义中明确提到了使用武力,它指的是"暴力袭击"。最后,《巴勒莫公约》的定义包含目标的确定,即"获得经济或其他物质利益",但"恐怖主义组织"定义中未确定具体目标。

如前所述,如果不定义恐怖主义组织,很难比较有组织犯罪集团和恐怖主义组织。上文引用的艾琳·米勒的定义着眼于"恐怖集团"的异质性,而没有专门针对恐怖主义本身。另一位研究者布莱恩·菲利普斯(Brian Phillips)将"恐怖集团"定义为"利用恐怖主义的地方政治组织"[1]并非错误,但是此定义过于笼统。尝试结合"团体"和"恐怖分子"的元素,可以按照以下思路对"恐怖主义组织"进行定义:

"恐怖主义组织"是一个好战的组织,通常是非国家的秘密组织,其政治目标与恐怖主义的全部或部分活动有关,即一种进行心理(大众)操纵的传播策略。在这种情况下,主要是为了给第三方留下深刻印象(例如,威吓、胁迫或以其他方式影响政府或社会某个阶层,或者是通过舆论进行),故意使手无寸铁的平民以及诸如战俘之类的非战斗人员受害。在目击者或听众面前,通过在大众和社交媒体中引起广泛报道的方式以示威暴力。[2]

另一方面,"有组织犯罪集团"可以理解为:一个容易发生暴

〔1〕 Brian J. Phillips, "What is a Terrorist Group? Conceptual Issues and Empirical Implications", *Terrorism and Political Violence*, 27 (2015), p.238.

〔2〕 Alex P. Schmid, ed., *The Routledge Handbook of Terrorism Research*, London and New York: Routledge, 2011, pp.39-157.

力，以利益为导向的秘密组织，该组织提供非法服务或非法获得的合法或非法产品。该组织的结构可能是基于家庭或家族的等级制，也可能是组织的活动类型（毒品贩运、卖淫、敲诈、欺诈、武器贩运、偷运移民、假冒、洗钱、赌博、基于互联网的勒索等）。这样的定义尝试是有价值的，因为概念试图涵盖的现实正在不断发展，定义总是局限于现实与规范之间。虽然"恐怖主义"和"有组织犯罪"的概念总是遭到质疑，但是，随着时间的推移，试图抓住基础要素，以评估从事恐怖主义或有组织犯罪活动的团体之间的联系与区分，需要牢记它们的异质性和流动性。没有任何有组织犯罪集团或恐怖主义组织是相同的，因为它们不是国家法律法规规定的固定组织形式的法人实体。相反，它们是由亚文化（例如当地氏族结构）和环境形成的，上述犯罪集团的生存取决于信任，信任通常只能在（相同血统）家庭和氏族网络中得到保证。由于当地的种族和宗教传统以及环境的力量和其他因素，在任何地点和时间，都可能形成这种暴力的地下组织，因此，关于恐怖主义组织和有组织犯罪集团及其相互作用的大多数概括都是有问题的。在一定程度上可以概括，但是总会有例外。

总的来说，有组织犯罪集团与恐怖主义组织之间既有联系也有区别：

1. 区别

（1）恐怖主义组织通常在意识形态上具有一定的动机，而有组织犯罪集团通常没有动机。

（2）政治恐怖分子在接受审判时通常会承认自己的作为，尽管他们拒绝将其视为犯罪。有组织犯罪集团的成员通常会轻描淡写他们参与犯罪的程度。

（3）恐怖主义组织努力争取更多的政治支持，对于有组织犯罪集团而言，这无关紧要。因此，恐怖主义组织通常寻求媒体报道，而有组织犯罪集团则避免被报道。

（4）恐怖主义组织与政府争夺合法性以在公众认知中获得道义上的制高点，而有组织犯罪集团却不向广大公众寻求认同。[1]

2. 相似之处

（1）恐怖主义组织的成员和有组织犯罪集团的成员一般都是理性行为者。虽然一些特殊恐怖分子是狂热者，一些有组织犯罪的成员分子自己在使用毒品，他们在评估给定的社会或政治局势时可能都不太现实，但他们大多数都是有目的的。

（2）都使用暴力和威吓。

（3）两者都使用类似（尽管不是完全重叠）的策略：绑架、暗杀、勒索等。

（4）恐怖主义组织和有组织犯罪集团都在秘密地进行活动，通常在地下进行。两者都需要通过地上组织（政党、赌场）与公众见面。

（5）两者均被各国法律制度定为刑事犯罪。

（6）都反对国家或政府。

（7）在两种类型的组织中，团体对其成员的主张都是强有力的，离开团体是十分困难的。

3. 联系

值得一提的是，在研究这两种现象时，需要确切地理解两者之间的联系。其中一种方法是通过区分有组织犯罪集团和恐怖主义组织之间相互作用的各种程度：

（1）临时性，机会主义合作（例如，恐怖分子从有组织犯罪武器经销商那里即黑市上购买枪支）。

（2）基于共同利益群体的定期合作（例如，在政府无法控制的非法禁区中维持"秩序"和非法贸易流）。

---

[1] Frank Shanty, *The Nexus*, *International Terrorism and Drug Trafficking from Afghanistan*, New York: Praeger, 2011, pp. 16-19.

（3）联盟形成，即基于某种协定的战略关系，涉及互利共生。

（4）组织趋同，双方在人员、资源、业务活动方面合并。

换句话说，可以区分四个程度的联系。但是，通常有两种其他特殊情况：

一是有组织犯罪集团以暴力混合组织的形式参与恐怖分子的战术时，无需与外部恐怖主义组织联系在一起。

二是恐怖主义组织使用有组织犯罪方法作为暴力混合组织，在内部发展这些组织为其政治斗争筹集资金，而无需与外部有组织犯罪集团联系起来。

这两种类型的暴力混合组织，将典型的有组织犯罪集团方法（例如，贩毒、偷运移民、勒索、绑架勒索赎金）与恐怖分子的战术（例如，爆炸、斩首、劫持人质）混合在一起。但在相互借鉴方法和策略的同时，有组织犯罪集团和恐怖主义组织的最终动机，例如在寻求物质财富或在获得或维持政治权力方面仍然不同。[1]但是，在一定程度上，物质财富可以转化为政治权力，例如，通过资助支持赞同者的利益或目标的政治家的竞选活动，两种组织之间的界限也可能变得模糊。换而言之，恐怖主义作为一种策略，恐怖主义组织以外的其他组织（包括有组织犯罪集团）都可以使用这种策略。菲尔·威廉姆斯（Phil Williams）和埃内斯托·萨沃纳（Ernesto Savona）已经确定了有组织犯罪集团在恐怖活动中的多种使用方式：

（1）破坏执法调查。

（2）消灭有效的执法人员。

（3）迫使法官采取更宽松的量刑政策。

---

[1]　Louise I. Shelley and John T. Picarelli, "Methods and Motives, Exploring Links Between Transnational Organized Crime and International Terrorism", *Trends in Organized Crime*, 2（2005）, pp. 52-66.

（4）创造一种更有利于犯罪活动的环境。[1]

有组织犯罪集团与恐怖主义组织之间的区别和相似之处明确表示，必须处理部分重叠、部分冲突的现象。政治恐怖分子和有组织犯罪分子可能以共生方式对抗政府。此外，有组织犯罪助长了政治冲突，包括恐怖主义所引发的冲突。要认识到，有组织犯罪和某些形式的政治暴力的巧合绝非偶然。恐怖分子和有组织犯罪分子可以通过建立战术和战略联盟以追求短期目标，在临时基础上进行互动。

四、关于刑事责任的认定

（一）集体责任

国际罪行是国际法禁止的特别严重的违法行为，需要个人承担刑事责任。几乎每一项国际罪行都受各国的领土管辖，可以基于习惯法或具有约束力的条约。国际法认定恐怖主义犯罪一般具有如下特征：①根据大多数国家法律制度，这些行为必须构成刑事犯罪（例如，攻击、谋杀、绑架、劫持人质、勒索、轰炸、酷刑、纵火）；②这些行为必须旨在通过针对一个国家或特定群体的暴力行动或威胁来传播恐怖（即恐惧和恐吓）；③必须是出于政治、宗教或意识形态动机。恐怖主义行为是犯罪行为，无论是作为恐怖团体成员的个人还是国家官员所为。恐怖主义行为必须显示与国际或国内武装冲突的联系，才算具有国际因素。国际恐怖主义行为不局限于一个国家的领土，而是跨越国界，严重危害其他国家的安全。若干国际条约的条款证明了这一国际因素，但并非所有恐怖主义行为都构成国际罪行。根据相关国家的法律，在

---

[1] Phil Williams and Ernesto U. Savona, "Introduction: Problems and Dangers Posed by Organized Crime in the Various Regions of the World", *Transnational Organized Crime*, 3 (1995), p. 25.

一国境内开展的恐怖活动是应受惩罚的刑事犯罪。虽然其他国家可能受条约义务的约束，必须合作起诉恐怖主义肇事者，但这并不使国内恐怖主义行为成为国际罪行。恐怖主义行为相当于离散的国际罪行，必须具备下列要素：①它们的影响不仅限于一个国家，而且在人员、手段方面超越国界，所涉及的暴力是令人关切的；②在恐怖主义组织所在国的支持或容忍下进行；③它们是整个国际社会的关切，也是对和平的威胁；④它们非常严重或规模很大。

在国际法中承认某些组织为犯罪组织的观点并不陌生。这一概念起源于纽伦堡国际军事法庭的创立，该法庭为国际刑事司法的发展做出了重要贡献。1945 年 8 月 8 日发布的《纽伦堡宪章》规定了对欧洲轴心国主要战犯的审判和惩罚程序。这对于确定国际恐怖主义组织是否可以根据国际刑法承担责任非常重要。根据《纽伦堡宪章》第 9 条，在对任何团体或组织的任何成员进行审判时，法庭可以宣布该人所属的团体或组织为犯罪组织。第 10 条规定，在法庭宣布某团体或组织为犯罪组织的情况下，缔约国的国家当局均有义务将其送交国家、军事或专门法庭进行审判。

根据国际法，国际恐怖主义组织的潜在责任问题在当前学术界并没有得到深入系统的研究。关于国际恐怖主义组织的国际责任亟需解决的问题主要有三个：①确认赋予国际恐怖主义组织国际法律地位的理论和法律依据。②分析对具有独立法人资格的恐怖主义组织是否可以实施联合国安理会根据《联合国宪章》第七章通过的决议进行制裁。③分析假设承认一个恐怖主义组织具有一定的国际法人资格对国际人道法在恐怖主义组织成员参与的武装冲突中的适用性的影响。国际恐怖主义组织的国际性因素体现在：其一，其通常在几个国家的领土上有系统地行动；其二，国际恐怖主义在组织结构和财务上均独立于国家；其三，国家可能无法对其犯罪活动进行有效控制；其四，国际恐怖主义组织可能与国家合作，这种合作是基于共同的政治和经济利益；第五，国际恐怖主义组织的行为已构成对国际和平与安全的全球威胁，并且这种行为甚至可能与国家行为相提并论。总之，国际恐怖主义组织的主要目标之一是夺取世界不同国家和地区的政治权力。由于国际社会的框架，虽然国家仍然是国际法主体，但是为了打击恐怖主义对国际和平与安全的严重威胁，联合国安理会已经作出许多针对国际恐怖主义的决议，这些决议并不是针对国家，而是直接打击恐怖主义组织。例如第 1390 号决议（2002）、第 1455 号决议（2003）、第 1526 号决议（2004）、第 1617 号决议（2005）、第 1988 号决议（2011）和第 1989 号（2011）决议。在 2004 年的第 1526 号决议中，强调"基地"组织和塔利班成员以及与之有联系的任何个人、团体和实体都对国际和平与安全构成威胁。2008年 6 月 30 日联合国安理会第 1822 号决议，该决议对"基地"组织、本·拉登、塔利班以及其他与之有密切关系的国家实施制裁。安理会强调，制裁是《联合国宪章》所规定的维护和恢复国际和平与安全的重要工具，并强调有必要切实执行该决议第 1 段中提到的措施，将其作为一项打击恐怖活动的重要方式。安理会根据《联合国宪章》第七章采取行动，决定所有国家应采取第 1267 号决议（1999）第 4（b）段、第 1333 号决议（2000）第 8（c）段规定的措施。第 1390 号决议（2002）第 1 段和第 2 段是针对"基地"组织、本·拉登和塔利班，以及与之有关的个人、团体和实体而设立的。

联合国安理会 1617 号决议（2005）提到了个人可能与国际恐怖主义组织有联系的问题。根据《联合国宪章》第七章，安理会决议表明个人、团体或实体与"基地"组织、本·拉登或塔利班"有联系"的行为或活动包括：

（1）以"基地"组织、本·拉登、塔利班或任何组织的名义参与或资助恐怖主义行为，包括活动的筹资、计划、促进、准备或实施，以及该组织成员、分支团体或其衍生活动等。

（2）向"基地"组织、本·拉登、塔利班或其任何分支组织、附属团体、分裂团体或派生组织提供、出售或转让武器及相关材料。

（3）招募"基地"组织、本·拉登或塔利班，或其任何团体、附属、分裂团体或派生组织。

（4）以其他方式支持"基地"组织、本·拉登、塔利班或其任何小组、附属团体、分裂团体或其派生的行为或活动。

（二）个人刑事责任

国际司法实践提出了一个更大的问题，通过探索恐怖主义与国际刑法之间的关系来尝试通过国际刑事司法程序追究个人恐怖主义犯罪的可能性。在起草《罗马规约》时并没有将恐怖主义与种族灭绝、反人类罪、战争罪和侵略罪一样作为核心罪行一并纳入国际刑事法院管辖范围，主要障碍在于缺乏对恐怖主义精确定义或可能例外的同意，此外一些国家认为在国际刑事法院起诉恐怖主义有使该法院政治化的风险。作为联合国的和平与正义机制，国际刑事法院以及其他国际和混合刑事法庭是人权的保障书，而当"国际社会关注的最严重罪行"发生时，人权往往会遭到大规模侵犯。[1] 国际刑事法院管辖范围内的罪行反映了以下情况：世界上不同的国家成为一个凝聚力足够强的社会，可以就那些禁令所保护的价值观达成共识。第二次世界大战后，被认为是建立一个超国家组织的适当时机，以应对一个国家犯下难以容忍的、影响全人类的暴行，这个超国家组织超越任何一个国家的权力能够采取适当的惩罚和补救措施。在某种意义上，《罗马规约》是对现

---

[1] Naomi Norberg, "Terrorism and International Criminal Justice: Dim Prospects for a Future Together", *Santa Clara Journal of International Law*, 8 (2010), pp. 11-50.

有习惯国际法上罪行和国际公约中罪行的编纂与确定。在国际刑事法院管辖下起诉恐怖主义将需要国际社会进一步深化对恐怖主义定义的共识。但是，鉴于先前在国家反恐制度中根深蒂固的具有挑战性的定义，以及政治上的顾虑，共识定义的应用可能缺乏可预见性。由于目前国际刑事法院管辖范围内的国际罪行都主要源于国际法，因此国际刑事法院与国家国内法定义之间的矛盾较少。因此，仍然可以充分预见这些定义的适用。

但是，事实仍然是，2001 年后国际反恐公约、条约越来越多，各国在确定恐怖主义罪行的基本要素上达成了更多共识。有趣的是，《制止向恐怖主义提供资助的国际公约》甚至包括在武装冲突期间可能发生的恐怖袭击，这与其他和恐怖主义有关的公约大相径庭。实际上，建立国际刑事法院筹备委员会的报告显示曾经考虑将恐怖主义罪行包括在法院的管辖权之内。[1] 不将其纳入最终草案的可能原因除了上述提到的政治考虑外，另外有观点认为可能是为了减轻国际刑事法院负担，将其管辖权仅限于最严重的罪行。但是，考虑到采用补充性管辖原则，关于法院负担过重的担心似乎没有道理。另外，提出不包括在内的其他原因是，存在其他单独的条约结构，国家可以通过其他条约结构就恐怖主义分子的起诉或引渡达成协议。

目前国际刑事法院面临着非洲国家对其政治倾向的指责。根据大多数非洲观察国的说法，国际刑事法院对苏丹国家元首巴希尔（Omar Hasan Ahmad Al-Bashir）的起诉是出于政治动机，因为

---

〔1〕 Report of the Preparatory Committee on the Establishment of an International Criminal Court, 1998. 21, U. N. Doc. A/CONF. 183/2.

西方国家自 20 世纪 90 年代以来一直将目标对准苏丹政府。[1] 这些非洲国家认为，尽管有越来越多的证据表明卢旺达总统保罗·卡加梅（Paul Kagame）存在侵犯人权的行为，但仍被视为西方的区域盟友，非洲国家指责西方国家对非洲存在双重标准。虽然就国际刑事法院管辖权、政治倾向等存在争议，但是根据当今国际法规则，针对一国因参与恐怖主义行为而采取的行动，国际刑事法院享有管辖权。因为《罗马规约》中规定管辖罪行都是具有一定包容性的，根据国际刑法可以以不同的方式描述某种犯罪，例如将"恐怖主义罪"作为"反人类罪"或"战争罪"进行定义的案例。[2] 黎巴嫩特别法庭在庭长、国际法学家卡塞斯的努力下对恐怖主义罪行进行了审判，但是黎巴嫩特别法庭并未定义"恐怖主义罪"的要素，而是对《黎巴嫩刑法》中恐怖主义罪的定义进行了解释与讨论。[3]

与联合国制定的上述法律框架相比，《柬埔寨法院关于设立特别法庭法》（Law on the Establishment of the Extraordinary Chambers in the Courts of Cambodia）、《人权事务特别法庭伊拉克规约》（Iraq Statute of the Special Tribunal for Human Rights）中没有提到恐怖主义。显然，迄今为止，国际社会在大多数文件中还是尽力避免"恐怖主义"一词，即使将其纳入，也都予以了特定解释，解释方法一般参考该国国内法或将其解释权交给法庭。

---

〔1〕 International Criminal Court, ICC Prosecutor Presents Case Against Sudanese President, Hassan Ahmad Al Bashir, for Genocide, Crimes Against Humanity and War Crimes in Darfur（14 July 2008）ICC-OTP-20080714-PR341-ENG, http：// www. icc-cpi. int/menus/icc/situations% 20and% 20cases/situations/situation% 20icc% 200205/press %20releases/a？lan=en-GB.

〔2〕 Aviv Cohen, "Prosecuting, Terrorists at the International Criminal Court: Re-evaluating an Unused Legal Tool to Combat Terrorism", *Michigan State International Law Review*, 20（2012）, p. 236.

〔3〕 Statute of the Special Tribunal for Lebanon, Article 2（a）.

到目前为止，已经确定恐怖主义还没有作为单独罪行纳入国际刑事法院的管辖范围之内。此外，关于将恐怖主义行为作为单独的罪行纳入《罗马规约》的利弊已经进行了很多讨论。但是考虑到事实，即使是国际刑事法院也时常因政治影响而受到批评。虽然恐怖主义还没有明确纳入国际刑法中，但是事实上，恐怖主义行为已在大多数国家国内法律中得到充分处理，并且在过去的几十年中，各国一直在对恐怖主义尝试执行"或引渡或起诉"的核心原则，该原则对于成功起诉个人恐怖主义罪至关重要。还必须指出的是，所有与恐怖主义有关的国际公约以及与之有关的区域公约，在大多数国家都得到了支持，政治分歧在很大程度上得到了消弭。此外，《罗马规约》并未得到中国、美国等国家的支持。

根据国际刑法，命令、策划或协助和教唆他人实施犯罪的人负有直接责任。在"9·11"事件中，直接责任人是劫持飞机、杀害乘客和其他人的人。那些以各种方式帮助他们的人也有责任。有许多裁决认为，恐怖袭击不能被视为具有政治性质的犯罪。恐怖分子和其他政治活动家犯下的暴力罪行不构成政治罪，除非这些罪行构成旨在推翻国家政权行动的一部分。与国际法的大多数领域不同，国际刑法规定的主要义务是个人而不是国家。在许多方面，国际刑法的主要目的是威慑和惩罚那些犯下国际罪行的个人。国际法承认国家有权对国际罪行的个人肇事者行使管辖权。管辖权可以由下列国家行使：①犯罪发生地国；②犯罪嫌疑人的国籍国；③受害者的国籍国；④对于某些严重的国际罪行，所有国家都享有基于普遍管辖原则的管辖权。

（三）追究个人刑事责任案例分析

在预防和惩处个人从事恐怖活动的努力中，国际刑事法院（ICC）、前南刑庭（ICTY）、卢旺达刑庭（ICTR）和混合法庭等机构为各国提供了重要司法实践经验。在纽伦堡审判与东京审判之前的半个世纪中，虽然国际人道法在理论学说方面已经取得了长足发展，国际条约中已经存在很多关于战争法的条款，许多大国国内法中亦载有反人类罪和追究个人责任的概念，而且一些国家也拒绝接受官方身份豁免权，但是其执行力远远落后于学说的发展。[1] 第二次世界大战后，世界见证了纽伦堡和东京国际军事法庭的成立，这在许多方面都赋予了关于战争法的基本国际法原则以公信力。上述法律文件都明确规定了国际刑法的某些基本原则，例如不能以公职身份豁免、对内部暴行进行国际定罪、根据冲突的现代性质解释现有的国际人道法。后来正式起草了国际刑法规则，澄清了国际法之前未明确规定的法律领域，开创了追究个人国际刑事责任的时代。各种形式的国际刑事法庭、特设法庭、混合法庭的司法实践填补了纽伦堡审判与东京审判留下的国际刑事司法程序和证据法的空白，为国际刑法发展提供了丰富的司法先例。[2] 以下列举几个典型案例。

1. "米洛舍维奇案"

"米洛舍维奇案"起诉书基于间接刑事责任理论：首先，起诉书中认为米洛舍维奇需要为其"作为共同犯罪者在共同犯罪集团中做出的贡献"承担个人刑事责任。其次，根据《前南国际刑庭规约》第 7 条第 3 款，担任前南斯拉夫总统、前南斯拉夫武装部队最高司令的米洛舍维奇应就其下属的作为或不作为而承担责任。最后，米洛舍维奇参与了共同犯罪活动，他的领导职责导致他有

---

〔1〕 Theodor Meron, "Centennial Essay: Reflections on the Prosecution of War Crimes by International Tribunals", *American Journal of International Law*, 100 (2006), p. 551.

〔2〕 Theodor Meron, "Centennial Essay: Reflections on the Prosecution of War Crimes by International Tribunals", *American Journal of International Law*, 100 (2006), p. 109.

权命令塞尔维亚政治和军事部门犯下严重罪行，以使特定地区变成特定种族的地区。在审判过程中，法庭首先要确定的问题是"是否存在武装冲突"，法庭审查了参与战争的各方组织和武装冲突的强度。

2. "塔迪奇案"

前南刑庭上诉分庭认为，共同犯罪集团理论已经存在于习惯国际法规则之中，这使"共同谋议"的每个成员都应承担同等的责任，而不论犯罪的严重性或每个参与者的贡献如何。[1] 根据"塔迪奇案"的管辖权，当在国家之间诉诸武装力量或政府和具有一定组织结构的实体之间或一国内部此类团体之间长期持续战斗时，法律上就应认定武装冲突的存在。尽管在饱受战争困扰的某些地区可能未实际发生战斗，但在这些地方对受保护人员或财产的任何侵犯行为，如果以某种方式联系在一起，都可以适用国际人道法来解决武装冲突。上诉分庭还推翻了审判分庭的判决，该判决认为波斯尼亚塞族军队不是前南斯拉夫的军事组织。上诉分庭裁定波斯尼亚塞族军队属于受前南斯拉夫全面控制的军事组织，后者不仅为波斯尼亚塞族军队配备了装备、提供了资金，而且还参与了其军事行动的计划和监督。前南刑庭上诉分庭认为，国际法院的"有效控制"理论仅适用于代表第三国行事的个人或无组织的团体，但通常不适用于军事或准军事团体。它用"全面控制"代替了严格的"有效控制"标准，仅需要协调或协助筹集资金，以在组织与援助国之间建立代理关系。

3. 阿卡耶苏案

让·保罗·阿卡耶苏（Jean Paul Akayesu）于 1953 年出生于塔巴乡，从 1993 年 4 月至 1994 年 6 月担任塔巴乡乡长。在阿卡耶苏被任命为乡长之前，他曾在塔巴乡担任教师和学校督察。作为

---

[1] Prosecutor v. Tadić, Appeals Chamber Judgement (15 July 1999), ¶ 194.

乡长，他还拥有对公安警察的指挥权和控制权，并且对塔巴乡的司法、执法活动负有责任，这些都属于乡长的职责范围。阿卡耶苏在卢旺达刑庭被指控犯有种族灭绝罪、反人类罪和其他违反日内瓦公约"共同第3条"的行为。[1] "阿卡耶苏案"裁决被认为对解释种族灭绝罪和反人类罪的构成要件具有重要意义，裁决中将"系统性攻击"定义为"系统地计划并遵循基于一般行动过程的标准模型，这种模式将涉及大量的公共或私人资源"。反人类罪中的"广泛"要素被定义为"必须采取具有重大意义的集体行动，针对大量受害者，采取大规模、经常性的大规模行动"。阿卡耶苏是卢旺达刑庭第一个被判犯有种族灭绝罪的人，该案为种族灭绝罪的认定提供了重要经验，判决还提到煽动种族灭绝的行为，即"通过演讲、大声喊叫、说服或直接挑衅他人实施种族灭绝的行为"构成种族灭绝罪。

4. 黎巴嫩特别法庭：恐怖主义、共谋、杀人的累加起诉

黎巴嫩特别法庭上诉分庭应预审分庭的要求，解决了有关解释法规的一些基本问题：确定黎巴嫩国内法所规定的恐怖活动的范围以及黎巴嫩根据国际法应承担的义务，以使后者发挥作用。上诉分庭还指出，法庭可以参考相关国际法作为解释《黎巴嫩刑法》的工具。分庭根据《黎巴嫩刑法》、国际法仔细研究了恐怖主义的构成要素：①实施预期的行为；②所采用的方法在任何情况下都会对公众造成危险；③犯罪者必须有意图导致恐怖状况。根据黎巴嫩法律，恐怖主义活动是一种严重的犯罪行为，并且处罚时不需考虑犯罪行为实际的实施效果，其中核心要素是行为出于在人们中间散布恐怖的特殊意图。黎巴嫩特别法庭将国际恐怖主义犯罪限定为和平时期实施的此类行为，因为在武装冲突的情况

---

[1] Case No. ICTR-96-4, Prosecutor v. Akayesu, [ICTR] Trial Chamber (2 September 1998), p. 486.

下，关于是否必须适用特定的恐怖主义罪行的问题还存在广泛争议。[1]

（四）恐怖主义罪的刑事责任模式

1. 三种刑事责任模式

联合国框架下的国际刑法通过司法实践产生了三种刑事责任模式：直接责任、共同犯罪集团（即共同犯罪的团体责任）、间接指挥责任，任何参与上述法规所定义的计划、煽动、命令、实施、协助和教唆、计划、准备或实施犯罪过程的个人均应承担刑事责任。[2]国际刑事法院在《罗马规约》基础上进一步发展了"共同犯罪集团"理论。众所周知，"塔迪奇案"裁决在审查《前南国际刑庭规约》第7条第1款的基础上得出结论，由于群体犯罪而造成的刑事责任也可以归属于与该群体有共同点的所有成员。[3]该犯罪集团具有共同意图和目的，集团成员都以某种方式积极推动了犯罪的发展。除共同目的外，"塔迪奇案"判决发展了适用于共同犯罪集团的其他两类案件：其一，例如集中营案件，如果被告人对犯罪具有系统的了解和认知，则应承担刑事责任；其二，涉及行为虽然超出共同目的范围但行为是"实现该共同目的的自然和可预见的结果"的案件。[4]上述"共同犯罪集团"理论已用于以下裁决，例如

---

〔1〕 Case No. STL-11-01/I (16 February 2011).

〔2〕 Masaya Uchino, "Prosecuting Heads of State: Evolving Questions of Venue—Where, How, and Why?" *Hastings International and Comparative Law Review*, 34 (2011), p. 341.

〔3〕 Prosecutor v. Tadić, Case No. IT-94-1-A, Judgment, p. 186 (Int'l Crim. Trib. For the Former Yugoslavia 15 July 1999).

〔4〕 Prosecutor v. Tadić, Case No. IT-94-1-A, Judgment, p. 186 (Int'l Crim. Trib. For the Former Yugoslavia 15 July 1999).

"米洛舍维奇案"[1]、"姆巴巴拉案"（Prosecutor v. Mpambara)[2]、"卡雷梅拉案"（Prosecutor v. Ka-remera et al.)[3]和"查尔斯·泰勒案"（Prosecutor v. Charles Taylor)[4]。

间接指挥责任，主要包括三个关键要素：有效控制的上下级关系的存在；必要手段的存在；指挥官必须知道或必须有一种方法来了解其下属的罪行。[5] 间接指挥责任主体不仅包括军事指挥官，而且还包括担任权威职务的平民，不仅包括法律上的人员，而且还包括事实上的那些人员。

黎巴嫩特别法庭上诉分庭裁决具有潜在的重大影响的一个重要方面，主要涉及适用的刑事责任模式问题。上诉分庭认为，黎巴嫩特别法庭是在继承和借鉴前南刑庭和卢旺达刑庭等国际法庭和其他混合型法庭的经验和教训的基础上建立的，是一种混合型的特别法庭，其特征在于由国际法官、国际检察官和罪行发生地的法官、检察官共同组成，对发生于特定时间、特定国家的特定国际犯罪进行审判。[6] 上诉分庭进一步指出，《黎巴嫩问题特别法庭规约》第 3 条责任原则来源于"特设法庭"（ad hoc）规约，这反映了特设法庭在习惯国际法中的地位。因此，上诉分庭认为，黎巴嫩特别法庭可以适用国际刑法中的刑事责任模式，包括共同犯罪的团体责任（Joint Criminal Enterprise，JCE），这在其他国际

---

[1] Prosecutor v. Mr. Slobodan Milošević, Case No. IT-02-54-T, (16 June 2004) p. 56.

[2] Prosecutor v. Mpambara, Judgment and Sentence Case No. ICTR 2001-65-T (1 September 2006), p. 8.

[3] Prosecutor v. Ka-remera et al. , Judgment and Sentence Case No. ICTR 98-44-T (20 September 2006), p. 23.

[4] Prosecutor v. Charles Ghankay Taylor, Case No. SCSL-03-01-T.

[5] Prosecutor v. Akayesu, [ICTR] Trial Chamber Case No. ICTR-96-4 (2 September 1998), p. 486.

[6] 王秀梅：《黎巴嫩特别法庭初探》，载《河南省政法管理干部学院学报》2008 年第 6 期。

法庭中已有先例。在上述诉讼中，上诉分庭批评了国际刑事法院对共同犯罪者的替代定义（称为"犯罪模式"），并说明这种定义与共同犯罪的团体责任不同，且这是不符合习惯国际法的。

共同犯罪的团体责任（JCE）有三种形式：

（1）基本形式：将所有共同被告人根据共同设计行事并具有相同的犯罪意图的情形归责于个人刑事责任，即使每个共同执行者在团体内发挥的作用不同。这种形式的共同犯罪所需的犯罪意图是所有成员犯下某种罪行的共同意图。

（2）系统形式：特点是存在有组织犯罪制度，例如集中营。这种形式的共同犯罪所需要的心理要素是对虐待制度的个人认识，以及旨在推进这种共同的协调一致的虐待制度的意图。

（3）扩展形式：将个人刑事责任归于涉及犯罪的共同目的，其中一个犯罪者实施一种行为，虽然在共同计划之外，但实施该行为的自然和可预见的结果是为共同目的服务的。这种形式的犯罪意图或者是犯罪者的共同犯罪意图，或者至少是被告意识到犯罪可能是由于执行的结果而犯罪的犯罪行为，而被告在进行犯罪行为时自愿承担风险。[1]

在这三种形式的共同犯罪中，第三种形式是最饱受争议的，因为辩护律师和一些学者认为这是一种联合犯罪的形式。也许因为这个原因，上诉分庭试图限制其在黎巴嫩特别法庭的适用。虽然注意到黎巴嫩国内法中有与第三种形式的共同犯罪类似的责任原则，[2] 上诉分庭认为，第三种形式的共同犯罪责任形式不适用于黎巴嫩特别法庭审判中的恐怖主义罪行，因为第三种形式的共同犯罪责任形式中含有鲁莽（*dolus eventualis*）的心理要素，而恐

---

〔1〕 Prosecutor v. Tadić, Appeals Chamber Judgement (15 July 1999).

〔2〕 Interlocutory Decision on the Applicable Law: Terrorism, Conspiracy, Homicide, Perpetration, Cumulative Charging, Special Tribunal for Lebanon Appeals Chamber, Case No. STL-11-01/I (Feb. 16, 2011), ¶ 231.

怖主义是一种具有特定意图的犯罪行为。在上述结论中，上诉分庭承认这违背了前南刑庭和卢旺达刑庭的做法，允许根据《联合国宪章》的第三种共同犯罪责任形式，认定种族灭绝罪具有迫害性质的具体犯罪意图。黎巴嫩特别法庭还允许根据特定意图犯罪的指挥官责任原则进行定罪，即使指挥官仅仅达到疏忽标准：如果指挥官知道或应该知道下属的行为，关于他们的罪行，没有采取行动预防或惩罚措施，则指挥官对下属行为负责。[1] 对于恐怖主义罪，上诉分庭宣称，更好的办法是将二级罪犯视作协助，而不是要求其具备恐怖主义罪的全部要素。

最后，在黎巴嫩特别法庭上诉分庭的裁决之前，共同犯罪团体责任原则只适用于战争罪、反人类罪与种族灭绝罪，但卡塞斯法官认为，战争罪、反人类罪、种族灭绝罪、酷刑与恐怖主义等国际罪行具有共同的特点：它们经常表现为集体犯罪，因为它们是由众多人、一定程度的军事性质、准军事部队的一致行动，并且在大多数情况下，根据共同政策行事。当犯下这种罪行时，极难确定每个个别参与者对犯罪团体或集体犯罪所做的具体贡献……共同犯罪的团体责任的概念是指一种刑事责任模式，它似乎特别适合于涵盖共同犯罪计划中所有参与者的刑事责任。[2] 根据上述援引，黎巴嫩上诉分庭认为可以将第一种和第二种共同犯罪责任模式适用到恐怖主义罪行之中，这很可能将被视为国际法院对全世界恐怖主义罪行案件适用原则的重要先例。

2. 黎巴嫩特别法庭对刑事责任模式的认定

《黎巴嫩问题特别法庭规约》第 2 条要求法庭适用关于"犯罪参与(作为责任模式)""共同谋议""非法结社""没能报告犯罪

---

[1]　Prosecutor v. Oric, Judgment, ICTY Case No. IT-03-68-T, ¶ 294, (June 30, 2006).

[2]　Antonio Cassese, *International Criminal Law*, Oxford: Oxford University Press, 2003, pp. 189-191.

行为(作为犯罪行为本身)"的黎巴嫩法律。第3条规定了国际刑法中适用的各种刑事责任模式：犯罪、共谋、组织或指挥他人实施犯罪、为犯罪组织做出贡献、优先责任、执行上级命令。黎巴嫩国内刑法或国际刑法相关规则可适用于上述责任模式。预审法官和审判分庭必须①逐案评估在适用黎巴嫩法律和国际刑法之间是否存在实际冲突；②如果没有冲突，则应适用黎巴嫩法律；③如果有冲突，那么应适用更有利于被告的法律体系。

（1）共犯。根据国际刑法和黎巴嫩法律，恐怖主义罪的构成要素实际上是犯罪者实施了被禁止的恐怖主义行为；当犯罪者是两人或两人以上时，所有实施共同犯罪行为或者共同实施同一犯罪行为的人称为共犯。黎巴嫩刑法中承认对"共同实施"的更广泛范围的解释，黎巴嫩特别法庭认定其为"参加具有共同犯罪意图的团体"。

（2）同谋（协助与教唆）。在很大程度上，黎巴嫩刑法中的"同谋"概念和国际法中的"协助与教唆"概念重叠，但是仍然有两个重要的例外：①黎巴嫩法律明确列出了同谋提供协助的客观手段，而国际法只要求"大量协助"，而不对协助可采取的形式施加任何限制。②根据黎巴嫩法律，同谋的刑事责任要求被告知道犯下的罪行，与犯罪者一起达成犯罪协定，并同意进一步实施犯罪行为；相反，国际法只要求同谋者具有进一步协助犯罪行为的情形存在。一般来说，应适用黎巴嫩刑法中"共谋"的概念，因为有利于保护被告权利，因此，符合合法性原则。

（3）参加具有共同犯罪意图的团体。这里产生的主要问题是黎巴嫩法律中关于共犯、共谋、唆使等所设想的各种责任模式是否以及在何种程度上与习惯国际法中规定的共同犯罪团体责任（JCE）的概念重叠或协调一致。这两个法律体系需要一个共同的主观要素：必须具有犯罪意图或鲁莽的心理要素。因此，黎巴嫩法律和国际刑法在刑事责任模式方面是存在重叠的地方，即要求所有参与者都具有共同的犯罪意图，尽管每一个参与者在实施犯罪行为的过程中可能发挥不同的作用。这两个法律体系在惩罚共同犯罪中的那些参与者方面也是重叠的，尽管他们没有商定实施"额外"犯罪，但是他们确实知道这种犯罪可能发生的后果并自愿承担风险。然而，根据国际刑法，这一概念不能适用于需要特殊意图的其他罪行（如恐怖主义）。预审法官和上诉分庭必须逐案评估在适用黎巴嫩法律与实施共同犯罪的国际犯罪观念之间是否存在实际冲突。如果没有冲突，则应适用黎巴嫩法律。如果存在冲突，那么应适用有利于被告的法律体系。特别是，由于黎巴嫩法律允许因针对他人的恐怖主义行为被定罪，即使该被告只对该恐怖主义行为的最终结果负刑事责任，国际刑法中共同犯罪团体责任的概念也应适用于这种特殊情况。

3. 恐怖主义犯罪中的数罪并罚问题

黎巴嫩特别法庭中对恐怖主义犯罪的界定在很大程度上受黎巴嫩法律和国际刑法的约束。两者都规定了恐怖主义犯罪包含多种罪行，并允许多重控诉，这类似于我国刑法中的"牵连犯""吸收犯""想象竞合"。然而根据黎巴嫩刑法或国际刑法，没有明确规定是否优先采用累积或替代性控罪。因此，预审法官在确认起诉书时应非常审慎，法庭认为只有在指控罪行的不同要素使这些罪行真正分开时才允许累积起诉。特别是，当一种罪行包括另一种罪行时，法官应该总是选择前者进行定罪量刑，而非后者。同样，如果一般性条款和特别规定对该犯罪行为进行了规定，法官应始终优先适用特别规定。预审法官也应该以向辩方提供最大清晰度为目标。因此，除非这些罪行的构成要素使其完全区分开来，否则不应增加被告的额外责任，而应该以有利于被告的方向进行适用与解释。这种方法不但能够提高诉讼程序的效率，同时避免对辩方造成不必要的负担，从而促进法庭以公平和有效的方式实现司法公正的最终目标。总而言之，根据黎巴嫩法律，恐怖主义共同谋议、恐怖行动、故意杀人罪行可累积起诉，即使基于相同的基本行为，因为它们不需要不相容的法律要素，因为将这种行为定为犯罪的目的实质上是为了保护不同的价值观。因此，在大多数情况下，更合适的做法是对这些罪行进行累积而不是交替，也就是进行数罪并罚。

无论从实践性还是从理论性角度来说，在国际法中界定恐怖主义都是一种必然趋势。"恐怖主义"这一术语包含了许多被广泛谴责为反社会、不道德、不人道和政治暴力现象。如果刑法旨在保护社会价值观，对不合理的暴力行为表达民众的反感，并谴责不道德的行为，"恐怖主义"一词就具有象征性。通过联合国机构和其他国际组织证明的国家实践为恐怖主义犯罪的界定提供了国际法基础。虽然每个论点都存在概念上的问题，但总的来说，它们为界定恐怖主义犯罪提供了一般原则性的法理基础，以便保护重要的国际社会共同的价值观和利益——国际和平与安全。如果恐怖主义被认为是国际和平与安全的重要威胁，则对其界定必须限于能够取得这种结果的行为——例如，由于其跨国或多国筹备或影响因素、国家当局的参与，这些都可能损害重要的国际社会价值或利益。因此，在国际刑法上对恐怖主义的界定不能完全排除一国之内的恐怖主义，因为某些国内恐怖主义行为同样可能损害国际和平与安全。

五、国际刑法中恐怖主义的免责事由与抗辩事由

（一）介绍

国际社会一再谴责恐怖主义为国际犯罪行为，但是也存在争议认为"恐怖主义"是一个政治术语，用以描述政治暴力的各种行为和方法。在当前没有就"恐怖主义"的定义达成国际共识的情况下，国际社会倾向于制定一系列针对特定类型暴力的"部门

性"反恐怖条约,例如劫机、劫持人质、爆炸等,这些条约使恐怖主义能够根据国家法律被起诉为部门犯罪。此外,恐怖主义还可能作为战争罪、反人类罪、种族灭绝或酷刑等国际罪行而被起诉。在关于定义恐怖主义的辩论中,对定义的例外的分歧要比对定义本身的核心要素的分歧深得多。例如,一些国家在谴责恐怖主义不合理时,却坚持认为以追求正义为由的暴力(例如民族自决)不构成恐怖主义。[1]即使在暴力被视为恐怖主义的情况下,也不能排除以下观点:有些恐怖主义行为至少根据刑法是可以免责的。在没有恐怖主义定义的情况下,国际社会仍然很难区分合法与非法的政治暴力行为。矛盾的是,正是关于政治暴力的这种分歧阻碍了国际社会对恐怖主义的定义达成共识。事实上,恐怖主义的定义范围越广、越全面,某些恐怖主义行为就越有可能是正当的或可辩解的。我们很难对恐怖主义的"核心"(如对平民的滥杀滥伤)进行辩解,此外,考虑到对人类生命和安全的严重后果,为政治暴力辩护必然是一项极为困难的法律工作。然而,只有明确和规范地将恐怖主义与合法和道义上可接受的政治暴力区分开,才能达成关于界定和禁止恐怖主义的协议。

为了解决国家之间的这一根本分歧,应当将国际人道法允许的民族自决与恐怖主义区分开来,并主张将人道法扩大为所有自决斗争的适当规范性框架。同样,通过运用战斗人员豁免权排除内部叛乱暴力,这将有助于使恐怖主义暴力与更合理的政治暴力形式区分开。首先,探讨国际刑法中的个人辩护(包括自卫和胁迫、必要性等)如何适用国际恐怖主义罪行的有限理由。其次,建议被指控犯有恐怖主义罪行的非国家团体行为者应有权诉诸"排除不法行为的情况",这与国家责任法类似。尽管个人或团体

---

〔1〕 Antonio Cassese, "Terrorism is Also Disrupting Some Crucial Legal Categories of International Law", *European Journal of International Law*, 12 (2001), pp. 993-994.

辩护可以免除小部分恐怖主义行为责任，但一些被认为是正当的行为仍可能不在辩护范围之内。为维护法治原则，在严格限制、客观可核查的情况下，某些恐怖主义犯罪可被视为"非法但可辩护"，在将"恐怖主义"定义为国际罪行达成共识之前，必须认真考虑恐怖分子暴力的潜在例外、辩护与免责事由。

（二）联合国大会对恐怖主义根源的回应

联合国为应对恐怖主义采取的第一项协同努力是对 1972 年 9 月慕尼黑奥运会上以色列运动员被恐怖分子杀害事件以及早先在以色列机场和纽约对苏联外交官发动的袭击做出反应。[1] 联合国大会对恐怖主义的"根本原因"进行了研究，据称其中包括"苦难、沮丧、委屈和绝望"，并且"导致某些人牺牲生命，包括自己的生命，从而造成了严重后果"。大会议程项目的标题并没有断言所有恐怖主义行为都是由这些因素造成的，而是表明这些因素至少是某些恐怖主义行为的基础。1972 年第 3034 号决议强调了"引起恐怖主义暴力的根本原因"，而不是对恐怖主义的界定或提供禁止性规定，敦促各国为这些原因找到"公正与和平的解决方案"，并重申："在殖民主义和种族主义政权及其他形式的外来统治下，各国人民具有不可剥夺的自决权和独立权，并维护其斗争的合法性，特别是民族解放运动按照《联合国宪章》的宗旨进行斗争的合法性。"[2] 该决议没有明确规定恐怖主义是追求民族解放或自决的正当理由，但是通过肯定这些斗争的合法性，它排除了将此类暴力视为恐怖主义。[3]

在第 3034 号决议设立的特设委员会中，大多数国家同意解决

---

〔1〕 A. Sofaer, "Terrorism and the Law", *Foreign Affairs* (1986), pp. 901-903.

〔2〕 UNGA resols 3034 (XXVII) (1972), ¶3.

〔3〕 UNGA resols 3034 (XXVII) (1972), ¶4.

恐怖主义根源很重要，但却没有就根源应如何确定与评估达成共识。当时的国际社会提出了许多原因，包括：资本主义、新殖民主义、种族主义、侵略、外国占领、不公正、不平等、征服、压迫、剥削、歧视、干涉或干预、颠覆、破坏发展和政治动荡。[1]甚至有观点认为"国家恐怖主义"是造成个人恐怖主义的主要原因，是人民反对压迫性政治、经济不平等和社会麻烦的形式。[2]不结盟国家在 1979 年提出了最详细的原因分类，将原因分为"政治"原因和"经济与社会"原因。[3] 相反，其他一些国家则认为，该原因清单是对恐怖主义的片面和主观的预先判断，并没能对恐怖主义与其原因之间复杂、动态的联系进行回应。普遍达成共识的是，联合国机构和现有规范框架已经在解决这些问题。此外，应对恐怖主义不应该取决于解决所有潜在的不公正现象。[4]一些国家在评估原因的重要性时断言，作为最后手段，那些进行正义或合法斗争的人有权使用任何手段。其他国家反对这一宽容性观点，认为最终目的并不能使手段合理化。某些行为特别是针对平民的暴力行为令人发指，以至于根本不具有任何辩护理由与免责事由。[5] 有些类似的理由是，正如国际人道法限制武装冲突中国家暴力的规范方式一样，个人行为和解放运动也必须接受人道法的限制。

　　特设委员会的辩论发生在国际人道法演变的过渡时刻。在特设委员会 1973 年第一次会议和 1979 年最后一次会议之间通过了1977 年《日内瓦公约第一附加议定书》（即《第一议定书》）。结

---

〔1〕　UNGAOR（28th Sess），Ad Hoc Cttee Report（1973），Supp. 28，UN. Doc. A/9028，8，¶26

〔2〕　Ad Hoc Cttee Report（1973），n. 12，15，¶49.

〔3〕　Ad Hoc Cttee Report（1979），n. 12，20–21，¶69（Algeria，Barbados，India，Iran，Nigeria，Panama，Syria，Tunisia，Venezuela，Yugoslavia，Zaire，Zambia）.

〔4〕　Ad Hoc Cttee Report（1973）.

〔5〕　Ad Hoc Cttee Report（1973），n. 12，8，¶23.

果，辩论在《第一议定书》的自决运动得到承认之后发生了变化。接受第一议定书的国家认为合格的解放运动应受国际人道法的约束和限制。国际人道法通过扩大战斗人员的豁免权和战俘地位，从法律上将此类运动与恐怖团体区别开来，从而使遵守国际人道法的解放暴力行为免除了刑事责任。从那时起，这些运动的任何恐怖活动都可被视为违反国际人道法，解放运动依然负有在武装冲突中遵守国际人道法的义务。如果民族解放团体不能合法地将武装冲突中的平民作为目标，那么除了违反国际人道法规则可能构成国际罪行外，同样可能被视为恐怖主义。

特设委员会于 1979 年提交最后报告，并在此间一直敦促各国和联合国逐步消除"国际恐怖主义的根源"，特别是殖民主义、种族主义、"大规模和公然侵犯人权和基本自由的行为"。[1] 上述报告指出不会损害根据《联合国宪章》所享有的人民的自决、自由和独立的权利。表面上看，尽管为自决而"斗争"的权利性质是模棱两可的，但该规定隐含地将追求"正当"原因的行为排除在恐怖主义之外。人们常常将这一规定解释为禁止恐怖主义行为的民族解放例外。[2] 但是，必须注意的是，争取自决权的"权利"源于《联合国宪章》，并且必须根据《联合国宪章》行使。联合国第 3034 号决议规定，反恐措施必须"符合《联合国宪章》的原则和宗旨以及联合国有关决议"。[3] 尊重人权是联合国的基本宗旨，即《联合国宪章》第 1 条中的"首要目标"，[4] 作为准国家实体

---

〔1〕 UNGA resols 34/145 (1979) ¶6; 38/130 (1983), ¶2; 40/61 (1985), ¶9; 42/159 (1987), ¶8; 44/29 (1989), ¶6.

〔2〕 M. Halberstam, "The Evolution of the United Nations Position on Terrorism: From Exempting National Liberation Movements to Criminalizing Terrorism Wherever and by Whomever Committed", *Columbia J. Transnational L.*, 41 (2003), pp. 573–577.

〔3〕 UNGA resols 3034 (XXVII) (1972), ¶3.

〔4〕 H. Lauterpacht, ed., *Oppenheim's International Law: vol. I*, London: Longmans, Green and Co., 1955, p. 742.

的自决运动必须遵守。[1] 有些决议还要求解放运动为争取自决而"合法地"进行斗争，这表明了对允许的斗争手段的限制。[2] 在确定这些限制时，有必要考虑自决权、国际人权法和国际人道法。虽然《联合国宪章》、人权条约都规定享有自决权，但这些法律文书都没有明确解决两个关键问题：其一，可以使用武力实现自决的权利包括哪些；其二，为实现自决权而采取哪些手段和方式。如果不存在使用武力确保自决权利，那么即使将目标严格限于军事目标，这种运动所使用的武力也可能被定义为恐怖主义，因为恐怖主义是旨在强迫或恐吓的出于政治动机的暴力行为，在一定程度上与自决运动相似。

（三）免责事由：民族自决运动

1. 诉诸战争权（*jus ad bellum*）与自决运动

尽管全球非殖民化运动已经接近完成，但这个问题并不过时。因为在巴勒斯坦、西撒哈拉等地区存在争议，所以也有许多基于种族或其他群体身份的内部自决主张。根据《联合国宪章》，人民享有自决权利，国际社会承认解放斗争的合法性，但没有具体说明允许的手段。国际社会形成共识，反对国家强行剥夺自决权运动的"行动"和"抵抗"，[3] 人民有权从第三国寻求并获得支持，但不包括派遣军事力量。[4] 总之，追究国际恐怖主义罪行时必须认真排除合法使用武力的情况。

---

〔1〕 I. Brownlie, *Principles of Public International Law*, Oxford: Clarendon, 1998, p. 63.

〔2〕 UNGA resols 44/29 (1989), ¶17; 46/51 (1991), ¶15.

〔3〕 J. Crawford, "The Right of Self-Determination in International Law: Its Development and Future", in P. Alston, ed., *Peoples' Rights*, Oxford: Oxford University Press, 2001, pp. 7-42.

〔4〕 Antonio Cassese, *International Criminal Law*, Oxford: Oxford University Press, 2003, pp. 199-211.

2. 战争法（*jus in bello*）与自决运动

无论自决运动是否有权使用武力，国际人道法均以人道主义为由平等地适用于武装冲突中的所有参与者。《第一议定书》的当事方将自决斗争视为国际武装冲突。因此，此类冲突的当事方应享有战斗员待遇，并享有对合法行为的豁免权。[1] 不能因为违反了国际人道法而将战斗人员归类为恐怖分子，因此，《第一议定书》将以前被视为恐怖分子的行为合法化。在这种情况下，自决运动必须遵守国际人道法的详细规定，包括禁止针对非战斗人员和平民的暴力行为，以及对战争手段的限制。[2] 非《第一议定书》缔约国可以继续将民族解放斗争视为非国际性武装冲突。[3] 也有人认为，《第一议定书》缔约国在国家不承认解放运动的情况下，可以将自决斗争视为非国际性武装冲突，因为对《第一议定书》第1条第（4）款的解释在有关国家的主观酌处权之内。虽然《第一议定书》的许多保护性条款已进入习惯法，但实际上并未将其"国际化"的自决斗争在第1条第（4）款实践中应用。[4] 但是，这种做法影响了国家实践，并可能逐渐成为一种习惯法规则。

在国际人道法框架内处理解放斗争将有助于界定恐怖主义的范围。[5] 各国自然"不愿接受可能最终破坏其自身权力结构的一

---

[1] L. C. Green, *The Contemporary Law of Armed Conflict*, Manchester: Manchester University Press, 2000, p. 64.

[2] E. Chadwick, *Self-Determination, Terrorism and the International Humanitarian Law of Armed Conflict*, The Hague: Martinus Nijhoff, 1996, pp. 2, 6-9, 204-206.

[3] L. C. Green, *The Contemporary Law of Armed Conflict*, Manchester: Manchester University Press, 2000, p. 64.

[4] Antonio Cassese, *Self-Determination of Peoples*, Cambridge: Cambridge University Press, 1996, pp. 203-204.

[5] E. Chadwick, *Self-Determination, Terrorism and the International Humanitarian Law of Armed Conflict*, The Hague: Martinus Nijhoff, 1996, p. 204.

种国际立法"。[1] 自决权具有普遍性，这是基本的国际关注。[2]
然而，以不干涉《第一议定书》缔约国的事务为幌子，国际法保
护压迫性政权免于普遍动荡，主张国家主权更合理地保护民众主
权。如果国际法认真对待自决，它就必须阻碍人权法，使各国能
够将强行拒绝其自决的人（作为恐怖分子）定为犯罪，并否认他
们被确认为战斗员。关于定义恐怖主义的国际协议必须以充分实
施《第一议定书》为条件，将合法的解放运动排除在恐怖主义范
围之外。[3]

3. 自决运动亦需遵循人权限制

在武装冲突中，国际人道法作为特别法，用于判断侵犯生命
权的行为是不是任意的行为，任意暴力行为是非法的，[4] 在国际
人道法中合法杀害不是任意剥夺生命，《第一议定书》规定了为民
族解放暴力行为辩护的条件。现在的问题是，自决运动的暴力行
为是否不受《第一议定书》的管辖？在缺乏主要自决规则对暴力
行为予以授权的情况下，我们必须审查人权法。然而自相矛盾的
是，恐怖主义侵犯了人权，但人权是民族自决运动的核心价
值。[5] 恐怖分子可能断言，暴力是确保自决的唯一手段，因此造
成的杀戮可能是对生命权的合法限制，旨在实现一个更有价值的
目标。因此，此时存在两个法律状态的规范冲突。从理论上讲，
人权的内部局限性限制了追求权利实现时可采用的手段。《公民权
利和政治权利国际公约》和《经济、社会及文化权利国际公约》

---

〔1〕　Antonio Cassese, *International Law in a Divided World*, Oxford: Clarendon, 1994, p. 92.

〔2〕　East Timor (Portugal v. Australia), Judgement, I. C. J. Reports 1995.

〔3〕　黄瑶:《国际反恐法中的民族解放运动问题——以〈关于国际恐怖主义的全面公约草案〉为视角》，载《中山大学学报（社会科学版）》2008 年第 5 期。

〔4〕　Legality of the Threat or Use of Nuclear Weapons, I. C. J. Reports 1996.

〔5〕　M. Ignatieff, "Human Rights, the Laws of War, and Terrorism", *Social Research*, 69 (2002), pp. 1137–1146.

这些条约中没有任何内容关于权利实现冲突问题的解决方案，没有明确允许解放运动以一般或特定方式侵犯人权以确保自决权的实现，并且在一系列决议中，联合国人权委员会宣布，恐怖主义永远不能作为维护人权的正义手段。[1]

在权利冲突的地方，平衡有竞争的权利是人权法的一项基本功能，例如，允许限制某些权利以确保其他权利的实现，[2] 特定目的证明某些手段是合理的。重要的是，手段是否能够保护足够重要的目的，以使这些手段相称。[3] 人权法禁止利用一群人的生命来确保另一群人的权利。在此基础上，很难接受自决权胜过非战斗人员的生命权。人权法没有任何规定表明其他所有权利都可以为自决权而牺牲。

即使是在自卫情形中，也不能不择手段，根据国际人道法，某些形式的暴力行为始终是不允许的。[4] 正如希金斯法官（Judge Higgins）在《以色列墙咨询意见》（Israel Wall Advisory Opinion）中所写的那样，国际人道法义务的本质在于："参与冲突的人应该知道，无论面对何种挑衅，战斗都必须遵循国际法，这是人类未来希望的代价。"[5] 维护国际社会的和平与安全是国际法的最高价值之一，国家是国际社会的基本组成部分。自决是为了实现国家地位而设计的，因此它并不是例外情况。鉴于自决运动的准国家人格特征，使用武力的性质从根本上是防御性的，是在反对外国统治。作为一项防御权，采取的任何行动都必须既必要又相称，因此没有任何借口构成屠杀平民行为的免责事由。如果一个人只

---

〔1〕 Pmbls to UNComHR resols 1996/47；1997/42；1998/47；1999/27；2000/30；2001/37；2002/35；2003/37；and UNSubComHR resols 2001/18；2002/24.

〔2〕 J. Raz, *The Morality of Freedom*, Oxford：Clarendon, 1986, p. 425.

〔3〕 D. Rodin, *War and Self-Defense*, Oxford：Clarendon, 2002, p. 126.

〔4〕 Rawls, *A Theory of Justice*, Oxford：Clarendon, 1972, p. 379.

〔5〕 Israel Wall Advisory Opinion, I. C. J. Separate Opinion of Judge Higgins.

能通过变得邪恶才能战胜邪恶，那么就不可能战胜邪恶。[1]

4. 其他政治上的正当原因

一直以来对恐怖主义最广泛的辩解是，针对不公正或压迫性政权的暴力抵抗、叛乱或革命都应当是合理的。[2] 革命和叛乱是古老而多样的，在西方法律思想史上的讨论一直可以追溯到古希腊法律、罗马法的自然法、启蒙运动、自由主义和人权。中国儒家法律思想也认为在极端情况下暴力的政权更迭是合理的。关于反抗和革命的大量文献中，多数集中在权利的存在及其行使的先决条件上，通常是在特定的国家秩序、政治制度或哲学传统中。关于权利在国际法中的地位以及行使该权利的允许手段的说法相对较少。最广泛的结果主义主张，正当理由证明一切手段都是合理的，例如法国和美国等经典革命形式经常涉及"恐怖主义"方法。

战争法都与恐怖主义辩护有关。如果没有反叛的权利，那么对国家的一切暴力手段都是非法的，并且即使暴力仅限于军事目的，也要受到国家（甚至可能是国际）的恐怖主义定罪。如果有反叛的权利（使某些国家内部的武力行为合法化），则必须仔细界定允许的暴力手段和方法的范围，以便将恐怖主义行为与合法交战行为区分开。那么国际法中是否存在"反抗权"？

第一，诉诸战争权与反抗权。抵制或反抗暴政或压迫的国际法律权利的存在令人怀疑。当然，"反对压迫政权的革命权利是西方民主传统的核心"，[3] 在其他政治制度中也很普遍。正如德国

---

〔1〕　M. Walzer, *Just and Unjust Wars*, New York: Basic Books, 2000, p. 206.

〔2〕　J. Paust, "Aggression against Authority: The Crime of Oppression, Politicide and Other Crimes against Human Rights", *Case Western Reserve Journal of Interntional Law*, 18（1986）, p. 283.

〔3〕　G. Fox and G. Nolte, "Intolerant Democracies", in G. Fox and B. Roth, eds., *Democratic Governance and International Law*, Cambridge: Cambridge University Press, 2000, pp. 389-432.

思想家汉娜·阿伦特（Hannah Arendt）所指出的那样，许多现代政治共同体是建立在暴力基础上的。[1] 然而，某些国内秩序中的共同原则并不意味着存在类似的国际权利。没有反抗压迫政权的具有约束力的条约权利。《世界人权宣言》序言指出，鉴于不应强迫人把叛乱和反抗作为最后的救济手段，那就应该通过法治来保护人权。

联合国人权委员会认可的一项起草建议书中提及"反抗的权利"，即当政府、团体或个人被系统地践踏基本人权和自由时，个人和人民有权反抗压迫和暴政。[2]《世界人权宣言》序言中承认，叛乱可能源于压迫，但这并不意味着存在反抗权。起草期间未提及"权利"，1966年联合国通过的两项人权公约《公民权利和政治权利国际公约》和《经济、社会及文化权利国际公约》中都未提及此类权利，并且该内容仅处于不具约束力的《世界人权宣言》的序言部分。《公民权利和政治权利国际公约》只明确提到了和平的政治参与权。此外，受灾国没有制止合法叛乱或将其合法化的相关责任，第三国也没有协助合法叛乱的义务，甚至没有保护叛乱分子免于因政治罪行被引渡的义务。第三国有义务不干涉内战并非旨在承认叛乱权利，而是为了将相关事务限定在国内管辖权范围内：保障人民通过内部自决决定自身政治地位的自由。

第二，战争法与反抗权。没有必要确定是否存在反抗权，以讨论发生暴力时的限制。在非国际冲突中，1949年日内瓦公约"共同第3条"规定，当事方的法律地位不影响人道法适用。同样，《第二议定书》也并不影响一国的主权或政府的责任，维持或重新建立国家的法律和秩序，或捍卫国家的统一和领土完整。国

---

[1] H. Arendt, *On Revolution*, London：Penguin, 1990, p. 20.

[2] ECOSOCOR（6th Sess）, Supp. No. 1, Report of the UNComHR, 17 Dec. 1947, 19.

际武装冲突中非正规部队的战斗员条件不适用于非国际冲突，非国家部队也没有战斗人员的豁免权。[1] 同样，在内部暴力冲突中，例如内部动荡和紧张局势、暴动、孤立和零星的暴力行为以及其他类似性质的行为也没有战斗人员的豁免权。[2] 在实践中，叛乱分子相对于第三国可能享有部分豁免权，尽管这是有条件的，因为它可能出于政治理由而撤回。

因此，国家可将非国家部队的暴力视为国家法律所规定的罪行，即使此类部队仅针对军事目标、遵守国际人道法，但他们公开携带武器，佩戴识别标志，其并非正式地尊重国际人道法。[3] 国际实践中，土耳其不承认库尔德武装，俄罗斯也不承认在车臣的内部冲突。虽然暴力是否构成触发国际人道法的内部武装冲突是一个客观问题，但即使是在《第二议定书》适用的情况下，国家仍将叛乱分子视为罪犯。一种让步是，敌对行动结束时，《第二议定书》敦促当局"努力对参与武装冲突的人或因武装冲突而被剥夺自由的人给予尽可能大的赦免"。同样，如果交战国不犯战争罪，"根据日内瓦公约的精神，应将叛国罪的审判和处决减少到因情况需要而必不可少的最低限度。"[4] 虽然允许起诉，但在实践中，一些国家实际上已经认可了普遍遵守国际人道法的非国家集团，而第三国通常不将叛乱分子视为罪犯。《第二议定书》的许多规定现在都可以看作是对现有规则的宣告，或已将习惯法的新兴规则具体化，或者在其作为一般原则的演变过程中发挥了重要作用。

---

〔1〕　Antonio Cassese, *International Law*, Oxford: Oxford University Press, 2001, p. 343.

〔2〕　Protocol II, Art. 1 (2).

〔3〕　H. Lauterpacht, ed., *Oppenheim's International Law*: *vol. II*, London: Longmans, Green and Co., 1955, pp. 210-212.

〔4〕　H. Lauterpacht, ed., *Oppenheim's International Law*: *vol. II*, London: Longmans, Green and Co, 1955, pp. 210-212.

第三，诉诸战争权和战争法的影响。对待非国际性武装冲突，各国享有酌处权将非国家部队诉诸武力和进行敌对的行为定为犯罪。除非处于内部冲突中的非国家武装部队（包括不适用《第二议定书》的国家）被排除在国际恐怖主义罪行之外，否则国际上存在将国家压制内部异议合法化的严重危险。如果恐怖主义是出于政治动机、胁迫或恐吓性暴力，那么叛乱政权的人可能会被起诉为恐怖分子，即使他们仅针对某个军事目标。

国际人道法对非国际性武装冲突的有限适用是基于对国内管辖权的不干预，特别是在国家利益与政治权威同等重要的情况下。[1] 然而，人权法与国家的属人管辖权产生某种程度的冲突。[2] 在国家严重侵犯人权的地方，以条约为基础的，人权保护"软"机制和监督可能无法确保基本权利。在缺乏有效、有约束力的执法系统或安理会干预的情况下，作为集体的暴力叛乱可能是制止侵犯人权行为的唯一手段。因此，提出了一项反叛权利，作为次要权利，作为对基本人权的大规模和持续侵犯的补救措施。[3] 叛乱是被压迫或被剥削的个人使用暴力来改变政府、社会结构或社会政策的权利。这种立场反映了政治罪行引渡的例外情况。像自卫一样，反叛权是一项基本的防御权，只有在满足法律先决条件后才能行使，其先决条件不是武装攻击，而是对人权的严重侵犯。

困难在于确定何时的叛乱是"合理的"。一个国家的违法行为必须是严重的、迫切的，例如持续的歧视、压迫或剥削，令人无法忍受。由于叛乱可能导致广泛的暴力行为，因此必须谨慎考虑

〔1〕 L. C. Green, *The Contemporary Law of Armed Conflict*, Manchester: Manchester University Press, 2000, p. 137.

〔2〕 M. Reisman, "Sovereignty and Human Rights in Contemporary International Law", *American Journal of Internaitonal Law*, 84 (1990), p. 866.

〔3〕 T. Honoré, "The Right to Rebel", *Oxford J. Legal Studies*, 8 (1988), p. 34.

叛乱的"合理性"，例如在极端情况下，或是在合理期限内没有其他补救措施的情况下。还必须权衡采取行动可能导致的后果。尽管涉及法律（基于权利的）标准，但是这些决定仍然引起人们对反抗权何时产生以及何时不应反抗的主观判断。这种判断通常比确定是否发生武装袭击更为主观。不论叛乱是否有正当理由，如果叛乱造成武装冲突，国家一般将敌对行为定为犯罪，强行镇压叛乱。有一个强有力的论点是，在尊重国际人道法的约束的同时，对压迫国家的叛乱暴力应在国际法中证明其"合法性"，那么反抗战斗人员应享有豁免权。为了避免在战斗中需要区分正义原因与非正义原因的问题，可以对任何进步或反动的叛乱部队给予战斗豁免权，只要他们遵守日内瓦公约、国际人道法及其战斗规则即可。出于人道原因，诉诸武力的合法性或正义性不影响战斗人员参加敌对行动的合法性。[1]

反对意见认为，这种扩大将使非国家暴力集团（包括恐怖分子）合法化，因为这使他们得到国际承认。[2]除1949年日内瓦公约"共同第3条"的有限干预外，这还将妨碍国内管辖权。这种"合法性"承认意味着失去对领土和个人暴力的控制权，各国不愿放弃其主权权威来识别和惩治"恐怖分子"。但是，国际人道法旨在服务于中立的人道主义目的，而不是赋予冲突参与者政治上的合法性或认可，就像承认侵略国部队的战斗人员豁免权并不会使侵略合法化一样。此外，承认非国家行为体具有国际人道法规定的权利和义务并不能使其成为国际法的完整主体，也不能赋予他们与国家同等的法人资格。赋予战斗人员豁免权只是确保非国家团体有更大的动机去承认和尊重国际人道法对暴力的约束。

---

〔1〕　H. Lauterpacht, ed., *Oppenheim's International Law*: *vol. II*, London: Longmans, Green and Co., 1955, p. 218.

〔2〕　A. Clapham, *Human Rights in the Private Sphere*, Oxford: Clarendon, 1996, pp. 112-116.

这不是将战争私有化，而是务实地承认私人团体已经发动了武装冲突。最好在国际法层面上规范非国家暴力集团，以最大程度地减少冲突中的伤害。

为了确保平民受到保护，叛乱分子必须遵守人道法的战斗规则，并对违反国际人道法的行为负责，尽管在实践中可能很难区分恐怖主义组织与有时使用恐怖手段的抵抗团体和游击团体。叛军需要最低程度的组织化才能享有战斗人员的地位，因为"结构对于激活和实施国际准则是必要的"。[1] 例如，1944 年一名法国抵抗力量组织的妇女穿着便服用左轮手枪在巴黎大街上开枪打死了一名德国军官，[2] 必然使所有法国平民都受到怀疑，并招致了严厉的报复。然而，正是这种"自由战士"，使得欧盟理事会试图在 2002 年框架决定中将其排除在恐怖主义范围之外，且在一项草案中排除了"为维护或恢复……民主价值而采取行动的人的行为，就像第二次世界大战期间某些会员国的情况一样"。[3] 该草案最终虽然未能被采纳，但是如果国际人道法采用了这种推理，就可以类似地证明为追求正义而犯下战争罪行是正当的。因此，国际社会在武装冲突中拒绝这种立场。尽管欧盟的声明不是法律文本的一部分，但它仍暗示着政治上的不安，即区分恐怖主义行为与战争期间的自由战士的困境。矛盾的是，欧盟的立场与将解放暴力排除在阿拉伯国家联盟、伊斯兰会议组织和非洲联盟的反恐条约上并无二致。这种豁免正是这些组织与西方国家之间矛盾的主要症结所在。

---

〔1〕 B. Larschan, "Legal Aspects to the Control of Transnational Terrorism: An Overview", *Ohio Northern University Law Review*, 13 (1986), pp. 117-148.

〔2〕 J. Henley, "You Can't Know How Wonderful It Was to Finally Battle in The Daylight", *Guardian*, 21 Aug 2004.

〔3〕 EU Council, Outcome of Proceedings of 6 Dec. 2001, Statement No. 2, Council Doc. 14845/1/02, 15.

最后，"非无辜"平民的否定。即使国际人道法已完全扩展到内战和所有的解放运动，对恐怖主义的另一种辩解仍然是对国际人道法区分标准的挑战。一种观点认为，一些非战斗人员不是"无辜的"，因此成为暴力的合法对象，例如执行和实施压迫政府政策的警察或政府官员。这些案件涉及国际法上的严重违法行为。但是，关于杀害"非无辜"平民的论点仍然无法接受。在武装冲突中杀死战斗人员是有道理的，因为士兵在军事上对敌方是危险的。相反，警察等都不具有军事上的威胁性，尽管有些人因参加敌对行动而失去平民豁免权，此时可能会成为战斗员。战斗人员客观上是军事威胁，但是官员活动的不公正或压迫性是政治判断的问题。国际人道法提供了确定战斗中的战斗人员的客观标准。对"官员、警察、执法人员"等的这种判断标准远远超过了在事实上确定战斗人员所涉及的范围。某种程度上，这种观点与报复性杀戮的论点无异。因此，一言以蔽之，所谓"非无辜"平民的观点应被否定。

（四）个人责任的抗辩事由

对于严重犯罪，公正的审判要求提供辩护，为证明被告对恐怖主义负有绝对或严格责任，因此应当提供全面的辩护。[1] 正如可以为被指控犯有种族灭绝、战争罪或反人类罪等被告提供辩护一样，对恐怖主义也应提供辩护。并非所有的恐怖主义都是相同的，因此，刑法不能以同样的方式对待所有恐怖主义行为。恐怖主义的动机与评估刑事责任有关。[2] 纽伦堡、东京、前南、卢旺达等国际刑庭的《程序和证据规则》允许对"任何特殊免责事由"

〔1〕 G. Knoops, *Defenses in Contemporary International Criminal Law*, New York: Transnational Publisher Inc., 2001, p. 9.

〔2〕 L. Kutner, "Constructive Notice: A Proposal to End International Terrorism", *New York Law Forum*, 19 (1974), pp. 325–349.

提出抗辩。《罗马规约》明确了免除刑事罪行的理由：①精神疾病或缺陷；②中毒；③自卫；④胁迫。[1] 自卫和胁迫是与恐怖主义行为最相关的抗辩事由。

1. 自卫

法理上的自卫一般是指，面对迫在眉睫的危险，采取合理的行动来捍卫自己或另一个人的权利，其方式与危险程度相称。《罗马规约》也规定了自卫的抗辩事由：该人采取合理的行动来保护自己，以防止对自己或他人的迫近的危险和非法使用武力，其方式与对该人或另一人的危险程度相称。[2] 除了迫在眉睫的非法袭击以及相称性的要求外，国际法学家卡塞斯还建议国际刑法进一步规定两个条件：其一，没有预防犯罪的其他方式，也称为必要性，包括撤退或避免冲突的义务；其二，侵略者的行为并非由自卫者引起。[3] 个人的自卫权与国家行使的国家自卫权不同，[4] 前南刑庭认为，国家自卫行动必须遵循国际人道法。[5] 由于自卫旨在保护一个人在其自身持续生存和身体完整性方面的合法权益，自卫行为是出于自我保护的目的，而不是出于政治目的或其他胁迫性目的。虽然杀死攻击者可能会偶然地实现政治目标，例如，如果攻击者是国家政策的代理人，但只要它是对即将来临的非法武力的合理和适当的反应，则该行为仍然可以被认定为自卫。出于这个原因，对无辜平民的攻击绝不可能是"自卫"。此外，自卫并不授权以战略方式使用暴力来抗议国家压迫政策。迫在眉睫的要求还排除了对下令但不亲自执行压迫性政策的国家官员的自卫。

---

〔1〕 1998 Rome Statute, Art. 27.

〔2〕 1998 Rome Statute, Art. 31 (1)(c).

〔3〕 Antonio Cassese, *International Criminal Law*, Oxford: Oxford University Press, 2003, p. 222.

〔4〕 1998 Rome Statute, Art. 31 (1)(c).

〔5〕 Prosecutor v. Kordić and Čerkez, ICTY-95-14/2 (26 Feb 2001), ¶452.

个人可以在防御中先发制人吗？关于这一点，国际法判例很少，但是一些国家法院允许个人的预先防卫。在英国"贝克福德案"（Beckford v. R）[1]中，法院认为要被袭击的人不必等攻击者打第一枪，理由是如果要求一个人"等到第一击"，那这时再自卫可能就没有意义了。然而，攻击必须迫在眉睫，而不仅仅是在将来的某个时刻可以预料到的。除非潜在受害者能合理确定地知道潜在攻击者的身份和意图，否则预防性自卫就不能成立。

2. 胁迫或必要性

关于恐怖主义，一些国家强调恐怖主义是压迫、贫困、绝望的必然或合乎逻辑的结果，这意味着某些时候对恐怖主义的惩罚是不公平的。相比之下，另一些国家反对恐怖主义是基于其手段的非法性，即使动机有合法性也不能自动使其手段合法化。显然，恐怖主义与不公正行为之间没有严格的刑法因果关系。甚至不结盟国家也认为，审查恐怖主义原因"绝不是为了证明它是正当的"[2]，1991年以后也没有任何决议断言恐怖主义的动因是正当的。国际刑法上，胁迫和必要性作为抗辩事由常常被归为一类。通常，胁迫指的是人为威胁的强迫，而必要性涉及自然力量或客观环境引起的紧急情况。[3]国际刑法上一般将胁迫和必要性结合在一起作为一种抗辩事由。《罗马规约》规定排除刑事责任的情形是，当行为是由于面临即将死亡的威胁或对该人或他人持续、严重的人身伤害而造成的，并且该人必须合理地避免该威胁，但前提是该人无意造成更大的伤害。危害比试图避免的危害更大。这种威胁可能是：①其他人造成的；或②因该人无法控制的其他情

〔1〕　Beckford v. R〔1988〕AC 130, 144.

〔2〕　UNGAOR (34th Sess.), Ad Hoc Cttee Report (1979), 22, ¶72.

〔3〕　Antonio Cassese, *International Criminal Law*, Oxford: Oxford University Press, 2003, p. 242.

况而构成。[1] 除了迫在眉睫的严重威胁和相称性的要求外，卡塞斯补充说，也必须没有其他"避免这种危害的适当手段"，包括撤退或合理寻求逃脱的情形。[2] 此外，需要说明的是，财产威胁不足以构成抗辩事由。

（1）胁迫或必要性作为有限抗辩。在大陆法系中，胁迫或必要性通常是完全抗辩；而普通法系中通常是针对叛国、谋杀或谋杀未遂等严重罪行，是仅在减轻刑罚方面适用。[3] 在"埃德莫维奇（上诉）案"［Prosecutor v. Erdemovic（Appeals）］中，前南刑庭在裁决中遵循了普通法系的做法，拒绝为涉及杀害无辜者的战争罪或反人类罪被告提供无罪辩护。[4] 尽管"埃德莫维奇（上诉）案"排除了恐怖主义分子杀害的必要性抗辩事由，但依然可以进行有罪辩护，必要性可以作为酌情减刑的考量因素。例如，在伊拉克战争期间，有许多媒体报道称，叛乱分子强迫、殴打、诱骗民众，企图对美军或伊拉克当局进行自杀炸弹袭击。胁迫抗辩的一个重要限制是，被告不得造成比试图避免的危害更大的伤害。因此，对迫害的恐惧不会成为劫持飞机、杀害乘客的借口。劫持人质可能是对迫在眉睫的威胁的必要而适当的反应，并可以胁迫抗辩，但是一旦人质被杀，这一行为将变得不相称，以此失去抗辩理由。其他类型的恐怖主义行为，例如轰炸政府大楼、向人群随机射击、飞机爆炸等都不是有助于保护自身安全的行为，因此不能以胁迫或必要性作为抗辩理由。

《罗马规约》将"必要性"定义为由于"一人面对迫在眉睫

---

〔1〕 1998 Rome Statute, Art. 31（1）（d）.

〔2〕 Antonio Cassese, *International Criminal Law*, Oxford: Oxford University Press, 2003, p. 242.

〔3〕 A. Reed, "Duress and Provocation as Excuses to Murder: Salutary Lessons from Recent Anglo-American Jurisprudence", *J. Transnational Law and Policy*, 6（1997）, p. 51.

〔4〕 Prosecutor v. Erdemovic（Appeals）, IT-96-22（7 Oct. 1997）, ¶19.

的危险，面对持续或即将发生的严重威胁身体健康的行为时，他或她必须合理地采取行动避免这种威胁，但前提是不应造成比所要避免的危害更大的危害"。一个着眼于必要性或更确切地说是胁迫的问题的国际法案件是前南刑庭的"埃德莫维奇（上诉）案"，但是前南刑庭上诉分庭没有在国际法中找到关于胁迫作为杀害无辜者的辩护理由的规则。而且大多数人的观点是，胁迫并不能为针对战争罪行的指控提供完全的辩护。因此，在被告杀害"非无辜"平民的案件中，上诉分庭没有排除进行必要性（受胁迫情形）辩护的可能性。为了免除迫在眉睫的伤害威胁，当行为人选择了非法行动时，是否应该进行人道主义必要性辩护？需要评估在这种情况下，被禁止的做法对国际人道法试图保护的价值的损害要小于任何合法的替代方案。

虽然对于某些一般犯罪可能具有胁迫或必要性的抗辩理由，但将其应用于恐怖主义犯罪会带来其他问题。如果恐怖主义是出于政治动机而定义的，那么这种动机通常会否定胁迫或必要性抗辩的基础。在上述情况下，飞机没有因为政治原因而被劫持，因为劫机者的目的不是改变政府政策或推动政治事业。相反，采取行动的原因是摆脱了迫害。如果以恐怖主义的政治动机来界定恐怖主义，那么缺乏政治动机就会使恐怖主义行为丧失恐怖主义犯罪性质。

需要注意的是，必要性不能成为自愿和故意违反国际人道法或国际刑法的组织或个人的借口。该人必须了解该团体的性质，并了解被强迫的危险，尽管不一定要预见该特定犯罪。与法律对上级命令的辩护的规定是相似的，法律不能原谅"自愿并自觉加入"盖世太保等犯罪组织的人。因此，自愿和有意加入非法恐怖主义组织的人，不能以执行命令或服从更高级别指令为由进行辩护，因为这些人选择将自己置于遭受犯罪强迫的危险中。

（2）正当防卫作为法定抗辩事由。《罗马规约》与"埃德莫维奇（上诉）案"不同，将防卫作为免责事由并不仅限于减轻刑罚的因素。[1] 该立场因破坏了国际刑法的威慑性而受到批评，但承认在极端情况下，普通的合理性概念可能不适用，法律不应该要求英雄主义、自我牺牲。[2] 在某些根本无法保护所有人的情况下，必须做出艰难的选择。总之，《罗马规约》没有排除对最严重的国际罪行的胁迫／必要性抗辩理由。但是，如果可以作为合法的防御措施，则必须受到严格条件的限制。在涉及杀害无辜者的情况下，需严格解释抗辩理由，应充分考虑相关因素，例如其他人在此情形下是否会做出同样的行为。[3] 这种现实主义的立场承认，如果一个人受到如此严重的威胁，那么不应当被追究刑事责任。如果胁迫／必要性可能成为最严重的国际罪行的借口，那么它是否就有可能成为某些恐怖主义杀戮的借口？事实上，一般情况下，恐怖主义造成的伤害永远不会满足比例原则，因为这种杀戮不太可能减轻威胁或危险。通常，还会有其他补救方法可用。

（3）如何界定"迫在眉睫的威胁"？不太严重或笼统的威胁，例如政治压迫或外国占领，不足以作为要求杀害无辜者的胁迫／必要性的理由，没有"政治上的必要性"的概念。对即将来临的死亡或人身伤害的威胁的要求被严格地解释为外部人身暴力的威胁。在国际人道法中，被控犯有战争罪的人不能为维持自己的生命或舒适度而做个人必要性辩护，例如他剥夺了受保护人的食物以维持自己的生命，尽管这可能与减轻刑罚有关。英国法院认为，将饥饿或无家可归作为犯罪的借口将为"各种非法和无序状态"敞

---

〔1〕 1998 Rome Statute, Art. 31 (1)(d).

〔2〕 R. Ehrenreich Brooks, "Law in the Heart of Darkness: Atrocity and Duress", *Virginia Journal of International Law*, 43 (2003), pp. 869-873.

〔3〕 Antonio Cassese, *International Criminal Law*, Oxford: Oxford University Press, 2003, p. 250.

开大门。[1]

免受对身体暴力行为的自由反映了法律所保护的权利，主要是公民权利和政治权利，特别是人身自由和安全，与那些需要逐步实现的权利，例如经济、社会和文化权利，这两者之间需要进行区分。这种区分反映了西方对权利的法律思考，可能低估了物质和意识形态对人的重要影响，上述原因才是导致穷人和无能为力的人走上犯罪道路的根本原因。[2] 侮辱、饥饿、贫穷，侵犯经济、社会和文化权利等不被认为可以通过捍卫胁迫/必要性得到保护。与此形成鲜明对比的是，在国家管辖权有效范围之外发生的情况（例如公海饥饿问题）仍有适用的必要。然而，在社会内部，人们认为，针对这些弊端的补救措施在于政治领域，例如政策选择和福利规划等公共治理措施。

然而，在富裕程度较低的社会中，不能假定最低限度的福利，特别是在一国由于意识形态、歧视或无能而未能防止饥饿或无家可归的情况下。贫穷或饥饿造成的物质剥夺越严重，必要性的基础就越强。即便如此，这也是从饥饿引起的盗窃免责到恐怖分子杀害无辜者的概念上的跨越。这种行为通常是不相称的。但是，在处于极端困难的社会中，不能排除这种可能性。例如，在饥荒期间为避免饥饿而杀死在其他地方运送食物的政府卡车司机的人可能会提出必要性作为抗辩。

在第一种情况下，如果客观地将恐怖主义定义为杀害公职人员，而不考虑动机，那么辩方可以为恐怖主义辩解。在第二种情况下，如果主观上将恐怖主义定义为出于强制或恐吓目的的暴力行为，则辩护方也可以为恐怖主义辩解。即使将恐怖主义定义为

---

〔1〕　Southwark London Borough v. Williams, Case C-2 All ER〔1971〕,（Lord Denning）.

〔2〕　B. Hudson, "Punishing the Poor", in A. Duff et al., eds., *Penal Theory and Practice*, Manchester: Manchester University Press, 1994, p. 302.

出于政治动机的暴力行为,第二个例子(涉及有关政府对食物分配的责任的政治声明)仍然可以辩解。第二个例子说明了较早的观点,即根据动机的平衡,具有混合动机(政治动机和自我维护动机)的恐怖主义行为仍然有可能免责。重要的一点是,带有偶然政治方面的紧急情况有时可以证明杀死无辜者是合理的,但是更广泛的道德或政治原因却不能。追求抽象权利而不涉及生命或肢体威胁的最大风险,不能作为免责事由。

3. 抗辩的否定

自杀式炸弹恐怖袭击不符合必要性抗辩事由:

第一,自杀式炸弹恐怖袭击者具有人身自由权,因而不能被认为是面临"严重而迫在眉睫的危险"。甚至有观点认为,即使被告所在国遭受外国的压迫性军事占领,或是被告经济贫困、人权被严重侵犯,也不能被认为是面临"严重而迫在眉睫的危险"。外国占领并不能认为是一种对生命安全的迫近威胁,而且其是由国际人道法的主要规则约束。

第二,若允许蓄意以平民为目标将损害整个国际社会的根本利益,即无辜平民的生命权。故意杀害的平民与其减轻的危险也不可能成比例。

第三,恐怖主义行为杀害平民是出于政治、宗教目的而不是出于防卫保护目的。

关于自杀式炸弹的争论基本上是对国家与非国家行为体之间有关权力不对称所产生的争论。恐怖主义被认为是软弱无能的人可用的唯一有效武器,他们无法通过常规方法与资源丰富的现代军事化国家抗衡。[1] 这种观点有一种直观的吸引力,但是无论出于什么原因,没有任何借口对无辜平民进行无差别杀戮。

---

[1] C. Card, "Making War on Terrorism in Response to 9/11", in J. Sterba, ed., *Terrorism and International Justice*, Oxford: Oxford University Press, 2003, pp. 171-174.

（五）集体责任的抗辩事由

与国际防卫刑法相对应的是考虑向被指控恐怖主义的团体行为者提供的请求。尽管国际刑法为恐怖主义个人责任提供了抗辩事由，但在针对团体行为者的辩护方面存在规范上的空白。自20世纪90年代初以来，国际社会通过安理会将某些集团定为恐怖分子，将其定为非法，并授权冻结或没收其资产。[1] 这些实体是否应享有程序上的权利呢？

在国际法律体系中，一国可为排除违反国际义务的不法行为提出抗辩。然而，《联合国国家责任条款草案》（Draft Articles on Responsibility of States）并未提及非国家实体的责任，仅指出它们"不损害"国际法规定的国际组织或个人的责任，而不考虑其他实体的责任，无论是公司还是非政府、慈善或民间社会组织。从历史上讲，一般的责任制度是否发展到涵盖这些群体，这是令人怀疑的。此外，安理会经常针对叛乱团体提出建议或要求，这些团体成员的任何国际责任可能仅限于违反适用的国际人道法，甚至违反其所在国法律，而不是违反一般国际法。

在外交保护模式下，对于国民的伤害等同于对其国家的伤害是同义的虚构。非国家行为体在应对国际违法行为负责的情况下是否应该享有与国家类似的程序性权利？这并不是要将非国家集团视为等同于国家的国际法人。正如国际法院在《损害赔偿咨询意见》中指出的那样，"任何法律制度中的法律主体在本质上或程度上不一定都相同。他们的权利，以及性质取决于社会的需求。"[2] 有争议的是，根据国际责任法，至少某些情况下，被认

---

〔1〕　N. Krisch, "The Rise and Fall of Collective Security: Terrorism, US Hegemony, and the Plight of the Security Council", in C. Walter et al., eds., *Terrorism as a Challenge for National and International Law*, Berlin: Springer, 2004, p. 879.

〔2〕　Reparation for Injuries, Advisory Opinion, I. C. J. Reports 1949.

定为恐怖分子的实体，是否可以自卫和进行必要性抗辩。在一些团体违反国际义务的情况下，可以提出这些辩护，这是大会和安理会在实践中确认的，但是目前还没有适用于恐怖主义的实践。[1]

1. 自卫

国际法上的自卫并不排除违反国际人道法和不可克减的人权规定的不法行为。[2] 正如国际法院《核武器咨询意见》所述，习惯国际人道法是"不可侵犯的"。从历史上讲，国家自卫只被视为国家的权利，而自决运动等准国家实体的自卫权是被否认的，宪章权利只能由国家主张。[3] 这是因为当前国际法体系主要由国家建立并且通常是出于国家利益的一种国际社会的表达。这个问题之所以重要，是因为非国家暴力通常被归类为恐怖主义，这是不是正当的？限制对国家使用武力通常是合理的，因为国家是"能够行使某种形式的集体自治的社会实体"。[4] 在实践中，科索沃对民族或宗教团体实施暴力迫害，民间社会团体以"自卫"的方式对此做出回应，这是否能作为抗辩事由呢？将使用武力的权利限制于国家是在防止国际暴力的扩散。当然，在防止暴力私有化以及防止暴力镇压、社会分裂方面，存在着务实的呼吁。合法暴力领域仅限于国家，而没有包括成千上万的团体参与者。如果使用武力合法主体太多，暴力的破坏性潜力被放大，则将威胁到国际和平与安全。

目前，国际法认为非国家行为体使用武力（在武装冲突之外）在很大程度上是一项内部事务，但要遵守基本人权义务。非国家实体无权进行群体"自卫"。但是，如果将恐怖主义定为国际罪行，国际法就不能再无视非国家团体对自卫的主张，因为集体自

---

〔1〕 UNGA resols 3034 (XXVII) (1972).

〔2〕 Legality of the Threat or Use of Nuclear Weapons, Grief Nicholas.

〔3〕 Antonio Cassese, *International Criminal Law*, Oxford：OUP, 2003, p. 197.

〔4〕 C. Woodard, *War and Self-Defense*, Oxford：Clarendon, 2002, p. 160.

卫可能是针对恐怖分子暴力行为的重要证明。赋予无权义务的法律制度将难以维护其合法性，特别是鉴于个别刑事辩护的适用范围有限这一原因。群体自卫在概念上比国家自卫更接近于个人自卫，因为作为自卫的先决条件，要求对非国家社区进行"武装袭击"会使得门槛过高。例如，针对种族群体的种族灭绝或暴力迫害的国家政策可能不等于常规的军事"武装袭击"，但显然足以引发群体自卫。

2. 必要性

根据国际法院先例，一国不得援引必要性，除非①"是国家保障基本利益免遭严重而迫在眉睫的危险的唯一手段"，并且②"不严重损害基本利益"。[1] 必然性要求排除了不法行为，因此是正当理由。[2] 必要性作为抗辩事由依然受到严格条件的限制。行为的合理性"取决于所有情况，不能被预先判断"。[3] 危险必须客观地确立，而不仅仅是尽可能地被理解或偶然出现，并且必须在紧迫意义上迫在眉睫。相关主体必须没有其他合法的手段来避免这种危险，并且必须严格遵循人权义务。所保护的利益必须客观地超过其他需要考虑因素。

类似的道德考虑也适用于非国家实体对自卫的诉求。有可能给其他人类社会的根本利益带来严重而迫在眉睫的危险，特别是给国家造成的危险。关于是否需要为维护基本利益而采取行动的国家决策，没有比相应的团体决策更有效。国家并不总是代表本国人民的利益，较小的社会单位可能对其成员的根本利益更敏感。

---

〔1〕　Gabčíkovo-Nagymaros（1997），I. C. J. Reports 7，¶¶ 50-51（those conditions reflect custom）.

〔2〕　H. Lauterpacht, ed., *Oppenheim's International Law*: *vol. II*, London: Longmans, Green and Co., 1955, p. 298.

〔3〕　J. Crawford, *The International Law Commission's Articles on State Responsibility*: *Introduction*, *Texts and Commentaries*, Cambridge: Cambridge University Press, 2002, pp. 182-183.

另一方面，众所周知的是非国家团体的承认和代表性问题，并警告不要将必要性简单地扩展到非国家团体。结构性较弱的群体在决策中可能没有责任和约束，即使专制国家也可能如此。此外，非国家行为体可能不受制于国际秩序传统以及塑造国家行为的遏制和威慑战略。如果承认这一点，集体辩护就不足以证明杀害无辜者是为了避免迫在眉睫的危险。正如劳特派特（Lauterpacht）所指出的那样，"被援引的必要性是为战争的所有恐怖，人类生命的牺牲，财产的破坏和领土的毁灭辩护。"[1]

小　结

毫无疑问，进入 21 世纪以来，恐怖主义组织和有组织犯罪集团问题都已变得更复杂、更广泛。造成这种增长的原因是多方面的，经济困难、社会之间较明显的贫富差异、人口和移民的压力、专制政权为维持其特权地位而施加的压制、城市中存在未受管制的空间等因素、更便宜的国际旅行以及全球化的特定特征，例如自由化金融市场、离岸和电子银行业务，以及非常重要的互联网的使用和滥用。在打击恐怖主义方面，国家执法工作以及国际司法和情报以及军事合作都需要进一步增强。总的来说，应在国际刑事司法机制下追究恐怖主义刑事责任，接受这一主张可能会鼓励各个国家重新审视引渡条约并重新考虑其反恐政策。同时，关于国际条约的解释应进行相应调整，并应加强反恐多边合作。事实上，特定恐怖主义组织的筹资结构和网络通常会远远超出国界。世界正面临着新一波恐怖主义浪潮，这些浪潮在新技术、网络空间、新武器的帮助下更加猖獗，仅仅依靠各个国家内部司法系统可能难以应对，国际司法系统将是一个应被充分考虑的措施。在

---

〔1〕 H. Lauterpacht（ed.），*Oppenheim's International Law*：*vol. II*，London：Longmans，Green and Co.，1955，pp. 208-209.

防止法院政治化的前提下，国际刑事法院是震慑国际罪行、维护
正义的最佳选择。

国际法视域下的反恐安全与程序正义

一、恐怖主义能否构成"紧急状态"？

将正当程序应用于反恐首先需要对紧急状态进行界定。恐怖主义对国家安全的威胁、风险和危险在很大程度上是模糊的，然而，为了最大限度地保护正当程序权利，必须将可行的、直接的和具体的威胁与不会对民族国家造成迫在眉睫伤害的间接威胁区分开来。如果决策者将所有威胁都视为迫在眉睫的危险，将导致过度反应的风险，从而增加侵犯个人权利的法律风险。决策者必须具体确定并严格定义什么是合法目标，以及该目标何时构成威胁，证明反恐措施的程序正当性。虽然合法的反恐涉及将政府权力强加于个人，但其合法性取决于确定相关的国家行动是否基于特定人的正当程序原则。否则，基于一种最准确的描述为"围捕通常的嫌疑人"的方法，法治和道德都在集体惩罚面前处于危险且毫无根据的次要地位。

正是在面临国际恐怖主义带来的最严峻挑战的时刻，法治原则与正当程序原则也受到了严峻的考验。首先从恐怖主义、反恐措施和人权之间复杂关系的三个标志性观点来探讨国际法视域下恐怖主义与正当程序的问题：其一，当需要通过采取强硬措施应对恐怖主义威胁时，如何能保证在任何时候都尊重每个人固有的和从对人的尊严的尊重而产生的基本人权。其二，反恐立法是否会模糊紧急状态权力和反恐规定之间的区别，这将在逻辑上导致永久紧急状态。其三，在某些情况下，反恐措施允许为保护国家安全而打开信件或窃听，在缺乏司法审查的情形下，如何确保面临恐怖主义威胁与人权保护之间的相称性？我们陷入了一场反对恐怖主义的"战争"，作为一场我们不知道会持续多久的战争，被要求放弃一些自由，接受个人隐私的减少，以达到我们生活的最大利益，尽管我们没有看到"战争"干扰我们的日常生活。我们相信，我们将采取全方位"强硬"措施以有效应对恐怖主义。在这种拉锯式的困惑中，需要正确理解这种情况：反恐斗争是否只是对同样短暂的紧急情况在有限时间所做出的反应？如果是这样，人们可能更倾向于容忍政府，因为它会做任何需要做的事情来适当地处理这种情况。还是说，打击恐怖主义已经成为 21 世纪"文明冲突"的一部分？在这种情况下，程序正义是否依然应被坚持？

不论在战争时期还是和平时期，对公民自由的保护采取一刀切的方式显然不可取，也不太可能。远古以来，人类群体就使用一切必要手段抵御外部威胁。部落、古代帝国、现代民族国家都是如此。在需要的状态下，法律及其约束有所变化，正如法谚所云，"枪炮作响法无声"（*inter arma quiet leges*）。除了战争之外，对既定秩序的内部威胁也引发了类似的争论，即在既定渠道和法律内容之外维护安全权力。对于现代民族国家，卡尔·施密特（Carl Schmitt）对国家无限的紧急权力提出这样的论点，存在这样一种紧急状态，当出现这种捍卫社区的紧急需求时，政府的其他部门至少必须暂停其权力或将其交给一个单一的、垂直整合的领导者或领导系统。

国内法律制度通过承认广泛的自卫要求，在很大程度上适应了个人的这种要求。对于处于战争状态的国家，特别是那些实行民主制度和权力分立的国家，宪法允许将权力集中在行政长官身上，例如美国总统作为总司令的角色。在国际层面，在《联合国宪章》宣布侵略的不法性之前，战争本身在很大程度上可用作外交政策的工具，但保留了国家固有的自卫权。尽管对发动战争的理由有限制，并且对战争的手段和方式的限制时间更长，但国家仍有在其生存受到最终威胁的情况下采取行动的自由，如国际法院关于以核武器进行威胁或使用的合法性的相关咨询意见，该意见在 1996 年指出，"国际法院无法就核武器的合法性或非法性得出明确的结论。因为国家有可能在生存受到威胁的极端情况下使用核武器自卫。"[1] 对既定权力结构的内部威胁，无论哪种形式，都可能同样严重，因为它们可能危及社会的和平与安宁、其选择的政府结构，并最终危及国家安全本身。各个国家采用"例外状态""紧急状态""警报状态""戒严状态""戒严法"等概念，对它们为管理此类危机情况而引入的特殊法律秩序进行了不同的描述。这些法律制度的共同点是在许多情况下诉诸逮捕和拘留的特殊权力，在军事法庭进行审判，有时颁布特殊刑法，有时追溯适用，限制自由权表达和集会等措施。历史进一步表明，很多时候在动荡的情况下，国家选择对那些被认为是国家敌人的人使用酷刑，以从他们那里获取信息或供词。有时当国家通过人身保护令等方式推翻对遭受任意逮捕和拘留的受害者的政府行为的司法审查时，被以恐怖主义罪行指控的被告可能面临在法庭上被剥夺权利保护的风险。

实践中可以通过将此类紧急状态纳入立法，以使政府当局获得适当的法律衡量标准，指导他们的行为，避免他们陷入无法可依的境地，并引导他们回归正常状态。在诉诸紧急状态权力时应该遵守合法性原则，并且应该强烈依赖法治原则来限制滥用。然而，现实是对平民行使管辖权的军事法庭，以及行政部门发布的过于宽泛的命令和规则，转移了立法机关在此类事项上的权力。

---

[1] Legality of the Threat or Use of Nuclear Weapons, Grief Nicholas.

失败的例子是魏玛共和国及其宪法，第 48 条正式允许并描述了紧急权力。然而，这一规定并没有阻止总统解散本可以控制紧急权力的国会。再比如，在美国，没有对紧急权力的精确定义。在 19 世纪，总统根据自己的自由裁量权行事，在宪法对其授予的权力中没有明显依据，有时是根据国会通过的具体普通立法。在 20 世纪，已经发布了措辞宽泛的紧急法赋予行政部门广泛的权力来发布法规并采取不同寻常的措施来应对危机，高度的立法默许导致了总统的实际权力集中。所有这一切都发生在宪法结构没有任何明确变化或任何正式中止自由的情况下。然而，值得注意的是，纽伦堡审判的首席检察官罗伯特·杰克逊（Robert Houghwout Jackson）受到魏玛宪法使用第 48 条紧急权力无缝过渡到希特勒独裁统治的启发，以及阿根廷根据 1853 年宪法的紧急条款对多次政变的容忍，他做了如下阐述——就国际法而言，在 1945 年之前除外交保护法规定的涉及外国国民的情况外，基本上由各个主权国家来决定如何处理这些国内紧急情况。自 1945 年以来，人权革命兴起，需要确定国家是否可以随心所欲地应对内部威胁？如果是，应该做出哪些调整，以解决国家面临的团体的合理担忧，这些团体意图通过暴力强加其目标。尤其是，当国家使用逮捕和拘留的特别权力时，通常是不受期限限制和条件限制的，以及在具有特别程序的特别法庭进行审判时，消除了诉诸独立和公正的法院、传统补救措施和程序保护的机会，通常很难保证将这些措施与久经考验的正当程序相协调。国际人权文书确实试图设想并在法律上涵盖这种紧急状态，并限制可能无限制地使用或滥用政府权力。它们在国家自我保护的需要与个人尊严和自由权利之间取得平衡。从本质上讲，他们将宣布紧急状态的责任推给了一个国家，将这一声明限制在某些条件下，并且即使在威胁到一个国家的生命的情况下，某些人权保障也不会被修改。因此，虽然在紧急情况下克减某些权利根据国际法是合法的，但权力滥用在任何时候都是非法的。因此，每当国家诉诸反恐战略以努力恢复宪法秩序和内部安全时，都需要平衡的紧急权力，澄清和遏制滥用行为以及对人权的持久尊重。

虽然不存在明确的规则或详尽的清单以涵盖那些严重危及国家安全的情况，但可以通过实证分析法确定国际法在哪些方面将紧急情况纳入规范性规定中来缩小这一概念的范围。这种被纳入的紧急情况便构成了各种世界性和区域性人权条约中的可克减性条款。纵观主要的世界性或区域性人权保护文书，会遇到诸如威胁国家安全的紧急情况、威胁国家安全的战争或其他公共紧急情况、公共威胁等术语，以及其他威胁缔约国独立或安全的公共紧急情况等表述。这些术语相对宽泛，确实为对紧急状态的情况做出不同解释留有余地。这种解释是否应该完全留给国家最终决定？国际法委员会的意见是，每种紧急情况都必须根据自身情况进行判断。[1] 国际法就像任何法律一样，可能会发生变化，而且其内容，正如这里以相当开放的术语表述的紧急状态，可能会随着需要的出现，进行不同的解释并且逐步发展。因此，在人权制度受到紧急限制的情况下，特别是在正当程序保障之下，重要的是要从更广泛的角度看待问题本身。为此，它可能有助于审查在厘清紧急情况概念和阐述紧急情况的一些类型及其在人权制度中的位置方面的一些努力。联合国小组委员会委托特别报告员妮可·奎修克斯（Nicole Questiaux）开展研究，其研究报告题为"关于被称为紧急状态的情况的最新发展对人权的影响研究"。在该报告中，她提出一个"参考模型"，根据这个模型应该有一份正式的公告，在法律上明确规定允许行使紧急权力的所有理由、各自的时间限制、不可克减的权利和/或其他被暂停或受限制的权利、各自的控

---

〔1〕 International Law Association Paris Report（1984）.

制措施，以及各种政府机构权力范围的任何潜在变化产生的影响。[1] 然后她将其首选的理想模式分为五种类型：①没有相应通知的正式紧急情况；②事实上的紧急情况，即在没有通知或宣布紧急情况的情形下中止权利，或在解除紧急状态后继续中止的；③以紧急状态的持续有效扩展为特征的永久性紧急情况；④复杂的紧急情况，其特点是通过部分暂停宪法规范和发布复杂、庞大、影响深远的法令，使法律制度重叠和混乱；⑤利用制度化紧急情况来延长的过渡紧急制度。她建议编纂永久性的国家安全法，以限制五个偏差中的任何一个。贝尔法斯特女王大学的汤姆·哈登（Tom Hadden）教授提出另一种法律分类方法：①低级别紧急情况，在这种情况下，引入特殊权力来应对相对孤立的恐怖威胁；②临时的普遍性紧急情况，其中引入了一套紧急权力来处理社区冲突等广泛的混乱；③永久性或预防性紧急情况，其中此类临时措施是永久性的，以防止有组织的恐怖主义的增长。另一种分类方法是国际法协会（International Law Association，ILA）制定的类型，它注意到法律上的紧急情况，指的是正式宣布和/或通知的紧急情况，以及未正式通知的事实上的紧急情况。包括四种类型：①"经典"事实上的紧急情况，以实际紧急情况为特征；②"模棱两可"的事实上的紧急情况，没有真正有形的紧急情况，安全法的应用突然发生变化；③"制度化"的紧急情况，其特点是没有真正的紧急情况，取消先前的正式紧急情况，同时将紧急情况法纳入普通法部门；④"普通"措施，其特点是没有真正的紧急情况，并且有对人权有极端限制的永久法律。[2]分析这些分类，可以更加清楚地看到，紧急状态的精确定义和分类。在任何类型

---

〔1〕　U. N. Doc. E/CN. 4/Sub. 2/1982/15.

〔2〕　Roza Pati, *Due Process and International Terrorism*, Leiden：Matinus Nijhoff, 2009，pp. 14-30.

的异常情况下，都可以找到各种分类边界特征的内在复杂性。在任何情况下，这种特征描述的困难都比所谓的"恐怖主义"袭击领域更为明显。

二、"反恐战争"中的拘留制度

"9·11"事件之后，小布什政府提出了"反恐战争"，即使用军事手段进行反恐斗争。虽然目前已经很少使用"反恐战争"的修辞，但是使用武力进行域外反恐的军事行动或军事干预行为却从未停止过。伴随着使用武力反恐，作为维护安全的有效措施就是对作为可疑恐怖分子的"被俘人员"（captured personnel）的拘留制度。这些作为可疑恐怖分子的"被俘人员"能否作为新类别的"敌方战斗人员"而适用国际人道法、国际人权法将是需要讨论的重要问题。

（一）"反恐战争"与恐怖主义罪行

恐怖主义是否可以被认定为国际罪行，使用武力反恐能否称之为战争，是自"9·11"事件以来最广受争议的问题。反恐战争论调的主要支持者是美国前总统小布什，他声称"法律不应为敌人服务"。[1] 在奥巴马当选总统之后，"反恐战争"这种修辞已经很少使用了，但争端的实质内容仍然存在。美国政府仍然在关塔那摩湾拘留着 166 名嫌疑犯，这些嫌犯面临着军事委员会的判决与惩罚。[2] 恐怖主义罪行的界定一直饱受争议，恐怖分子在某种意义上可能是另一个群体、民族、文化中的自由战士，但是英国前首相撒切尔夫人在回应 1981 年爱尔兰饥饿罢工时曾反驳这种道德

---

〔1〕 State of the Union Address, http: //georgewbush – whitehouse. archives. gov/news/releases/2004/01/20040120－7. html.

〔2〕 See Guantánamo Review Task Force, Final Report（Department of Justice, 2010）.

相对主义观点："犯罪就是犯罪，犯罪不是政治。"[1] 应对恐怖主义威胁，目前广泛的国家实践是将恐怖主义罪行通过国内立法的方式予以规定，通过国内刑事司法程序进行惩处。然而，强调刑事司法不应掩盖西方国家在阿富汗和伊拉克发动的军事行动。虽然这些军事行动已经结束或正在减少，但是类似的军事干预却从未停止过，例如对马里（Mali）还有对马格里布（Magreb）的"基地"组织采取的进一步军事干预。[2] 这些军事部署与军事行动使得国际人道法中的许多概念之间的界限不再清晰，例如"冲突"与"战斗员"[3]、战争与犯罪等概念。

虽然当今世界应对恐怖主义的首要策略依然是国内刑事司法，但是军事参与反恐、使用武力反恐的实践在当今时代已经越来越普遍。即使这种军事参与不应取代国内刑事司法对策的首要地位，然而国际法也不应该置于每个国家国内司法之外。"反恐战争"这一措辞中含有敌意的立场，涉及"反叛乱"这样的术语，这种术语背后往往涉及使用武力反恐的军事手段，[4] 这些措辞似乎在为使用武力反恐寻找合法性基础。伴随着使用武力反恐，随后发生的最严重的问题之一，即对作为可疑恐怖分子的"被俘人员"的军事拘留和审问。这些作为可疑恐怖分子的"被俘人员"能否作为新类别的"敌方战斗人员"而适用国际人道法、国际人权法，这些问题将是本书讨论的重点。

---

〔1〕 K. McEvoy, *Paramilitary Imprisonment in Northern Ireland*, Oxford：Oxford University Press，2001，ch. 4.

〔2〕 UN Security Council Resolution 2085 of 20 December 2012.

〔3〕 赵远：《论惩治犯罪与保障人权相结合的反恐刑事政策》，载《南都学坛》2020 年第 6 期。

〔4〕 Home Office, Pursue, Prevent, Protect, Prepare：The United Kingdom's Strategy for Countering International Terrorism（Cm. 7547, London，2009）para. 7. 16.

（二）国际人道法下的拘留制度

国际人道法也被称为武装冲突法、战争法。如 1949 年"日内瓦四公约"及其 1977 年附加议定书所体现的那样，国际人道法涉及两个主题：敌对行为（战争的手段和方法）和保护战争受难者（不参与或不再参与敌对行动的人）。拘留可以看作为后一个主题的一部分。

1. 国际人道法中对拘留的规定

国际人道法并无针对未经起诉或审判的拘留的禁止性规定。所谓的安全拘留是战争的一个固有特征。日内瓦公约关于国际武装冲突的条约规定或国家之间的战争，明确承认这种拘留。然而，日内瓦公约关于非国际武装冲突的规定或涉及非国家武装团体的战争，没有提到拘留权问题，而且存在一个不确定性的情况。日内瓦公约规定谈判国故意拒绝将适用于国际武装冲突的规则，包括禁止/拘留的规则延伸到非国际性武装冲突。1977 年，"日内瓦四公约"的两个议定书的谈判顺利完成：涵盖国际性与非国际性武装冲突。《第一议定书》申明了国际性武装冲突对战斗人员和民众的拘留权。《第二议定书》包括日内瓦公约，并没有对拘留作出相关规定。虽然国际人道法文本中没有明确规定非国际武装冲突的拘留权，但有两个论点说明存在这种拘留权。首先，一些人声称，拘留是一种习惯国际法；其次，应该推定以类似于在国际武装冲突中拘留战斗员和平民的权力。

因此，讽刺的是，一些国家现在宣称基于人道法的在非国际性武装冲突中的拘留权，正如英国政府在"穆罕默德诉国防部案"（Mohammed v. Ministry of Defense）中所做的一样。[1] 一种观点认为，如果国际人道法既不禁止也不授权在非国际武装冲突中的拘

---

[1] Mohammed v. Ministry of Defense，[2014] EWHC（QB）.

留，只有在符合国际人权法的国内法中阐明了理由和程序的情况下，才允许在非国际武装冲突中进行拘留。然而，因为一些法律和实际的原因，在现代武装冲突中防止任意被拘留的保护方面仍然存在空白。

其一，有时在国家确实没有刑事指控或审判，也没有明确的国内法律授权的情况下进行拘留也是存在必要性的。事实上，对尼加拉瓜人民军的拘留既有军事必要性，也有人道的迫切需要，防止敌军士兵返回战场，从而鼓励俘虏而不是杀人。其二，国家可以正当地或不正当地否认在武装冲突中适用人权法和其治外法权行为。其三，国家可以减损禁止在国家紧急情况下（例如武装冲突）任意拘留的人权条约规定。其四，跨国性的非国际性武装冲突问题是，拘留国的法律是否可适用于它在另一国领土上进行的拘留行动。其五，非国家武装团体从事拘留，但不能以任何推定的意义来"立法"，最后，一般认为非国家武装团体不受人权条约规定的约束。

"穆罕默德案"的判决使这些问题突出。最终法庭的裁定让穆罕默德在阿富汗的英国军事基地被拘留了一百多天，这违反了《欧洲人权公约》第 5 条，该拘留不属于第 5 条所规定的允许拘留理由，否定了关于《欧洲人权公约》不适用于本域外条约的辩护理由。委员会还得出结论，其他法律来源，即《联合国宪章》、安理会决议、阿富汗法律、国际人道法授权禁令，不符合或超越第 5 条的适用范围。判决决定表明了需要填补关于在非国际武装冲突中拘留的法律空白。

红十字国际委员会（International Committee of the Red Cross, ICRC）被普遍认为是世界上国际人道法的"守护者"，2005 年，红十字国际委员会发布了一项适用于国际性与非国际性武装冲突的习惯国际人道法综合研究，这项研究不仅反映了红十字国际委员会的意见，而且其结论是基于对国家实践和法律确信（*opinio juris*）

的广泛、深入的分析。研究确定了 161 条规则，其中第 99 条涉及剥夺自由，承认根据"日内瓦四公约"的理由和程序，阐明国际人道法关于拘留的权力。除了关于武装冲突的缔约国是否应该分别根据《日内瓦第三公约》和《日内瓦第四公约》处理交战权、俘虏战斗人员和平民的看法外，对非国际性武装冲突并没有相似阐述。

2. 拘留对象的范围与合法军事目标的范围

显而易见，如果一个人可以被视为敌方战斗员，他也可以是被拘留的对象。敌对战斗人员甚至平民在他们直接参与敌对行动时都被视为构成合法军事目标，是可以使用武力攻击的对象。一种观点认为，在某些情况下，拘留权隐含在使用武力权中，即使不是义务，但应该是具有优先顺序，即在可能的情况下拘留而非杀害。试想，如果没有关于拘留的明确规定，那么在武装冲突中或许会在某种程度上增加交战双方杀人的动机。但是，大多数国际刑事法庭中的拘留都是依照国内法律进行的。

事实上，很长一段时期以来，武装冲突中的交战方已经在行使拘留权，而且不仅仅是合法的军事目标，而是范围更广的对象，包括被视为威胁安全的人员。"日内瓦四公约"和《第一议定书》中所明确规定的拘留对象，包括丧失战斗力的战斗人员（*hors de combat*）和直接参与敌对行动的平民。由于拘留权的对象范围与合法军事目标的范围完全一致，因此，后者的权力不能简单地被断言为是前者权力的基础。此外，国际人道法不可能不给国家在武装冲突中选择的余地，国家可以选择处死、释放或拘留。相反，国际人道法只要求在法律基础上拘留权的合法性。在大多数情况下，国内刑法就足以提供这种合法性来源了，包括通过国内立法将这些实际威胁安全的行为定为刑事犯罪以及与恐怖主义有关的犯罪。各国对这种罪行确立以及行使治外法权的能力也已确立。但是，如果刑法没有相关规定，各国仍可以通过行政立法规定行政拘留权，只要它符合关于理由和程序的最低的国际法要求。

实际上，在军事目标和拘留对象之间也存在着巨大区别：合法军事目标在一定程度上是动态的、应激的选择，在武装冲突中交战方根据当时的情况，构成迫在眉睫的武力威胁的对象都可以被视为合法军事目标，目标确定的过程可能无法经过正当程序的反思；[1] 而武装冲突中的拘留则是通过审议程序决定的，包括合理的事前审查与事后审查。有观点认为，美国在"9·11"事件后国会授权使用军事力量（Authorization for Use of Military Force, AUMF）的法律文件与安理会根据《联合国宪章》第七章提出的关于使用"所有必要措施"隐含地包括了拘留权。总而言之，无论这些法律文件是否批准非国际武装冲突中的拘留权，它们仅仅是一种补充而不能视为国际人道法的明确规定。

3. 国家主权对于拘留制度的保留

对拘留的理由和程序没有国际监管的原因主要有三：其一，传统的主权观念中拘留是一个国内法律管辖范围。其二，国内法通过刑法或行政法确立了拘留权。迄今，国际人权法没有明确禁止"行政拘留"或"安全拘留"，这被视为在没有刑事指控或审判的情况下进行的人身限制，国际人权法仅仅要求这样的限制不是任意的。但是为了保护人身自由权利，反对任意拘留，人权法要求各国对被剥夺自由的人提供独立的司法审查或人身保护。然而，一国的国内法当然不可能为非国家武装团体实施拘留提供法律依据，因此这几乎是众所周知的漏洞。其三，各国一直存有这种担心，将拘留权力建立在国际法而不是国内法中，将妨碍国家对非法持有武器的人处以刑事制裁。

这个问题需要进一步解释。国际性武装冲突规则包含一个独

---

〔1〕　Ryan Goodman, "The Power to Kill or Capture Enemy Combatants", *European Journal of International Law*, 24（2013）, p. 819.

特的刑事豁免权。在战争中，战斗人员可以攻击敌人战斗员和其他军事目标，而不会被认为是谋杀罪行，但是攻击目标仅限于战斗员与军事目标。在国际性武装冲突中，只有国家武装部队成员有权参与合法的敌对行动，如果不是国家正规的战斗员，那么将根据一般适用的国内法以杀人、殴打等罪行对其提起诉讼。当然，违反国内法或国际法，例如犯有战争罪，以及针对平民使用违禁武器、强奸和掠夺，则必须受到起诉。各国早就认识到国际性武装冲突的战斗员刑事豁免。它的逻辑是基于相互性："我同意不将你杀了我方士兵的行为定为刑事犯罪，你同意不将我杀死你方士兵的行为定为刑事犯罪"（He/She has the right to kill and the right to be killed）。武装冲突的缔约国可以捕获和扣留敌人的成员以防止他们返回战场，但由于该拘留不能依照刑法，需要建立另一个法律制度。这一制度现在体现在《日内瓦第三公约》中，该公约涉及战俘拘留的理由、程序、待遇和条件。

这种刑事豁免权并不能直接适用于非国际武装冲突中。在非国际性武装冲突中，交战方中至少一方不是文本意义上的有权享有交战特权的国家武装部队的战斗人员，而是平民战斗员。虽然国际人道法并不妨碍平民在国际性武装冲突或非国际武装冲突中参与敌对行动，但也不授予其交战行为的刑事豁免权。各国希望将在国际性武装冲突中的交战特权和参与非国际武装冲突的敌对行动的犯罪明确区分开来。由于国际武装冲突中敌方战斗员的拘留权与交战特权密不可分，各国不愿援引国际人道法，因为他们担心援引国际人道法可能相当于在法律上或政治上承认叛乱团体的合法地位。

这种担忧并非毫无道理，它部分地来源于国际人道法的两项规定：首先，《第一议定书》的适用范围，仅适用于国际性武装冲突。与日内瓦公约不同的是，《第一议定书》中关于国际性武装冲突的定义包括了"人民反对殖民统治和外国占领、反对种族主义政权、行使民族自决权的武装冲突"。换而言之，这些冲突在《第一议定书》之前是非国际性武装冲突，而《第一议定书》将民族自决权纳入国际性武装冲突的范围中，在某种程度上模糊了国际性武装冲突与非国际性武装冲突之间的区别以及其后果。这也是以美国为代表的一些其他国家拒绝签署《第一议定书》的主要原因。其次，国际人道法中一般性的规定，承认对低于武装冲突阈值的国家的暴力行为与超过该水平的国家的暴力行为之间的区别，当这种暴力行为达到武装冲突的程度时，应当包括一项要求，即各国"尽最大可能赦免"参加敌对行动的人。虽然这些规定并不意味着国际人道法为非国家武装部队战斗员（平民战斗员）提供特权，但是的确使一些国家为其担忧。

（三）国际人权法下的人权责任审查

国际人道法和国际人权法之间适用范围重叠的部分不断增加，国际人权法越来越扩展适用于武装冲突和军事活动，这一趋势已经得到国际法院的认同。[1]"9·11"事件之前关于保护人权这一点以1977年的附加议定书和关于禁止酷刑和平民轰炸的相关人权公约的进展为代表。"9·11"事件之后，人权法的适用范围得到了进一步拓展，从缔约国领土范围拓展到缔约国的域外行动，基于缔约国对地点或人的有效控制和权威。由于军事占领或通过同意、邀请或默许，在外国土地上实行"有效控制"的概念的政府，这种域外行动也应适用国际人权法。主张国际人权法的适用也可能是来源于对国际人道法作为特别法适用于"反恐战争"的怀疑。[2]

---

〔1〕　Legality of the Threat or Use of Nuclear Weapons, Grief Nicholas.

〔2〕　D. Kretzmer, "Targeted killing of suspected terrorists", *European Journal of International Law*, 16 (2005), p.171.

但是世界上依然有很多国家在"9·11"事件后采取军事行动反恐时依然主张适用国际人道法，即使存在某些不确定的领域，并对不确定领域适用国际人道法与国际人权法双重规则。[1] 基于国际人权法对反恐行动的法律审查的司法实践越来越多，例如在2008年欧洲人权法院审理的"穆罕默德诉外交和联邦事务部国务大臣案"（Mohamed v. Secretary of State for the Foreign and Commonwealth Office）[2] 中所体现的国际人权法在反恐行动中的适用问题。甚至到现在引发了一种以2013年《司法与安全法》（Justice and Security Act）为形式的立法反击，旨在在法庭上封闭这些公开的挑战。以英国反恐军事行动为例，英国在伊拉克和阿富汗采取的军事行动引发了越来越多的人权侵权索赔要求。例如，在另一起"阿尔-杰达诉英国国防部案"（Ral-Jedda v. Secretary of State for Defense）中，欧洲人权法院认为，2004年6月8日联合国安理会第1546号决议是对多国部队对伊拉克军事干预的事后（*expost facto*）承认，因此不能认定为授权军事行动。[3] 因此，根据《欧洲人权公约》第5条，英国应对其拘留在巴士拉（Basrah）的人员负有人权责任。在此案之前，英国上议院拒绝承担人权责任，根据《联合国宪章》第103条，执行安理会决议在国际法上具有优先效力，因此英国对杰达等人的拘留并不违反国际人权法。然而，欧洲人权法院的意见是，联合国安理会决议不能覆盖国际人权法。决议并没有明确授权未经审判的拘留，事实上仍然要求对人权的尊重。"阿尔萨丹案"（Al-Saadoon v. Secretary of State for Defense）

---

[1] D. Turns, "Classification, Administration and Treatment of Battlefield Detainees", in AMS de Frías et al., *Counter-Terrorism: International Law in Theory and Practice*, Oxford: Oxford University Press, 2011, p. 431.

[2] Mohamed v. Secretary of State for the Foreign and Commonwealth Office [2008] EWHC 2048, 2100, 2159 (Admin).

[3] Ral-Jedda v. Secretary of State for Defense [2007] UKHL 58.

与"侯赛因案"（Hussain Mufdhi v. Secretary of State for Defense）都是起诉英国国防部，[1] 这两人在 2003 年被拘留，然后在 2008 年 12 月 31 日，英国在伊拉克军事行动结束时被转移到伊拉克当局。案件中原告称转移时使其遭受虐待或甚至面临死刑的危险。欧洲人权法院在对管辖权进行审查时指出，"在英国军事行动具有完全排他的控制的事实上，原告属于英国管辖范围之内，适用于英国签署通过的《欧洲人权公约》。"

在欧洲人权法院，上述类型的案件越来越多。通过对上述案例的研究表明，对个别军事被拘留者的人权保障采取循序渐进的方式。但是，法律空白、适用不明确的领域仍然存在，国际人道法和国际人权法体系之间的不明确仍有待解决。在国际人道法中，现有规则对反恐军事行动的适用性仍然有争议，特别是美国、英国等国家拒绝根据《日内瓦第四公约》对被拘留的恐怖主义分子提供相关的法律保障。[2] 此外，国际人权法的责任主体问题，是否能把侵犯个人权利的责任归于国家的问题也存在很多争议。[3] 此外，国际人权法还面临着被削弱的危险，国家能否以紧急状态克减其人权义务，或以军事必要性来进行抗辩等。最后，一些国际人权法的要求有时被认为是不切实际的，例如，在像阿富汗这样一个偏僻与危险的冲突地区，给被拘留的恐怖主义分子提供独立的律师可能不容易实现。虽然存在很多争议，然而依然显而易见的是，在海外军事行动中，对平民的"拘留"将受到越来越多的国际人权法审查。这也将影响到各种国际人道法制度：根据《日内瓦第四公约》第 41~43 条和第 78 条，如果出于拘留国的安

---

〔1〕　Al-Saadoon v. Secretary of State for Defense［2009］EWCA Civ. 7.

〔2〕　Ral-Jedda v. Secretary of State for Defense［2007］UKHL 58 para. 107.

〔3〕　Saddam Hussein v. Coalition Forces，App no. 23276/04，14 March 2006.

全必要，平民可以受到拘留。[1]

国际人权法与国际人道法的互补性，即国际人权法在武装冲突情况下的继续适用性，已经被普遍承认，并且落实在了普遍的国际司法实践中，例如国际法院、卢旺达和前南刑庭、联合国人权事务委员会及其特别程序任务部门、禁止酷刑委员会以及各种区域人权监测和执行机制等。[2] 这种关系在非国际性武装冲突中的作用比在国际性武装冲突中更为重要，如《第二议定书》规定"关于人权的国际法规则为人类提供基本保护"，"共同第3条"明确国际人权法适用于非国际武装冲突。例如，它禁止"没有经过正规组成的法院作出的判决，即作出判决时不可缺少所有的司法保证"。虽然该条款没有明确提及人权法，但是不可或缺的司法保证正是国际人权法的内容。国际人权法与国际人道法在武装冲突中是一种交叉重叠适用的关系。

国际人权法不禁止行政拘留，行政拘留通常被理解为在没有刑事指控和审判的情况下的拘留。欧洲人权法院在"穆罕默德案"中发布了一份详尽的拘留理由清单，然而确定个人在武装冲突中是否为战斗人员或安全威胁并不是其中之一。这种遗漏在国际武装冲突中并没有影响，因为特别法（*lex specialis*）即日内瓦公约和《第一议定书》包含明确的拘留权力和程序。非国际性武装冲突的特别法也将优先于不一致或没有相关规定的人权法，但是如前所述，"共同第3条"或《第二议定书》中都没有包含任何相关规定，更不用说明确提及拘留当局或程序。其他人权国际法规，例如《公民权利和政治权利国际公约》，并没有列出拘留的可能的理由，但确实规定被剥夺自由者拥有在法庭上质疑他们的人身自由

---

[1] J. Pejic, "Procedural Principles and Safeguards for Internment/Administrative Detention in Armed Conflict and Other Situations of Violence", *International Review of the Red Cross*, 87 (2005), p. 375.

[2] Legality of the Threat or Use of Nuclear Weapons, Grief Nicholas.

限制令的权利。这一权利还让位于适用于国际武装冲突的国际人道法规定，因为相关的国际人道法规则是国际性武装冲突的特别法，它们包含与《公民权利和政治权利国际公约》相反的程序。但出于同样的原因，即欧洲人权法院的唯一拘留理由清单仍然适用于非国际武装冲突，根据《公民权利和政治权利国际公约》，剥夺自由的权利也是如此。

三、被告权利保护

国际刑事法院与其他国际刑庭的规约都规定，法庭保护那些被控犯有国际罪行的人的人权，包括无罪推定的权利、获得律师帮助的权利和接受公正公平公开审判的权利、犯罪嫌疑人有权对抗不利于自己的证言和证据、证明有罪的标准超越合理怀疑、上诉权利等。这些公平审判程序不仅有助于确保正义得到伸张，也是防止出现否认公平审判权利而产生排斥审判的情况，要以司法正义打击恐怖主义罪行。特别是在打击恐怖主义的背景下，尤其应注意司法正当性，否则通过诉诸恐怖主义来打击恐怖主义就会失去意义。这部分将着重研究国际刑庭或国际刑事法院在审理恐怖主义罪时的被告权利保护。正当程序是司法程序的本质，拒绝正当程序，无论是审讯还是审判，都违反了一般法治原则和道德规范。否认嫌疑人和被告的正当程序保护会导致反恐措施与民主的本质背道而驰。虽然不能忽视恐怖主义构成的威胁，但如果不能仔细区分实际威胁和感知威胁，则存在极大的危险。剥夺个人权利并不能保证这种方法有助于开展有效的反恐行动。

国际人权公约中所载之不可克减条款中的权利很可能被视为习惯国际法，因为在默认情况下，在任何时候都不得违反，而且由于各国在这些条约中的参与非常广泛且具有代表性。特别是其中列出的四项共同权利，即生命权、禁止酷刑和残忍和有辱人格的待遇或处罚、禁止奴役和法不溯及既往，可能被认为已经达到国际强行规范（*jus cogens*）的地位。公平审判权并未列入不可克减清单，但在某种程度上，仍可被视为构成习惯法的一部分，因此也可适用于紧急情况。公平审判权作为程序性权利的核心，对于确保享有不可克减的权利和针对违反这些权利的行为提供有效救济至关重要。需要注意到的是，不可克减条款本身禁止与国际法规定的其他义务不符的克减。国内和国际判例法也重申了这一点，因此，公平审判权可以视为是对所有国家都具有约束力的习惯国际法规则。此外，禁止强迫失踪也被国家实践确立为习惯国际法规则。强迫失踪本身违反了许多习惯国际法规则，特别是禁止任意剥夺自由和禁止酷刑和其他残忍或不人道的待遇，以及一些其他权利，例如生命、自由和人身安全，获得公正和公开审判的权利。因此，许多国家的立法都明文禁止，也没有发现国际司法实践中存在相反的做法。

根据《罗马规约》第 7 条第 1 款第（i）项，恐怖主义被视为危害人类罪，其定义在第 7 条第 2 款第（i）项中被描述为——逮捕、拘留或绑架国家或政治组织或在其授权、支持或默许下，拒绝承认剥夺自由或提供有关这些人的命运或下落的信息，意图将他们驱逐出境形成长期的法律保护。虽然尚未生效，但联合国大会于 2006 年 12 月 20 日通过了《保护所有人免遭强迫失踪国际公约》（International Convention for the Protection of All Persons from Enforced Disappearance）。其中，第 1 条规定，"任何情况下，不论是处于战争状态或受到战争威胁、国内政治动乱，还是任何其他公共紧急状态，均不得用来作为强迫失踪的辩护理由"；第 2 条明确了强迫失踪的定义，第 6 条将其归类为危害人类罪。

国际人权法和国际人道法都规定禁止任意拘留，并规定了初始和继续拘留的详细程序，强制执行这些程序只是为了满足最大的安全需要。不仅法律在人权条约和日内瓦公约及其议定书中禁止任意拘留，而且联合国机构、人权监督机构和法院也在不断谴责任意拘留。联合国安理会在第 1019、1034 和 1072 号决议中谴责了在波斯尼亚和黑塞哥维那（Bosnia and Herzegovina）及布隆迪（Burundi）的任意拘留。联合国大会在第 50/193 号决议中对前南斯拉夫的非法拘留表示关注和反对。联合国人权理事会在其关于《公民权利和政治权利国际公约》第 4 条的"紧急情况"中指出，在任何情况下都不能援引这种紧急情况作为违反人道主义法、国际法强制性规范的理由，例如任意剥夺自由。

一些既定的防止任意剥夺自由的程序要求在功能上是不可克减的，但并未列在不可克减的权利条款中。此类程序保障包括一个人有权立即获知被捕原因，被剥夺自由者有权被迅速带领并见到法官或其他授权行使司法权的官员，以及被剥夺自由的人质疑拘留的合法性。此外，国际人道法确立了作为习惯法规则的保障，即除非根据提供所有基本司法保障的公平审判，否则任何人都不得被定罪或判刑。尽管这些司法保障因条约而异，但是，其中包括的公平审判的一些最重要方面如下：

·由定期组成的法院进行审判的权利，提供独立和公正审判的基本保证；

·在被证明有罪之前被推定为无罪的权利；

·被告有权立即获知对他的指控的性质和原因；

·在审判前和审判期间享有所有必要的辩护权利和手段，包括准备辩护的充足时间和便利；

·为自己辩护或获得律师协助的权利；如果出于司法利益需要，有权获得免费法律援助；

·与律师自由交流的权利；

·获得口译员协助的权利；

·在场受审的权利；

·不被强迫作不利于自己的证词或认罪的权利；

·有权询问对其不利的证人，并在与对他不利的证人相同的条件下获得代表他的证人出庭和询问的权利；

·公开宣布判决的权利；

·上诉权；

·不受无故拖延的审判权。[1]

四、受害人权利保护

（一）受害人权利的保障与赔偿

恐怖主义受害者应享有与国际社会严重关切的其他罪行受害者同等的权利，作为人权、正义和和解的一个问题，包括赔偿的权利。黎巴嫩特别法庭赋予受害者赔偿的追索权。《罗马规约》也规定了战争罪、反人类罪和种族灭绝的受害者有权参加国际刑事法院程序的所有阶段，并接受赔偿。如果要实现正义，应给予受害者有效的法律途径进入公正司法机构。特设国际刑事法庭如前南斯拉夫和卢旺达，以及其他混合法庭如塞拉利昂、柬埔寨、科索沃和东帝汶，都制定了有效的规则、法规、程序以及实体法，以有效地保障被害人权利。

成立国际刑事法院的代表团也表达了类似的疑虑，其中一些代表团倾向于将其管辖权限制在国际习惯法下的核心罪行上，而另一些代表团则倾向于将恐怖主义列为基于条约的法律下的各种"国际社会关注的最严重罪行"之一。尽管如此，代表们还是通过了一项附加决议，该决议规定今后扩大国际刑事法院的管辖范围，并建议召开一次审议恐怖主义和毒品犯罪的会议，并商定一个可接受的定义，以便将这些犯罪包括在内。因此，修改《罗马规约》使恐怖主义进入法院的管辖范围仍然具有很大的可能性。

重要的是要考虑到，如果恐怖主义行为包含战争罪、反人类

---

[1] The Geneva Convention for the Amelioration of the Condition of the Wounded and Sick in Armed Forces in the Field, 1949, Article 49.

罪或种族灭绝的内容，那么它们已经属于国际刑事法院的管辖范围。如果国际刑事法院存在，而相关国家在"9·11"恐怖袭击时是《罗马规约》的缔约国，这些罪行就可以像一些公共领导人和国际法专家建议的那样，在国际刑事法院被起诉为反人类罪。这是一种超国家的处理方法。

像"9·11"事件这样引发大规模恐慌的恐怖主义行为，会让公众支持报复性战争及其发动方式，同时对打击恐怖主义手段的审查也会减少。这种好战情绪不仅导致社会处于随时发动战争的威胁之中，而且还可能产生长期的不良影响：公民自由的长期中止。这种对公民权利的侵蚀可能无限期地继续下去，因为先发制人和防止未来的恐怖主义成为根深蒂固的优先事项。

虽然对恐怖主义的军事和非军事反应可能导致侵犯人权，但诉诸使用武力产生的额外伤害不容忽视。这些包括对国际惯例和国际人道法的破坏，以及以恐怖分子不尊重法治为理由进行的减损辩护。其他更直接的伤害包括无辜平民和机构在这种报复和跨国执法行动中的死亡、伤害、流离失所和财产损失。使用武力会导致暴力、侵蚀权利和"他者"污名化的恶性循环——这正是国际社会所谴责的后果。值得注意的是，国际刑事法庭的一个主要目标是追究个人的责任，以减轻基于群体的仇恨和歧视。

此外，这些法庭保护被控犯有国际罪行者的人权，包括无罪推定的权利；获得律师帮助的权利和接受公正公平公开审判的权利；犯罪嫌疑人有权对抗不利于自己的证言和证据；证明有罪的标准超越合理怀疑；上诉权等。这些公正的审判程序不仅有助于确保正义得到伸张而且这一点"在打击恐怖主义的斗争中尤为重要"，特别是剥夺公平审判的权利会造成排斥和不公，可能会导致一些人诉诸"不可原谅的"手段。战时军事法庭，如"9·11"事件后授权的针对非公民恐怖分子嫌疑人的军事委员会，其所给予的正当程序保障比民事法庭甚至军事法庭都要少。[1] 行政、任意、无限期或长期拘留也影响到美国公民和长期居民，他们被指定为"敌方战斗人员"。世界上许多国家的政府都坚称，"9·11"事件之后的镇压政策是用来打击恐怖主义的，从草率的军事审判到对政治煽动者的残酷镇压，这样的运动总是涉及去人性化。相反，国际刑事司法对严重罪行的受害者和嫌疑犯的非人化力量施加了抵消性的压力。国际刑法通过其目标和将国际人道法和基本人权准则纳入其法学主体——可以在国际法和政治人性化方面甚至在恐怖主义领域发挥主要作用。因此，将恐怖主义归类为一种受超国家法庭管辖的国际犯罪有五个必要理由：

其一，将恐怖主义视为一种国际犯罪将有助于使战争不再被视为是对恐怖主义威胁和行为的唯一、最好或必要的反应。其二，刑事调查和起诉为各国政府的反恐军事和政治镇压提供了一种系统的、纠正性的、非好战性的选择，尽管这不是唯一或充分的选择。其三，通过国际司法部门为恐怖主义犯罪提供补救措施，将有助于"制约"和"平衡"行政和立法部门，在这些部门中，滥用权力和对"其他"的多数歧视的界限往往更高。其四，对恐怖主义犯罪的刑事法庭管辖权将有助于规范国家恐怖主义犯罪法律的互补原则。其五，恐怖主义受害者应享有与国际社会严重关切的其他罪行的受害者同等的人权、正义与和解的权利，包括获得赔偿的机会。

如果没有这种法律手段，甚至没有参与国际刑事司法体系的承诺，恐怖主义的受害者——无论是个人、国家还是组织——将继续受到诱惑，以损害国际和平、安全、人权和法治的方式对恐怖主义袭击做出反应。根据联合国安理会 2007 年第 1757 号决议设立的黎巴嫩特别法庭含蓄地承认了这一危险，并且赋予受害者寻

---

[1] Military Commissions Act of 2006, 10 U. S. C § 948 (2006).

求国际刑事法庭管辖的权利。因此，转变应对恐怖主义的范式时机已然成熟，将使得焦点上的受害者，那些在恐怖袭击和反恐措施中最为脆弱的，特别是个人经常被剥夺权利的成员成为社会最无足轻重的了。国际刑法可以帮助纠正当代恐怖主义的错误，使国家和非国家行为体远离今天如此普遍的战争模式。其他罪行受害者的困境促使建立了以基本人权保障为基础的国际刑事法院，同样，恐怖主义受害者的权利也应得到国际刑事司法制度的法律承认和保护。建立世界上唯一常设国际刑事法庭的《罗马规约》的序言阐明了创始缔约国的中心目标。在序言的第 2 条中，"令人难以想象的暴行深深震撼了人类良知"表达了对受害者的关心，这列于优先事项。这是给予战争受害者参与国际刑事法院所有程序并获得赔偿的权利。

（二）　国际刑庭对受害人权利的保护

最重要的是，国际刑事法庭为受害者提供了独特的参与和补偿权利，这些权利对于确保有意义的正义，从而防止未来的冲突，包括那些不仅是恐怖主义犯罪，而且还包括以反恐名义犯下的侵犯人权的行为，都是必不可少的。国际刑事司法，特别是在国际刑事法庭的成员合作和制度保障体系内，将国际人权法和国际人道法结合在一起，这部分重点研究国际刑事司法中的人权保护问题。

这些规定在国际刑法中是前所未有的，反映了国际社会日益认识到受害者在结束这些暴行不受惩罚的情况方面所起的重要作用，以及如果要实现正义，就必须使受害者有效并合法地获得公正的司法机构的帮助。[1] 正义的概念不仅是实体的，而且是程序

---

〔1〕　Basic Principles and Guidelines on the Right to a Remedy and Reparation for Victims of Violations of International Human Rights Law and Serious Violations of International Humanitarian Law, UN Doc. E/CN. 4/2002/62, p. 9, Annex (Jan. 18, 2000).

性的。国际社会的广泛参与有效地支持了国际刑事法院的目标和职能框架。

这种为战争罪、反人类罪和种族灭绝罪受害者伸张正义的集体努力经受住了许多程序性和实质性的法律挑战，因为国际刑事法院已经开始调查情况和起诉案件。某些罪行的构成要素已由国际刑事法院的权威文件确定，但国际刑事法院对这些罪行的受害者的定义的解释已确定。在法院审理的情况和案件中，受害者参与诉讼的权利的性质、范围和时间一直是有争议的讨论主题。

在上诉时提出和解决的问题，除其他外，包括①受害者必须遵守的程序，以及他们必须证明什么才能被视为受害者，并参加审判、上诉和审前调查的程序。②个人所受的"人身"损害，既可以附属于直接受害人，也可以附属于间接受害人，损害必须与所控告的罪名有关，并且不得排除被害人提供的主要证据或者在审判中对其可采性提出异议。[1] ③如受害人因失去家庭成员而要求精神损害赔偿，预审分庭必须要求提供某种证明，证明家庭成员的身份及其与申请人的关系。[2] 这些问题的解决——即使是在刚果、达尔富尔和乌干达正在发生冲突和拥有大量受害者的极端复杂的背景下——已经拖延了，但并没有妨碍国际刑事法院的司法审判。

承认恐怖主义是国际刑事法院所涉的一项罪行也会造成同样复杂的受害者问题，因为恐怖主义攻击可能不分皂白地伤害个人和机构，包括任意或第三方受害者。主要针对这些象征性或间接的受害者，断言恐怖主义与战争罪、危害人类罪和种族灭绝罪有着根本的不同，并得出结论认为，国际刑事法院的管辖权既不能

---

[1] Prosecutor v. Thomas Lubanga Dyilo, Case No. ICC－01/04－01/06－T－92－ENG, Judgement (July 11, 2008).

[2] Prosecutor v. Joseph Kony, Vincent Otti, Okot Odhiambo, Dominic Ongwen, Case No. ICC-02/04-179, Judgment (Feb. 23, 2009).

遏制当代的恐怖主义，也不能"给比现在更多的受害者带来正义"。恐怖主义及其受害者与国际刑事法院管辖的核心犯罪及其受害者有许多共同之处。

恐怖袭击和其他暴行的受害者之间的共性支持了国际刑事法院对恐怖主义犯罪的管辖权的论点。一个永久性的审判记录，谴责广泛的强奸等暴行，不仅为进一步的保护和起诉提供了动力，或许还能阻止一些未来的犯罪，而且还为受害者发声，并减少对他们的歧视。[1]

此外，与武装冲突相比，恐怖主义行为通常涉及更多的孤立袭击和更少的受害者，而武装冲突会造成持续不断的袭击，而且往往是不可估量的战争罪、危害人类罪或种族灭绝罪的受害者。因此，受害者参与恐怖主义诉讼所带来的困难可能不会像国际刑事法院在处理武装冲突案件时所面临的困难那样巨大。在一个饱受战争蹂躏的社会中，持续不断的冲突或冲突后局势高度紧张，对受害者和证人的保护构成极其困难的挑战。为前南斯拉夫和卢旺达设立的特设国际刑庭（ICTs）以及其他 ICTs（塞拉利昂、柬埔寨、科索沃和东帝汶的特别法庭或混合法庭）制定了有效的规则、条例以及程序法和实体法，以有效应对这些挑战。然而，毫无疑问，目前法院各机关在如何最好地保护受害者和证人、确保不损害被告人权利的诉讼程序和保障被告的权利等问题上存在着分歧。

在恐怖主义犯罪的背景下，将坚持公正、公平的审判。如果将恐怖主义加入国际刑事法院的管辖范围，可能会加剧在如何平衡法院和国际社会内部这些相互冲突的利益上的分歧。但同样具

---

〔1〕　Jamie O'Connell, "Gambling With the Psyche: Does Prosecuting Human Rights Violations Console Their Victims?", *Harvard International Law Journal*, 46（2005），pp. 295-310, 319-320.

有政治色彩的侵略罪行也是如此，目前正在考虑由国际刑事法院管辖。这种对政治化的担忧长期困扰着在国际刑事法院起诉侵略罪行的前景。将侵略罪纳入国际刑事法院的管辖范围，这是由创始缔约国规定的，并须经对强制性审查的《罗马规约》提出修正，否则就有可能破坏国际刑事法院所代表的脆弱的国际共识。尽管在确定和编纂侵略罪行的构成部分方面存在着巨大的挑战，但各国并没有放弃它们为制止这一罪行并为其受害者伸张正义而达成协议的集体努力。恐怖主义行为的受害者理应得到同样的待遇。

如果将恐怖主义排除在国际刑事法院的管辖范围之外，恐怖主义罪行的受害者将得不到赔偿或公众的承认，除非其国内法律制度承认其参加刑事诉讼或行政或其他司法程序的权利，并获得赔偿。任何国家都可以对国际强行法上的犯罪如战争罪、反人类罪、种族灭绝、酷刑、奴役和其他严重的犯罪根据国际法行使普遍管辖权，然而恐怖主义犯罪的受害者却没有这样的追索权。这些被剥夺权利的受害者，特别是无国籍和流离失所者以及难民，在没有任何通过民事或刑事司法制度处理其损害的情况下，最终受害者只能诉诸报复、法外暴力等。因此，复仇的恶性循环将造成更多的受害者，并对国际刑法结束有罪不罚和为受害者提供正义的目标造成更大的障碍。

将恐怖主义定性为一种国际罪行，使其受害者在法律上有权得到赔偿，这将有助于消除一些国内和跨国的司法障碍。将恐怖主义罪行提交国际刑事法院起诉，并因此获得补充的国内管辖权，将有助于向各国施加压力，使各国不会采取政治权宜之计、压制性或好战性措施来打击恐怖主义，从而限制对国际法准则的减损。

小 结

国家有义务保护无辜平民免受恐怖主义的伤害，同时，反恐义务的履行应通过正当程序。打击犯罪的过程中始终面临程序正义与实体正义的冲突问题，反恐背景下公民、民主社会是否在面临持续存在的威胁时放弃法治原则，或者是否有效平衡了个人权利保护和国家安全利益以保护两者。国家决策者面临的挑战非同寻常，平衡相互竞争的法律责任体现在所谓的"决策者的困境"中。回答这个问题需要分析威胁和权利之间的连结点，尤其是社会在保护后者的同时对前者做出反应的程度。这些联结点就体现在打击、惩治恐怖主义的法律程序中，从拘留、审讯到审判的过程，反恐行动不能成为放弃公民权利和政治权利的理由。本杰明·富兰克林（Benjamin Franklin）曾经说过，任何社会如果放弃一点自由来获得一点安全，既不值得也失去两者。[1] 富兰克林二百多年前所说的话抓住了法治社会中反恐实践和法律困境的本质。

---

〔1〕　See http：//www. all-famous-quotes. com/Benjamin_Franklin_quotes. html.

反恐背景下的难民、移民与国家安全问题研究

一、介绍

除了人权法的具体义务外，国际难民法还提供了一套与打击国际恐怖主义的努力越来越相关的原则，特别是在欧洲和其他避难国为逃离冲突中的人们所犯下的罪行方面。基本的国际文书是1951年《关于难民地位的公约》（Convention Relating to the Status of Refugees）及1967年《关于难民地位的议定书》，共同定义了难民一词，用以表示其国籍或惯常居住地以外的国家或无法或不愿归国的个人。对"基于其种族，宗教，国籍，政治见解或在特定社会群体中的成员身份而遭受迫害的充分理由恐惧"。作为一项技术法律问题，该定义不包括经济移民或自然灾害或暴力受害者。

难民与移民问题是一种复杂的社会现象，其背后反映着不同法律价值之间的冲突，一方面反映着国家自我界定的需要与庇护申请者人道待遇需求的紧张关系；另一方面反映着难民、移民人权保护与国家维护主权、国家安全利益之间的碰撞。难民、移民享有的普遍权利主要有两个来源，国际人权法的普遍标准以及1951年《难民公约》。虽然1951年以来这个涵盖广泛的制度体系已经取得了长足的发展，但这不足以指导各国如何在保护自身安全利益的同时保护难民、移民。目前，国际社会上还没有一套有效的难民、移民与反恐治理制度体系。因此，理顺相关国际条约、

完善国内立法，依法治理难民移民问题，是维护国家主权与安全的紧迫需要。

近年来欧洲一系列暴力袭击恐怖主义事件的发生，将难民、移民问题与恐怖主义混杂一起，加剧了当前的难民、移民保护的严峻形势。宗教、种族因素与安全、人权等问题交织在一起，维护难民、移民权利与打击恐怖主义、捍卫国家安全之间出现了极大的冲突，难民与移民问题成为一个具有长期性、复杂性的世界难题。目前国内外专家、学者主要都是以 1951 年《关于难民地位的公约》（以下简称《难民公约》）和 1967 年议定书为基础，着重探讨难民问题根源、难民认定的标准、难民基本权利的保护、难民身份排除等：其一，难民形成根源。牛津大学移民研究中心教授亚历山大·贝茨（Alexander Betts）运用国际关系理论分析现有国际难民问题治理体系存在的问题，深刻剖析难民、移民问题的产生根源及二者之间的相互关系。其二，难民身份地位的法律问题。美国宾夕法尼亚大学教授吉尔·戈登（Jill Goldenziel）认为难民与移民问题归根结底是人权问题，应从国际人权法发展的角度充分保护难民移民的权益。其三，难民保护与国际合作的关系。美国学者吉尔·罗旭德（Gill Loescher）的专著《超越慈善：国际合作与全球难民危机》详细阐释了国际难民治理问题的起源及其演进发展历程，并指出全球难民问题需要综合法律与政治方案解决问题。现有研究缺乏从国家安全视角对难民、移民问题的讨论，尤其缺乏将反恐、难民、移民联系起来作为一个整体研究国家安全治理问题。

总的来说，当前主要有三个方面问题需要解决：其一，在国际难民、移民问题治理中，如何协调人权保护与国家反恐安全的国际法冲突。其二，在欧洲难民危机应对经验基础上，从法律制度层面如何建立多元化的难民、移民处置机制和恐怖主义预警机制。其三，需要从维护国家主权与安全角度依法解决国际难民、移民问题。

二、难民、移民保护与国家反恐安全的冲突

在法学层面上，难民、移民问题引发的冲突主要体现在三方面：其一，国内法和国际法的规则冲突问题。其二，政治因素与法治原则的冲突。其三，人权保护与国家安全利益的冲突。如何在防治恐怖主义、维护国家安全与维护难民、移民权利之间找到一个平衡点，这是解决问题的关键。

（一）国际法与国内法的规则冲突

首先，国际法与国内法的冲突是两个法律体系所调整的社会关系相互关联的产物。国际社会关系和国内社会关系虽然不同，但却紧密联系，国际法管辖的对象与国内法管辖的对象之间相互联系、重叠。[1] 自"9·11"事件以来，国际恐怖主义已经成为国际社会和平与安全的严重威胁，国际恐怖主义所涉及的国际与跨国因素都导致任何国家都难以仅仅依靠自己的管辖权对国际恐怖主义造成有效打击，依赖国际合作已成为必然选择。反恐法在国内立法层面保护的对象是国家安全、公共安全与人民的生命财产安全，与国际层面的反恐法所保护的对象是一致的。[2] 因此，对打击恐怖主义来说，国际法与国内法的调整对象是相互重叠、渗透的。然而，每个国家的刑事法律规则，无论是程序法还是实体法都是不尽相同的，在适用法律打击恐怖主义时，必然会导致国际法与国内法的冲突问题。

其次，国际法与国内法的冲突是两个独立的法律体系之间矛

---

〔1〕 邵沙平：《国际刑法学——经济全球化与国际犯罪的法律控制》，武汉大学出版社 2005 年版，第 10~12 页。

〔2〕 姚建龙、王江淮：《论我国刑法与反恐法的衔接——以〈刑法修正案（九）〉为视角》，载《犯罪研究》2016 年第 2 期。

盾的产物。从国际法的性质来说，国际法规则本身就具有一定的不确定性，国际法一直处于动态地不断发展变化之中。[1] 比如，恐怖主义的历史与使用暴力来影响政治事务的历史一样古老。长久以来，各个国家通过国内立法将诸如谋杀、殴打、纵火等恐怖主义行为定为刑事犯罪。但是，国际法上将恐怖主义定罪的过程却不是一蹴而就的，国际法中将恐怖主义定为刑事犯罪的过程始于19世纪直到2001年"9·11"事件。由于国际法与国内法体系发展很难做到动态平衡，因此国际法与国内法规则冲突自然不可避免。

最后，国际法与国内法的冲突是国际社会整体利益与国家个体利益之间矛盾的产物。"什么是难民？"这个问题目前依然存在争议。从原则上讲，国际难民法仅保护因种族、宗教、国籍、特定社会群体的成员身份或政治见解而逃离迫害的个人。根据国际法对难民的定义，难民必须在其国籍国（或经常居住地）以外。移民法起源于国家对地域的要求，通过建立规则，按照国籍法或公民法界定成员身份，决定哪些人可以进入，哪些人可以居留，哪些人可以被驱逐，最终实现国家的自我界定。国家在移民问题上总是审慎地考虑到外来族群可能带来的危险，进而影响本国的社会稳定，因此几乎所有国家都或多或少的基于这种审慎的态度，对国籍取得和移民规定了严格的法律措施。从法律的角度来看，移民法就是用来防止这些潜在威胁进入本国，并规定了许多条款用于阻止那些被视为危害国家安全和公共秩序的移民进入。难民法的出发点是对于不可克减的基本人权的保护，而移民法是国家主权的一个方面，是为了实现国家的自我界定，维护国家社会秩序的稳定。难民法与移民法就所保护的法律利益而言就存在冲突。

---

[1] Philip Aliston, *Basic Documents in International Law*, Oxford: Clarendon Press, 1972, p. 32.

在移民领域，一些国家特别警惕，明确限制国际法的范围，以免更广泛地适用条约来源以外的国际法规则。这种做法在美国政府关于联合国 2018 年《安全、有序和正常移民全球契约》（UN Marrakesh Compact for Safe，Orderly and Regular Migration）的声明中表现得尤为明显。美国政府在 2018 年《安全、有序和正常移民全球契约》通过前发表声明，解释其抵制"契约"的原因，主张联合国在促进全球难民、移民治理时，应充分考虑国家法律、政策和利益。[1]

（二）政治因素与法治原则的冲突

国际反恐政策及战略与国家政策之间的矛盾和对立。面对日益严峻的恐怖主义威胁，各国都试图在现有的法律和人权规定框架下寻求更加严厉的治理措施，但是可能导致对法治原则的违背。正如上文提到的，何为难民目前依然存在争议。"移民"这个术语同样不太容易定义，它取决于边界和公民的定义，因为这一概念所固有的是一个人从一个国家跨越边界进入另一个国家，但是一个人到达的国家并不是一个他或她被国家当局承认为公民的国家。此后，关于这个人必须具有什么其他属性才能成为"移民"的问题实际上是非常复杂的，一些定义关注人迁徙的目的，另一些关注他或她计划停留的时间长短，还有一些试图在到达国的法律中找到定义。这些定义中没有一个是被国际法一贯接受的。"国家安全"的概念也同样难以捉摸。冷战期间，国家安全的重点在于国家领土和间谍活动的军事安全。然而，随着柏林墙的倒塌，国家安全的意义已经超越了传统意义，非传统安全如反恐安全成为焦点问题。国际法在处理这三个概念的交集时，以条约形式存在的

---

〔1〕 邱昌情：《特朗普政府"退群"对多边主义秩序的影响及应对》，载《湖北社会科学》2019 年第 12 期。

国际法尽量将涉及国家安全问题留给国内法来解决。国家安全尤其是反恐安全，和移民的交集更多涉及政治因素，而不是简单的法律标准。这是一种发生在国际法之外的政治，但具有限制个人获得国际法保护的效果，特别是那些请求国际保护免受迫害或酷刑的情况。

"9·11"事件中所有涉嫌炸毁世界贸易中心和五角大楼的恐怖分子都是以有效签证进入美国的。实际上，有些人似乎因其在西方国家的经历而变得激进，这可能涉及有关少数民族、宗教少数群体与当地居民融合的问题。难民需要有效的国际保护，因为他们所逃离的国家发生了战乱或是国家法律秩序遭到了破坏，他们也可能是为了逃避亲身参与的冲突或者本身就是冲突目标。如果这些人得到了国际保护，他们很可能开始积极参与政治活动，或是在国外为政治运动争取支持。尽管他们或许是冲突的受害者或幸存者，但难民身份无法阻断这些人复杂的政治和社会关系。他们还是会参与表达政治诉求或主张的活动。当这些活动逐渐趋近恐怖主义组织或者可疑恐怖主义团体的一员时，问题就会随之而来，主要体现在三个方面：其一，如何将恐怖分子排除在难民身份认定之外；其二，如何处理现有和正在形成的恐怖主义群体；其三，如何将可能威胁国家安全的政治避难申请人排除在外。例如，联合国 2018 年在马拉喀什通过了《安全、有序和正常移民全球契约》，其中提到保护越境人员，值得注意的是，在对难民提供国际保护时，那些越境寻求保护的人往往被其逃离国归类为恐怖分子，但被目的国承认并以难民身份加以保护。可见，由于各个国家国内政治情况的差异导致难民、移民与国家安全之间存在着巨大冲突。

（三）人权保护与维护主权与安全的冲突

从两个角度审视国际法、难民移民和安全之间的关系：首先，从迁徙自由的角度来看，国家应从人权保护的角度出发给予难民、移民一定待遇；其次，从维护国家社会安全的角度来看，联合国支持各国在本国和跨国反恐问题上采取各种反恐措施。1951 年《难民公约》及其 1967 年议定书对基于若干理由而被排除在难民地位之外作出了具体规定，这些理由包括政治和非政治因素。根据 1984 年联合国《禁止酷刑公约》第 3 条第（1）款，如有充分理由相信任何人在另一国家将有遭受酷刑的危险时，任何缔约国不得将该人驱逐、推回或引渡至该国。这意味着，根据国际法，如果一个人被送到另一个国家，就有遭受酷刑的真实风险，那么这个人可能有权留在东道国的领土上，而这个人是否从事恐怖主义活动无关紧要。人权保护要求移徙者在到达东道国领土范围时应享有一定的人道待遇，而出于维护国家主权与安全要求对任何外来者进行严格筛查，以确保不会对国家安全构成威胁，这两者出发点不同自然可能产生巨大冲突。

那么在国际法层面反恐与难民、移民存在多大的交集呢？一方面，国际社会尚未广泛接受《世界移民人权宣言》（Universal Declaration of Human Rights for Migrants）、《移民工人公约》（Universal Declaration of Human Rights for Migrants）所倡导的将保护每个移徙者的一般人权纳入其中的国际法规则。另一方面，具有法律约束力的联合国反恐文件中并没有将移民作为一个重要问题加以提及。因此，国际法体系中反恐与移民的交集并不是那么明显。然而，在联合国安理会决议等软性法律文书中，恐怖主义与移民之间的联系是一个重要的议题，许多国家都将移民视为潜在的恐怖主义源头。安理会代表了联合国内部的部分发达国家的政策，试图阻止贫困人口进入他们的国家。这也可能是出于国家政治阶层对其海外安全政策的负面影响，以及军事干预与跨国恐怖主义之间的联系推卸责任。将恐怖主义与外国人入境之间的隐性（有时是显性）联系起来，通过传播对移民的负面刻板印象，这种传播过程打着保护人民的旗号，却超越了紧急情况下国家安全的传统范畴。

三、恐怖主义对国家难民、移民政策的影响——以欧盟为例

（一）在国际法灰色地带寻求严厉反恐措施

自"9·11"事件以来，以美国为代表的西方国家明确将移民与恐怖主义威胁联系在一起，并采取措施防止恐怖主义分子跨境流动。根据《联合国宪章》第七章通过的安理会第 1373 号决议第二段，要求所有国家，除其他外，拒绝向资助、计划、支持或实施恐怖主义行为或提供安全庇护所的人提供安全庇护所；防止那些资助、计划、协助或实施恐怖主义行为的人利用其各自的领土为这些目的攻击其他国家或其公民；通过边界管控和规制签发身份证件和旅行证件的法律程序，通过严格的法律措施防止伪造、欺诈使用身份证件和旅行证件，最终实现对恐怖主义活动的有效防治。许多国家据此在国家法律中采取措施，加强移民和边境控制，防止外国恐怖分子嫌疑人入境。

2001 年 12 月欧盟《打击恐怖主义共同立场》（EU Common Position on Combating Terrorism）要求各国拒绝向恐怖分子提供避风港和使用欧盟领土（第 6~7 条）；并防止恐怖分子的行动（第 10 条）。它还要求各国在给予难民地位之前，确保寻求庇护者没有"计划、协助或参与实施恐怖主义行为"（第 16 条）。它还进一步要求各国"确保恐怖主义行为的肇事者、组织者或协助者不滥用难民身份，并且不承认出于政治动机的主张是拒绝引渡被指控恐怖分子的请求的依据"（第 17 条）。需要注意的是，《打击恐怖主义共同立场》并未载有用于确定庇护或将难民排除在外的恐怖主义的定义。2002 年欧盟《关于打击恐怖主义的理事会框架决定》中对

恐怖主义的定义同样没有进行明确规定。[1]

在这种情况下，联合国难民事务高级专员公署（The Office of United Nations High Commissioner for Refugees，UNHCR）警告说，上述欧盟《框架决定》中较小的罪行，例如勒索、盗窃或抢劫以及非法扣押或损坏公共设施等犯罪行为可能不够严重，不足以启动排除难民地位条款。[2]这表明，欧盟将恐怖主义与排除难民地位直接联系起来，并且更多地适用简易庇护评估程序，从而使难民权利无法得到充分保障。[3]

2004年4月《欧盟理事会资格指令》（EU Council Qualification Directive，以下简称《资格指令》）第12条将排除条款与1951年《难民公约》第1条第（6）款共同作为具有约束力的欧盟法律。《难民公约》第1条第（6）款第（1）项保持不变，但第1条第（6）款第（2）项补充了以下声明："特别是残酷的行为，即使具有所谓的政治目的，也可被列为严重的非政治犯罪"。[4]在第1条第（6）款第（2）项的条目之外，提供排除残暴罪行的立法依据，从而扩大了第1条第（6）款第（2）项的范围。此外，在合并1951年《难民公约》第1条第（6）款第（2）项时，《资格指令》指出，该项中提及的联合国宗旨和原则已在《联合国宪章》的序言以及第1条和第2条中阐明。该指令的序言中还增加了一个说明，尽管国际上还没有对恐怖主义的定义达成共识，但是指令

---

〔1〕 The EU Framework Decision on Combating Terrorism（2002/475/JHA）［2002］OJL164/3, 22 June 2002, entered into force 22 June 2002, Art. 1（1）.

〔2〕 UNHCR（Department of International Protection），Preliminary Observations：European Commission Proposal for a Council Framework Decision on Combating Terrorism, Geneva, October 2001, para. 2.

〔3〕 European Parliament, Session Document, Report of the Committee on Citizens'Freedoms and Rights, Justice and Home Affairs on Asylum：Common Procedure and Internal Security［2002/2053（COS）］, 22 July 2002, FINAL A5-0257/2002, para. 9.

〔4〕 EU Council Qualification Directive（2004），Art. 14（2）(b).

明确承认联合国关于打击恐怖主义的决议中宣称恐怖主义行为违反了联合国的宗旨和原则。该指令认为国家安全和公共秩序作为排除难民地位的理由中涵盖了一个人属于支持国际恐怖主义或支持恐怖主义组织的情况。尽管具有解释价值，但这些说明与规定依然无法从法律规则层面对普通轻度犯罪和恐怖主义犯罪进行有效区分，这可能导致普通轻度犯罪人群的人权遭到侵犯。

此外，如果庇护申请人"明显不符合"《资格指令》的规定，或者对国家安全或公共秩序构成威胁的话，欧盟于 2005 年 12 月 1 日发布的《成员国授予和撤回难民身份的程序的最低标准》（Minimum Standards on Procedures in Member States for Granting and Withdrawing Refugee Status）允许各国优先考虑或加快确定程序。[1] 然而，程序公正性要求对可疑恐怖分子的庇护申请必须与所有其他申请一样对待，排除难民地位应基于确定的个人情况以及对所有证据进行充分和适当的评估。简易程序有可能在全面评估申请之前就损害了难民权利。欧盟《资格指令》第 14 条第（5）款允许以与《难民公约》第 33 条第（2）款相同的理由拒绝给予申请人难民身份。

《资格指令》关于"不推回原则"的例外情况也存在模糊的地方，例如申请人对庇护国构成危险的规定模糊不清，这与 1951 年《难民公约》不符。鉴于第 1 条第（6）款涉及申请人在避难国以外的过去行为，第 33 条第（2）款侧重于个人对避难国的未来风险。尽管过去的行为可能是未来风险的证据，但是第 33 条第（2）款的较宽泛的范围不能用作补充第 1 条第（6）款的第四个排除条款。

---

〔1〕 EU Council Directive 2005/85/ Minimum Standards on Procedures in Member States for Granting and Withdrawing Refugee Status, 1 Dec. 2005, EU Official Journal L. 326/13 (13 Dec. 2005), Arts. 23 (4) (b) and Art. 23 (4) (m) Respectively.

（二）政治因素冲击法治原则

2015 年巴黎暴力恐怖袭击事件无疑是难民潮和恐怖主义矛盾的集中爆发，欧盟各国面临着史无前例的难民、移民与安全问题的复杂形势。为了遏制恐怖主义、维护国家安全，欧盟各国都重新审视本国和欧盟的难民政策，欧盟反恐政策与难民权利的保护出现了新的冲突。欧盟国家在打击恐怖主义方面的行动在国内舆论中得到了广泛的支持。这不仅仅是因为公众对恐怖主义行为的认知在很大程度上是相似的，即恐怖主义是由敌对的、秘密的组织进行的，并随机针对手无寸铁的平民。恐怖主义始终是残酷和不公正的，应该由国家采取严厉措施来应对，欧盟国家主张严厉的反恐措施是国家保护其人民和领土的合法反应。因此，欧盟国家的反恐行动往往比应对其他形式的犯罪和暴力采取更为严厉的措施。

但是，由于对什么是恐怖主义还存在争议，因此应采取何种程度的反恐措施存在很大的不确定性。在一般情况下，示威活动或其他活动中发生的暴力行为，包括对财产的破坏，被一些国家的刑法定义为恐怖主义。在极端情况下，酷刑和谋杀也可能是恐怖主义，尽管它们一般不是。欧盟许多国家允许警察以反恐为由进行逮捕、拘留和审问，赋予公权力在相当范围内的自由裁量权。[1] 然而，过于宽泛的自由裁量权被认为可能违反《欧洲人权公约》。当法律不够明确时，个人就无法据此相应地调整自己的行为。在反恐领域，特别法庭和专门程序的适用，以及在某些情况下陪审团的缺失，虽有利于对恐怖主义犯罪的制裁，但是从人权

---

[1] Niklas Jakobsson, Svein Blom, "Did the 2011 Terror Attacks in Norway Change Citizens' Attitudes Toward Immigrants?", *International Journal of Public Opinion Research*, 26 (2014), pp. 475-486.

角度出发的法律抗辩往往很难成功。

在这样的背景下，反恐很可能被用于针对基于模糊标准的少数群体，将少数群体与恐怖主义相联系可能导致种族歧视的问题。恐怖主义、难民和移民之间的联系在多大程度上是基于对被认为是对社会有危险的人群的认定？抵达边境的移民或居住在该国的少数族裔为什么容易被不同的反恐机构视为潜在的恐怖分子？是否有强有力的证据表明少数族裔移民与恐怖主义之间存在普遍联系？关于这种联系的存在和强度，一直存在广泛争论。关于恐怖主义的研究显示了某些特定群体，往往是那些在其原籍国地位较弱或受到负面影响的群体，容易成为恐怖主义组织发展的目标。简而言之，被拘留在难民营的难民和移民可能处于"被诅咒的人"的地位。[1]

（三）将难民、移民、反恐作为安全治理的三个维度

在欧盟，难民问题、移民问题、边境问题、反恐问题、走私问题、贩毒问题等被认为应该联系在一起，它们某种程度上构成了一个不安全连续体。连续体不是线性的，取决于移民或难民与恐怖主义联系的密切程度。难民、移民问题本质上是管理和控制各种违法行为，所涉及的机关包括警察、边防警卫和海关等。边境警察与反恐警察，以及负责毒品走私和洗钱的警察部门越来越多地开展合作、交换信息。此外，欧盟许多国家通过反恐立法来采取更多的预防性措施。出于对恐怖主义的普遍焦虑及恐惧情绪，有关难民庇护、移民及国籍方面的法律规定同样被用于打击恐怖主义。由于难民庇护法、移民法本身具有一定灵活性，不像刑事法那样具有严格的程序和人权保护规定，很容易被用于打击恐怖

---

〔1〕 Ceyhan, Ayse, Tsoukala Anastassia, "The Securitization of Migration in Western Societies: Ambivalent Discourses and Policies", *Alternatives*, （27）2002, pp. 21-39.

主义。[1]

首先，难民法是专门针对被迫移民的人遇到的情形而规定的，其中稳定和安全是核心事项。难民法通常都是在大规模国际冲突或大规模人口迁移之后制定的，在此过程中经常伴随着战争罪、反人类罪和其他严重罪行，反映了充满冲突和复杂情况的世界局势。难民法承认人们在自己居住的国家可能被卷入政治斗争，可以到其他地方寻求政治庇护。但是当这种政治斗争采取暴力形式，并且符合恐怖主义特征时，又将对接收国造成严重安全威胁。不可否认，恐怖分子确实会利用难民与移民制度，给接收国带来潜在的安全威胁。因此，欧盟各国存在这样的一种趋势，政府在制定难民与移民政策时会首先考虑维护国民安全的需要，其次是国家自我定义的需要，而普遍人权标准可能还需要进一步检验。为满足人权标准所制定的法律，往往与规制庇护制度的有关法律形成冲突。任何政治和法律原则都无法消除人道对待与难民准入之间的对立。庇护作为一种人道途径，永远都对任何人开放，永远是人们在合法途径下的避难所，但其申请过程需要经历众多政府部门，而这些部门又满怀质疑和紧张情绪。

其次，将反恐政策与庇护政策协同立法并实施，为国家对疑似恐怖分子或寻求庇护者、难民或移民采取更加严厉的措施提供了理由。2015 年 11 月巴黎发生恐怖袭击时，正值数百万寻求庇护者和难民从土耳其通过巴尔干半岛进入欧洲，到达安全的地方，使其免受迫害。一些欧盟国家的当局认为，难民的到来对公共秩序是极大的危险，甚至必须恢复对在申根国家之间过境人员的边境管制，以使局势稳定下来。在这种控制的逻辑和知道谁在越境的必要性下，发生在中东的伊斯兰激进分子声称对恐怖袭击负责

---

[1] 赵秉志主编：《中国反恐立法专论》，中国人民公安大学出版社 2007 年版，第 15~17 页。

的事件为将两个完全不同的问题交织在一起提供了肥沃的土壤：一是受到宗教激进分子鼓动的恐怖袭击威胁；二是有比预期更多的人来到这里寻求国际保护，免受尤其是被宗教激进分子撕裂的世界其他地区的迫害。欧盟成员国没有将这些问题分开，而是将这两个问题合并为一个复合问题。

（四）欧盟经验思考

通过欧盟经验分析，可以看出，以国际条约形式存在的国际法缺乏对移民（包括难民保护和强迫移民）与国家安全交集问题的详尽规定。联合国旨在打击恐怖主义的措施很少提及移民或国际保护。有关国际条约允许国家以国家安全或恐怖主义为由限制人员流动，并可以拒绝提供国际保护。从本质上来说，移民与国家安全两个概念仍然属于国家主权范畴。

通过对欧盟的案例研究可以看出这样一种趋势，在政客、媒体和右翼政治团体的话语主导中，移民和恐怖主义已然混为一谈，从而为采取特殊反恐措施提供了正当理由。移民和难民被认为是一个不安全的连续体，将难民、移民问题融入国家安全和恐怖主义威胁的叙事中，从而为欧盟一些国家进行域外反恐行动提供了理由。虽然这里的个案研究限于欧洲，但显然这种政治趋势绝不限于欧洲，尤其是美国澳大利亚的政治言论的趋同强化了这一趋势。"9·11"事件之后，劫机者的行为暴露了美国移民政策和程序中的漏洞与问题，导致允许恐怖分子自由迁徙。移民制度的失败导致了美国政策的变化以及组织的改革。也许影响最深远的就是移民和归化局的解体，并将其职能移交给了美国国土安全部。

欧盟在反恐背景下的难民、移民政策立法经验可以归纳为三个方面：其一，采取相对严厉的措施，实施专门的制度治理难民、移民问题，不惜游走于国际法灰色地带；其二，在国内立法中将难民、移民、反恐统筹治理。其三，依据国际法积极寻求国际合作来缓解"难民危机",促进各国之间、国际组织之间的良性合作。

四、反恐背景下主权国家治理难民、移民与安全问题的法治路径

(一) 在国际法框架下维护主权与安全

难民、移民保护的国际法规则主要包括:其一,保护难民权利的国际公约。其二,区域性公约、文件和联合国安理会以及大会的决议。其三,基本人权公约。鉴于可疑恐怖分子难民身份的国际性和区域性限制的趋势,重要的是要考察国际法的现有规定是否足以保护国家和社会的安全免受恐怖主义的威胁。

从联合国制定的框架协议来看,自 1994 年以来,联合国大会决议敦促各国避免向恐怖分子提供庇护,防止滥用难民身份参与恐怖活动而导致的暴力事件。[1] 1994 年联合国大会《关于消除国际恐怖主义措施的宣言》(UNGA Declaration on Measures to Eliminate International Terrorism) 进一步规定,所采取的任何措施都必须符合包括人权法在内的国际法,并应审慎考察寻求庇护者是否因"与恐怖主义有关的罪行"而受到调查、指控或定罪。在考虑将某个寻求庇护者排除在庇护或难民地位之外时,实施恐怖主义行为不是必要构成要件,因为涉嫌犯下与恐怖主义有关的罪行就足够了。例如,许多国家自"9·11"事件以来所制定的许多关于恐怖主义罪的模糊的、预备性、辅助性、早期或基于团体的犯罪规定。联合国大会《关于消除国际恐怖主义措施的宣言》还规定,那些等待处理其难民地位申请的人可能不会因为在申请过程中而避免作为恐怖主义分子被起诉,意味着需要对已经处于裁决程序

---

〔1〕 UNGA Declaration on Measures to Eliminate International Terrorism, Annexed to UNGA Resolution 49/60 (1994), para. 5 (f).

的申请人进行更深入的筛选。大会的决议仅是建议性的，对国家不创设任何法律义务。[1] 但是，可以根据其内容被国家接受的国际实践，通过一定的法定条件，作为习惯法的证据。[2] 这些决议可能作为表达对"共同利益"和"一般意愿"的"普遍共识"的习惯性规范，因此以声明为框架的决议可能具有一定的普遍性，并且作为对《联合国宪章》的权威性解释，产生直接的法律效力。上述宣言是"一项正式和庄严的文书，适合在特定场合下阐述重要而持久的原则"。[3]

联合国安理会在第 1269 号决议中呼吁各国拒绝为计划、资助或犯下恐怖主义行为（被逮捕、起诉或引渡恐怖主义行为）的人提供安全庇护。[4] 类似的，安理会第 1373 号决议呼吁各国防止计划、协助或参与恐怖主义的人获得难民地位，并确保恐怖主义行为的肇事者、组织者或协助者滥用难民身份，并且不应出于政治动机的主张视为拒绝引渡被指控恐怖分子的请求的依据。[5] 虽然第 1373 号决议中的许多规定是强制性的，并要求各国予以执行，但需要特别说明的是，其中的关于庇护措施的规定是建议性质。根据《联合国宪章》第 103 条，联合国会员在本宪章下之义务与其依任何其他国际协定所负之义务有冲突时，其在本宪章下之义务应居优先地位。也就是说，在发生冲突的情况下，根据第七章采取的强制措施可以凌驾于现有的国际难民法之上。该决议虽然不具约束力，但一定程度上强化了人们的看法，即庇护制度可能

---

〔1〕　UNGA Issues Non-Binding Recommendations under Articles 10-11 of the UN Charter.

〔2〕　I. Brownlie, *Principles of Public International Law*, Oxford: Clarendon Press, 1998, p. 14.

〔3〕　O. Schachter, *International Law in Theory and Practice*, Dordrecht: Martinus Nijhoff Publisher, 1991, p. 85.

〔4〕　UNSCRes 1269 (1999), para. 4.

〔5〕　UNSCRes 1373 (2001), para. 3 (f)-(g).

成为恐怖分子的避难所。这些决议均未就将恐怖分子排除在庇护之外而对恐怖主义做出任何定义，从而赋予了各国酌情权，各国可以单方面确定谁将被排除在外。

从国际难民法的角度来看，早在 1946 年《国际难民组织约章》中就将"参加任何恐怖主义组织"的人员从难民地位中排除。[1] 1951 年《难民公约》中关于因恐怖主义而被排除难民身份的条款主要是第 1 条第 (6) 款。根据 1951 年《难民公约》第 1 条第 (6) 款，可能排除"恐怖分子"的情况如下：

第一，排除应符合程序正义。排除必须基于个人责任并确定根据《难民公约》第 1 条第 (6) 款规定的法律标准，视具体情况而定，而不是自动排除所有可疑恐怖分子，否则会违反程序的公正性并最终违反禁止将某人送交迫害的规定。

第二，需要确定恐怖主义是否构成《难民公约》第 1 条第 (6) 款规定的国际罪行。根据第 1 条第 (6) 款第 (1) 项，在有理由认为某人犯有危害和平罪、战争罪或危害人类罪的情况下，必须将其排除在难民地位之外。就侵略罪而言，非国家行为体是否可以在没有国家负有国际责任的罕见情况下进行侵略？"9·11"事件之后，关于恐怖主义是否可以构成侵略的争议持续不断。但是，在大多数情况下，恐怖主义不太可能构成危害和平（侵略）的罪行。前南刑庭在"加力奇案"中认定，在萨拉热窝狙击和炮击平民是为了散布恐怖，最终构成战争罪。[2] 此外，在有限的情况下，恐怖行为可能构成危害人类罪，并作为对平民的广泛或系统攻击的一部分。

第三，需要确定恐怖主义是否构成严重的非政治罪行。《难民

---

〔1〕 Henry L. Roberts, H. Holborn, *The International Refugee Organization*, London: Oxford University Press, 1956, pp. 205-208.

〔2〕 Prosecutor v. Stanilav Galić, 1998, Case No. IT-98-29-T, Trial Judgement and Opinion, ICTY.

公约》第 1 条第（6）款第（2）项规定，如果有"理由"考虑"在他作为难民进入该国之前已在避难国境外犯下了严重的非政治罪行"，则不得给予该人难民身份。关于"严重""犯罪"和"非政治"用语确切含义基本尚未达成国际共识。许多国家法院都以类推方式援引各国国家引渡法中的"政治"罪行例外，这显然与第 1 条第（6）款第（2）项有一定的相关性，但范围并不相同。引渡法主要是国家国内立法和双边法律的产物，因此变化很大，而第 1 条第（6）款是一项国际法条款，这意味着应参照共同的国际标准而不是通过求同存异来解释条款。恐怖主义是不是"严重的""刑事的"和"非政治的"？在没有统一和具有约束力的国际定义的情况下，不同国家法律制度的立场有所不同。有时，特别是在恐怖主义行为是对国家严厉而系统的镇压的一种反应时，国家与反对者之间的资源不可调和，以及在无法获得其他所有手段的情况下，就需要考虑相称性抗辩。例如寻求庇护者在不杀死任何人的前提下，劫持飞机以逃避国籍国的迫害。关于上述情形，问题可能不在于上诉人是否可以被定性为恐怖分子，而在于是否可以适用免除刑事责任条款。总之，在对恐怖主义的国际定义得到公认之前，必须审慎考察恐怖主义与《难民公约》第 1 条第（6）款规定范围之间的实质性区别。或许恐怖主义罪行的定义应适当缩小，行为要素应涵盖一定的严重程度，以使较轻微的犯罪行为不会被包含在内，以期在反恐与保护难民权利之间达到一定平衡。

　　第四，需要确定恐怖主义是否构成"与联合国宗旨与原则相反"的行为。《难民公约》第 1 条第（6）款第（3）项所规定的联合国宗旨和原则相反的行为范围非常广泛和含糊。众所周知，联合国宗旨和原则包含了这样的愿望，如和平与安全、国家之间的友好关系、民族自决和国际合作等。由于其固有的含糊性可能导致在排除难民地位有滥用的可能性，因此可以对第 1 条第（6）

款第（3）项进行限制性解释，以免过早地将本该获得难民地位的申请人排除在外。在加拿大的"普希帕纳森案"（Pushpanathan v. Canada）中，对违反联合国宗旨和原则的行为的考察如下：①违反国际法中的一项共识，即构成严重和持续的基本人权侵犯行为，足以构成迫害；②行为被明确认定违反联合国的宗旨和原则（包括在国际决定和决议中）。[1] 在这些考察中，发现违反联合国宗旨和原则的行为包括酷刑、恐怖主义、劫持人质和种族隔离，不包括贩运毒品。当然，联合国安理会的许多决议都认为恐怖主义违反了联合国的宗旨和原则。尽管这些决议并没有法律约束力，依然可以合理认为，这些决议只是在解释《联合国宪章》规定的范围，而不是在发明新的原则和宗旨。[2]

鉴于现代人权法的发展，人权是权利，而不是特权。国际法没有为恐怖分子提供避风港，也没有阻止对犯罪嫌疑人的起诉。国家应在国际法框架下处理难民、移民问题，有效打击恐怖主义。

（二）在法治原则下平衡人权保护与国家安全利益

在难民庇护问题上最大的挑战就是在面对各种压力和诉求的情况下如何维护法治原则。移民法领域本身存在一种固有的紧张状态，决策者、仲裁人及法庭要在各国对难民、移民者存在恐慌、焦虑的背景下，使法治程序发挥应有的作用。即使在不涉及国家安全情况下，庇护法也是一个经常受到合法性质疑的公法部门。然而与合法性原则有关的传统价值，对难民和庇护申请人具有十分重要的意义。坚持公平原则与自然正义，预防犯罪的机构在行使裁量权时不得滥用法律等法治原则，关系到弱势群体和边缘人

---

〔1〕 Pushpanathan v. Canada〔1998〕1 SCR 982.

〔2〕 UN Office of Legal Affairs, Memorandum (1962) 34 UNESCOR Supp. 8, 15, U. N. Doc. E/CN. 4/1/610.

群的命运。面对公众压力和恐怖主义威胁，依然应坚持维护法治原则。一些国家在反恐政策的影响下，在难民、移民政策上采取了过多的限制措施。例如英国的移民政策中规定了快速程序和限制上诉权等，限制了当事人就庇护裁决提出上诉的权利。[1] 尽管没有明目张胆地取消司法复核，但实际起到了类似的作用，使行政裁决的合法性受到质疑，而这种现象并非为英国所独有。

按照对合法性原则的实质理解，尊重法治应当以尊重人的固有尊严为前提。尽管贯彻法治原则的责任在法官，但确保这一原则得到广泛和长久尊重却是每一个人的责任。在移民法及国家安全领域存在一种风险，即过度遵从行政机关的决定，进而影响对实质法律问题的全面考察，实际侵害了人权。例如将特定人群和个人视为嫌疑人，在敌对和恐慌情绪的情况下，少数群体权利便会受到侵害。如果政府积极保护每个人的生命权，这种尊重基本人权的做法应当受到人们的欢迎和拥护。恐怖主义必须受到合法有效的打击，但如果以人类社会艰难取得的成绩为代价，为打击恐怖主义而牺牲法治价值，那就得不偿失了。

另一方面，以保护国家安全为名实施的简单粗暴的、惩罚性、限制性的边境管理措施是否能切实保障国家安全利益也是值得怀疑的。在边界上的抵制、拘留和限制正常入境的渠道很可能导致难民沿着其他路线流动，迫使人们采取非正规旅行和未经授权的入境方式，并为走私者创造了新的市场和受害者，非法入境可能变得更加隐秘。这种情况下的偷运实际上可能演变成更类似于人口贩运的犯罪情况。在这些走私犯罪网络的摆布下，难民很容易受到危害、虐待、剥削、贩卖或绑架，以换取赎金。这种意义上

---

[1] Arne Niemann, Natascha Zaun, "EU Refugee Policies and Politics in Times of Crisis: Theoretical and Empirical Perspectives", *Journal of Common Market Studies*, (56) 2018, pp. 3–22.

的限制性边境管理政策在打击恐怖主义，以及从事走私和贩运的犯罪网络方面适得其反，对保护国家社会的安全利益也会产生反作用。它们还可能使陷入冲突地区本已不稳定的安全局势进一步恶化，因为难民可能在边界地区聚集，或被迫返回国内流离失所，或更糟的是，被困在冲突地区。

综上分析，确保安全的措施必须与提供保护的措施在法治原则下齐头并进，才能真正有效平衡难民保护与国家安全利益。虽然各国拥有控制其边界的主权，但根据国际人权法和难民法，国家也有义务确保需要国际保护的个人能够获得庇护，不被驱逐。因此需要采取综合办法，结合互补和相辅相成的措施，以确保难民和收容社区的安全。1951年《难民公约》就是专门为实现这一目标而制定的。它们为接收、登记和检查措施提供了法律基础，以确保可能对安全构成威胁的人不会利用难民的大规模流动而试图进入国家，以危害公共安全。早期筛查措施还有助于确定面临风险的个人，如贩运受害者、性暴力和基于性别的暴力的幸存者或面临风险的儿童，并确保他们尽快获得适当程序的援助服务。从社会的角度来看，基于法治原则的法律措施可以从根源解决问题、加强人权保护、促进和平与和解。社区警务和与难民接触也可以消除其滋生极端主义的心态。了解难民，了解他们与接收社区的关系，使执法当局能够发现潜在恐怖主义隐患，并在早期阶段解决这些问题。也许确保安全性和保护的最有效工具是提高综合处理反恐、难民、移民问题的能力。当难民能够充分参与接收社区的社会、文化和经济生活，当接收社区开始了解难民并重视他们的存在时，就实现了有效的融合，便可以确保个人有充分的机会获得资源、服务和卫生保健、生计和未来的现实前景。在他们的社区中，不论是在他们的原籍国还是在他们的庇护国，一种归属感可能比其他任何东西都更能对抗可能导致一些被剥夺公民权的人走向暴力极端主义的力量。

（三）完善国内移民法律制度

移民法作为公法中的一个法律部门，主要目标有两个：一是承认与庇护有关的人权规定与贯彻难民公约的义务；二是尝试制定一种选择性批准入境程序，依据该程序做出选择。主权国家在制定移民政策时的最大担忧在于现有制度是否会被那些并非真正需要国际保护的人滥用。欧洲难民危机爆发以来，一些西方国家认为移民法被那些本来应当排除在外的人作为进入本国的途径。例如英国和美国都提倡针对移民实行严格审查。这种怀疑传统随处可见，"9·11"事件以及欧洲的各种恐怖袭击事件，不过是进一步促进了各国强化限制移民进入本国的政策。在关于移民问题的讨论中，争议最多的是如何减少申请人数，再就是如何避免犯罪率上升，以及如何避免国家安全受到威胁等。

批准难民身份可能使某人最终获得在一个国家的永久居留权，然而难民法的宗旨在于为申请人提供一定期间的国际保护，直到不再需要这种保护为止。对庇护申请作出裁决极其具有挑战性，原因在于裁决需依据调研证言与申请人所属国有关的客观证据，而这一裁决可能决定申请人的命运。其结果对每个申请人都具有重要影响，一旦裁决错误，会带来实质性的危险；即使裁决正确也可能面临较大压力。在庇护申请人来到东道国边境后从事某些可能会产生安全威胁的犯罪行为时，这种情形可能适用反恐法，也可能适用于移民法中关于驱逐出境的规定。任何国家都不会允许本国的移民制度成为发动国际恐怖袭击的工具，事实上，官方的和高度规范化的渠道显然不是恐怖分子的优先选择。因此完善的移民法律制度是平衡国家安全利益与国际人权保护的一种优先选择。

联合国难民署也提出了确保在边境进行适当接待和筛查以及评估程序及措施。2011年联合国难民署《难民保护和混合移民：

10 点行动计划》（Refugee Protection and Mixed Migration：The 10-Point Plan in Action）中概述的筛查系统，为实施边境程序和接收混合流动的个人的系统提供了实用建议。使用生物识别技术对入境人员进行登记，以公平和高效的方式确定他们的身份，确保各国能够在早期对需要国际保护的人和可能构成安全风险的人进行必要的区分。在这一阶段，许多国家经常通过核查旅行证件与安全数据库进行安全检查。此外，进行安全检查的方式应不损害难民或其在原籍国的家庭成员的安全。

（四）加强国际合作

全球化一直是 20 世纪后期的主要特征，技术进步和对更快的经济增长的渴望推动了全球一体化。全球化意味着跨境连通性，在边界上建立通道，以加快货物和人员的流动。恐怖主义威胁可能需要在这些国际通道上设置门槛，这些门槛可能会减缓经济和就业增长，从而减少贫困并防止非法和不必要的移民。在一个地球村中，某个地方的贫困可能很快会成为其他国家的问题。国际合作可以帮助防止不必要的移民与恐怖主义。国际合作和数据共享可以帮助识别可疑的恐怖分子，以避免他们轻易地从一个国家转移到另一个国家，此外还需要国际合作以打击可能被恐怖主义组织用来秘密迁徙人员的走私和贩运活动。通过立法规定将国际合作制度化、体系化，将允许共享迄今为止受到限制的有关数据。例如，美国、加拿大和墨西哥已经建立了联系，通过国际合作、共享信息，以协调移民政策制止恐怖主义。[1] 在过去的几十年中，货物和人员的自由流动与大多数国家的经济增长加快以及经

---

〔1〕 S. Martin, P. Martin, "International Migration and Terrorism：Prevention, Prosecution and Protection", *Georgetown Immigration Law Journal*, （18）2004, pp. 329-344.

济和移民目标的趋同有关。当今恐怖分子对这个不断发展的全球体系提出了新的挑战，只有通过更紧密的国际合作，才能逐步确保移民和庇护政策趋于协同，才能更加有效地打击恐怖主义活动。

小　结

全球性的"反恐战争"从根本上改变了西方对难民和寻求庇护者的看法，将对难民安全的关注变成了对他们所构成的安全威胁的焦虑。在反恐背景下，国家安全与国际法上难民权利的保护存在一定程度的紧张关系，这导致难民权利可能遭受双重损害。在国内受到迫害，在国外被边缘化。寻求庇护者越来越难以通过各种限制性措施进入安全国家。对涉嫌窝藏恐怖分子的国家使用武力很可能引发新的难民外流，与此同时，为难民提供保护的可能性正在减少。寻求庇护的人可能发现自己越来越多地受到移民拘留、遭受酷刑或迫害、包括受到不定期的移交、保护水平下降（甚至不人道或有辱人格的待遇）、种族歧视、更加严格的公民身份测试、种族或宗教歧视。今天，世界上超过一半的难民是从叙利亚、阿富汗或索马里逃离的，东道国社区面对不断增长的人口和相应的需求的反应不一。虽然民间社会表现出极大的慷慨和志愿精神，但恐怖主义的威胁依然存在，出于恐惧也会导致仇外、攻击、抵制以及限制进入和庇护。这些不受欢迎的行为往往使难民落入走私者和人贩子之手。这种情况既不利于保护难民，也不利于接收国的国家安全与社会稳定。一方面，国际社会坚定地朝着将难民权利视为对个人的人权保障，而不是对特定群体的法律保护迈出了坚实的一步。另一方面，各国可以出于国家安全考虑采取限制措施。因此，需要一种既考虑到国家安全利益又考虑到难民保护的制衡制度，各国需要在人权保护与限制进入其边界的主权之间做出微妙的折衷。

第九章　恐怖主义、使用武力与国家责任

一、应对恐怖主义的两种方法

一个国家在应对恐怖主义威胁做出反应时可以采用两种可能的法律理论：其一，司法执法；其二，使用武力。长久以来，执法方法一直占主导地位。这种方法将恐怖事件视为纯粹的犯罪行为，由各种政府职能部门处理，主要是国内刑事司法系统及其组成部分：警察、调查人员、检察官、辩护律师、法官、上诉法院和惩戒系统等。如果成功，恐怖主义分子将被控制、起诉、定罪和惩罚。"9·11"事件后，许多国家认为采取执法方法存在一些漏洞：首先，如果采用执法方法，可能会最终驳回指控或宣告被告无罪，这种可能性导致国家对司法执法方法打击恐怖主义有效性的怀疑。从而最终导向诉诸武力打击恐怖主义，甚至认为只有使用武力才能取得反恐斗争的成效，将违法者逍遥法外的可能性降到最低。其次，执法方法被认为不足以震慑恐怖主义，因为没有有效的国际警察机构。最后，引渡制度远远不能令人满意，也没有有效的国际法庭来应对恐怖主义行为。但是，执法方法依然有许多积极的方面，例如它只包括国内刑法，显然是在国家的主权管辖范围内。同样重要的是，对恐怖主义行为的执法需遵守正当程序。当证据不足时，指控被放弃或在法庭上失败，导致撤销指控或无罪的结果。另一方面，使用军事力量对被杀或受伤的人

很难提供正当的程序，并对卷入战斗的无辜者造成更大的伤害危险。总的来说，执法手段是一种更精确的手段，更有利于实现个性化的正义。

由于对恐怖主义的定义没有统一，所指控的罪行，如谋杀、绑架、劫机和纵火等反映的是国内刑事规则，很少或根本没有提及被告的恐怖主义动机或其组织的国际性质。因此，各国一贯致力于通过缔结反恐公约、引渡协定和其他司法合作形式加强执法方式。直到 20 世纪 80 年代中期，才开始建议，可以从武装冲突的角度来处理恐怖主义行为，而不是完全从执法的角度。

美国军事律师理查德·埃里克森（Richard Erickson）在 1989 年出版的著作《合法使用军事力量打击国家支持的国际恐怖主义》中，对这两种方法进行了分析比较，并全面讨论了每种方法的利弊。[1] 该著作表达了关于将武装冲突法适用于恐怖主义行为的若干迷思，认为应认真考虑武装冲突法。埃里克森指出，许多人认为，唯一可行的替代办法是将恐怖分子视为执法方法下的罪犯或武装冲突法下的战斗人员。在后一种情况下，许多人认为这种做法会让恐怖分子成为"战俘"，战斗员的法律地位可能将他们的行为定义为可接受的国际行为。这些被广泛持有的观点是完全错误的。武装冲突法以类似各国国内法的方式处理恐怖主义行为，即犯罪行为。它承认恐怖分子非法参与战斗活动，将他们定性为非法战斗人员，并通过认定他们违反作为武装冲突法基础的基本国际人道法来否认他们的合法性。埃里克森的结论是，在适当的情况下，一国的决策者应该可以采用这两种方法，而武装冲突法有时可能是更合适的战略，这取决于所涉恐怖主义行为的性质和范围。恐怖主义分子（非法战斗人员）采取的需要制定武装冲突法

---

〔1〕　Richard J. Erickson, *Legitimate Use of Military Force Against State – Sponsored International Terrorism*, Alabama: Air University Press, 1989, pp. 57–84.

的行动可以被公平地描述为涉及对一个国家的"武装攻击"。个人犯罪行为、骚乱和轻微骚乱并不是适用武装冲突法的正当理由，对待这样的行为，国家应限制在执法方法上。

二、国家责任和使用武力

自"9·11"事件以来，对国际恐怖主义行为或对国际恐怖主义的反应的责任问题一直处在讨论中。除了国家对恐怖主义本身负责的问题外，还有其他问题涉及"全球反恐战争"中的行为：在什么情况下，国家应对其他国家提供安全保护以及采取反恐行动的私人保安公司的过错负有责任？

一国的国家责任源于国际不法行为的发生，其行为包括：根据国际法应归属于一个国家，并且构成对该国的国际义务的违反。[1] 国家的国际义务包括国内法上的调整、武力、人权和人道法有关的义务。国际刑法规定的涉及个人责任的犯罪一般不需要追究国家责任。然而，在某些情况下，国家责任可能与恐怖袭击是否构成特定罪行（特别是战争罪和侵略罪）有关。相比之下，传统上认为国家责任问题与合法使用武力紧密相关。尽管人们越来越怀疑国家对武装袭击的责任是自卫的先决条件，但国家责任的程度可能仍然与评估攻击特定国家的合法性（即必要性和相称性）有关。根据《联合国宪章》第51条进行自卫只是对受到袭击而产生的合理反应，这样的观点越来越令人怀疑。不过，必须采取"必要"措施来进行自卫，以免受到攻击，这表明针对国家的此类攻击，该国必须对有关攻击进行一定程度的控制。可以看出，关于恐怖主义和反恐的国家责任规则中的某些规则在法律上已被证明是有争议的。国家对恐怖主义或反恐怖主义行为的责任在法

---

〔1〕 The Articles on Responsibility of States for Internationally Wrongful Acts, Adopted by the International Law Commission in 2001, Article 2.

律和政治上都有一系列影响。了解这一法律领域对于评估当前国家和非国家行为体的多重性至关重要，对"反恐战争"或与之有关的问责制、赔偿和有效预防也至关重要。

国际恐怖主义与一般的反政府武装团体不同，例如，"基地"组织的目标不是征服领土、控制资源，甚至也不是进一步的传统政治或意识形态目的。寻求大规模杀伤性武器，不是为了威慑其他国家的行动，而是为了在某些时候和某些地方使用，以造成最大程度的破坏和恐怖。"敌兵"不穿制服，没有固定的基地，本身也是无国籍。然而，恐怖主义分子必须从某个地方开始行动，他们必须在某处储存武器、必须在某处训练和安置他们的战士、必须在某个地方制定计划……这些活动必须发生在某个国家的领土上。此外，恐怖主义活动往往得到某些方面的支持，武器、资金、物资等都是有确切的来源。

各国如何应对这一新威胁？如果一个国家要攻击非国家组织，行动者在另一个国家的领土上发动攻击的适当条件是什么？当前的国际法是否能够充分处理具有许多国家特征的非国家恐怖主义组织这一相对较新的现象？国家可能对不同程度的恐怖主义做出反应的法律理论是什么？各国是否有责任和义务打击恐怖主义行为？事实上，现行国际法为国家对恐怖主义行为做出有效反应的行动提供了理论基础。针对恐怖主义的执法方法适用国内法，而使用武力方法需适用国际法，其中包括武装冲突法、国家责任法和自卫的习惯法规则。综上所述，这些类别下的规则足以允许对恐怖主义做出适当反应。毫无疑问，根据国际法，各国对控制在其境内活动的恐怖主义分子负有直接责任，正如各国有责任不支持恐怖主义组织一样。早在 1970 年，联合国大会第 2625/9 号决议就明确指出，一个国家仅仅默许源自其领土的恐怖主义活动是违反其国际义务的。联合国大会和联合国安理会的许多其他决议都明确指出，窝藏或支持恐怖组织违反了一个国家根据国际法应承担的责任。然而，一个国家仅仅违反国际准则，就允许一个受害国合法地使用武力，以纠正错误或防止今后的错误，这是不正确的。事实上，根据国际法，一般不允许国家对非法伤害它们的其他国家使用武力。因此，使用武力的规则有更多的限制，只允许国家在"自卫"时使用武力。

《联合国宪章》第 2 条第 4 款明文禁止一国对另一国使用武力。它禁止使用或威胁使用武力侵犯其他国家"领土完整"或"政治独立"。然而，《联合国宪章》本身在两个重要方面对这种似乎绝对的禁止作了限制。安理会有权在确定国际和平与安全受到威胁时采取强制性行动。《联合国宪章》第 51 条规定了："联合国任何会员国受武力攻击时，在安理会采取必要办法，以维持国际和平及安全以前，本宪章不得认为禁止行使单独或集体自卫之自然权利。"因此，一个国家只有在安理会采取必要措施维护和平与安全之前，才能对武装袭击采取自卫行动。第 51 条关于自卫的规定是第 2 条第 4 款的唯一明确例外。国际法院在"尼加拉瓜诉美国案"中对《联合国宪章》第 51 条的解释是，在大多数情况下，一个国家只有在遭受实际"武装攻击"的情况下，才能使用武力进行自卫。[1] 根据目前的国际法规定，在一个国家对另一个国家的领土完整或政治独立做出军事反应之前，必须受到武装攻击，或至少存在受到或即将受到的武装攻击的可能性。

三、国家责任法的演变

有了这个标准，国家责任原则在恐怖袭击中的适用就简单明了了。为了证明对恐怖分子使用武力是正当的，恐怖主义行动必须达到武装袭击的水平。没有上升到这一水平的行为不能成为根

---

〔1〕 Military and Paramilitary Activities in and Against Nicaragua (Nicar. v. U. S.), I. C. J. Reports 1986.

据国际法做出强制性反应的理由，因为军事行动将在没有法律根据的情况下侵犯恐怖主义分子所在国家的领土完整。然而，即使恐怖主义分子发动了武装袭击，对一个国家的恐怖主义分子使用武力的权力也是有问题的，除非可以将恐怖主义行动归咎于该国。因此，一个关键的问题是归咎——恐怖主义行动在什么情况下可以归咎于其活动所在的国家？对恐怖分子的袭击侵犯了东道国的领土完整，恐怖分子的"武装袭击"必须归咎于东道国。只有这样，才能对该国的恐怖主义分子或该国使用武力。

（一）案例分析："尼加拉瓜诉美国案"和伊朗人质事件

国际法院的两个案件值得仔细研究，这两起案件似乎都限制了非国家恐怖主义行为可以归咎于一个国家的情况。派遣"武装团伙"到另一个国家的领土就足以构成一个武装袭击，但美国对尼加拉瓜的武器供应和其他支持不能等同于武装袭击，并且没有证据表明使用军事力量。[1] 从证据可以清楚地看出，在许多方面，如果没有美国的资助和支持，作为美国代理人的反政府武装就不可能存在。国际法院详细考察了美国的参与程度，美国在资助、组织、培训、供应和装备方面的支持与参与，其军事或准军事的选择目标，和整体的规划操作。法院认为，必须有足够的证据表明美国在所有领域都实施了一定程度的控制，也就是国家对行动者达到"有效控制"标准，才能将非国家行为主体的行为归责于国家。第二个相关案例是伊朗人质事件。法庭面临的问题是，伊朗学生占领美国使馆并挟持使馆工作人员作为人质的行为是否与伊朗政府有关？国际法院认为，这些事件分为两个阶段：最初由学生接管，随后长期占领大使馆。法院发现，在最初阶段，学生没有代表国家行事，因此国家对他们的行动不承担责任，但法

---

〔1〕 General Assembly Res No. 2625, U. N. Doc. No. A/8018 (1970).

院承认伊朗当局有义务保护大使馆。只有对行动的接管完成后，伊朗政府才对学生的行动负责，并使美国使馆被占领从那时起归咎于伊朗这个国家。

"尼加拉瓜案"和伊朗人质事件表明，一个国家必须指导和控制恐怖主义分子的活动，才能使他们的行动归咎于该国，仅仅是资金、培训和后勤支持是不够的，最终国际法院将他们的行动归咎于美国。在伊朗人质事件中，指挥和控制同样是关键。这些规则背后的理由显而易见，一个国家不能对一切起源于其领土的行为负责。一个国家如果自己做出违反国际准则的行为，就不能指望它监测和防止其领土内的一切活动。否则，哥伦比亚可能要对在哥伦比亚工作的国际毒品贩运者的行为负责，或者俄罗斯可能要对"俄罗斯黑手党"的国际活动负责。即使各国能够更好地控制其境内的活动，它们在分配其有限资源方面也必须有广泛的自由裁量权。各国必须能够以平衡其对国际社会的义务和对其公民的义务的方式分配资源，尤其不应指望贫穷国家将其资源仅仅或甚至主要用于防止对其他国家公民或财产的暴力行为。

（二）自"尼加拉瓜诉美国案"以来的习惯国际法

实施"9·11"恐怖袭击的恐怖分子，在定性和定量上都与跨国犯罪组织、国际毒品走私贩甚至是没有组织的恐怖分子个体有所不同。"9·11"袭击所造成的破坏不亚于一次武装攻击，如果国际社会受到"尼加拉瓜案"和伊朗人质事件规则的约束，就很难对有能力进行武装袭击的恐怖主义组织实现有效打击。近来，国际形势发生了巨大的变化，国际社会逐渐认识到，这两个案件的限制原则不适用于那些威胁要进行难以预测的破坏的跨国恐怖主义集团。简单地说，各国所接受的习惯做法已经改变。

"尼加拉瓜案"和伊朗人质事件，与窝藏跨国恐怖分子和积极协助恐怖主义集团的国家在事实上相去甚远。在这两种情况下，两个国家的领土都没有被用来为被支持的团体提供"避风港"和帮助。既没有像"基地"组织这样在世界范围内产生影响，也没有威胁到国际社会的和平与稳定。同样重要的是，这两个案件都是在一个基本上两极分化的世界背景下决定的，在这个背景下，美国和苏联在世界各地打过和正在打不同强度的"代理人战争"。如果认为美国和苏联都参与了他们支持的组织所发动的武装袭击，显然会创造一个更加危险的世界。随着国际形势的变化，各国的做法也在与时俱进。存在这样一种观点，认为一个国家对恐怖分子的支持足以把恐怖分子的行动归责于这个国家。

此外，自 1986 年以来，各国对针对支持恐怖主义的国家采取的各种军事行动的反应有了很大的变化，这表明各国越来越愿意把恐怖主义分子的行动归咎于支持恐怖主义的国家。1986 年，美国轰炸了利比亚多个与恐怖主义有关的目标，以回应利比亚参与恐怖主义分子对一个德国迪斯科舞厅的轰炸。那次轰炸造成 3 人死亡，229 人受伤，其中 2 人是美国军人。尽管美国声称柏林爆炸案实际上是利比亚政府下令的，但美国的行动受到了广泛谴责。[1]随着国际恐怖主义的威胁越来越明显，国际社会对使用武力进行反恐持有一种越来越宽容的态度。联合国越来越多地关注国际恐怖主义问题：1970 年联合国大会确认每一个国家都有义务避免"参与"或"默许"在其领土上，组织恐怖活动；1985 年联合国大会更具体地说，国家有义务根据国际法避免组织、煽动、协助或参与在其他国家的恐怖活动，或默许在其领土内进行旨在实施此种行为的活动；1992 年联合国安理会明确将参与恐怖主义活动与一个国家根据《联合国宪章》第 2 条第 4 款不使用武力的义务联系起来。安理会第 748 号决议指出，"协助"恐怖主义行为或

---

〔1〕 Sean D. Murphy, "Terrorism and the Concept of 'Armed Attack' in Aricle 51 of the U. N. Charter", *Harverd International Law Journal*, 43 (2002), pp. 41–47.

"默许"恐怖主义行为足以使一国承担第 2 条第 4 款规定的不使用武力的义务。安理会在 1994 年和 1998 年再次谴责默许恐怖主义的行为，这一趋势在"9·11"恐怖袭击后的安理会第 1373 号决议中达到顶峰。安理会首次将一国自卫的固有权利与另一国对恐怖主义的支持联系在一起，无论这种支持是主动的还是被动的。从 1970 年到现在的演变可以用一句话来概括：虽然一个国家可能曾经辩称，恐怖主义组织的行动并未根据《联合国宪章》第 2 条第 4 款将责任归咎于该国，也未根据第 51 条对其采取强制性措施，但这些条件似乎不再适用，至少在这样一种情况下是这样的：在另一个国家的领土上发动了"9·11"事件这样具有毁灭性的袭击，而且恐怖分子与支持国之间的联系已经如此牢固，并得到国际社会的承认。[1] 美国前总统小布什和其他人在他的政府发表声明，明确表示美国将"基地"组织和类似的恐怖组织与支持它们的国家等同起来，主张窝藏或支持恐怖分子的人与恐怖分子本身没有区别。然而，上述国际文件似乎与"尼加拉瓜案"和伊朗人质事件的决定相左，尽管国际社会几乎没有表示反对。

在过去几十年里，技术、通信和全球经济的发展也极大地改变了世界的面貌。人们可以更容易地跨越国界、获取信息、相互沟通、并在全球范围内转移货物和货币，信息可以隐藏在全球超过 10 亿个网站中，而这些信息可以用更有创意的方式隐藏起来。全球化使得任何一个国家都很难在自己领土范围内实现对国际恐怖主义的有效打击，当恐怖分子到达一个国家的地理边界时，真正的恐怖主义活动可能已经开始实施。在当今世界，一些恐怖组织和许多国家行为体一样能够得到充足的物资支持，例如在阿富

---

〔1〕 Jack M. Beard, "America's New War on Terror The Case for Self-Defense Under International Law", *Harvard Journal of Law and Public Policy*, 25（2002），pp. 559, 581-582.

汗战争之前，本·拉登的个人价值估计有数亿美元，并且恐怖组织与许多国家行为体一样有能力造成大规模伤害。国际武器市场上武器的可得性，加上资金的可得性，造成了一种空前危险的局势。最后，当然还有"大规模杀伤性武器"，如化学武器、生物武器和核武器等，这些武器不仅具有巨大破坏力，而且由于其不分青红皂白的性质和不可预测的后果都令人恐惧。技术进步使得制造和隐藏生化武器变得更加容易，信息的流动扩大了大规模毁灭性武器的潜在可得性，在因特网上可以找到制造这些武器的说明。这些因素交织在一起使恐怖分子几乎不可避免地能够获得大规模毁灭性武器。如果一个国家支持恐怖主义活动，并且为恐怖主义活动提供便利条件，例如通过招募、训练、通讯和武器发展提供安全避难所等，受害国应如何维护主权与领土的安全？世界已经认识到这一事实，并采取了相应的行动。2001 年《关于国家对国际不法行为责任的条款草案》第 8 条规定，如果一人或一群人实际上是在按照国家的指示或在其指挥或控制下行事，其行为应视为国际法所指的一国的行为。也就是说，如果恐怖主义分子是在国家的指挥或控制下行动，那么就可以将恐怖主义行为的责任归咎于一个国家。在一定程度上，将国家责任归咎于庇护和支持恐怖组织的主体是必要的，条款草案与各国现行国家实践和所承认的正在发展的标准并不矛盾。

四、恐怖主义的国家责任标准

（一）庇护和支持

显然，国家责任法的发展还在继续，不可能准确地说出这个过程的最终结果。事实上，从某种程度上讲，这个过程仍然在变化，但基本结构已经确立。第一项原则似乎比较明确：庇护或支持。联合国在过去 20 年中所发表的关于根据国际法各国有责任不支持或庇护恐怖主义分子的声明已经转变为一项国家对恐怖主义分子的行为负责的原则。一旦一个国家明确表示它对消除来自其领土的恐怖主义威胁不感兴趣时，它可能就要承担起对恐怖主义行动负责的国家责任，受到威胁的国家也将拥有合法使用武力的权利。对使用武力的限制应该来自其他方面，而不是一个国家不控制或指挥恐怖主义分子的行动。这一原则与近百年前《海牙公约》所通过的有关中立的规则极为相似。在《海牙公约》中，"中立国"不得允许交战方在其领土内运送部队、弹药或补给品，也不得允许其领土被用来组成"战斗队"或"征兵机构"。用现代的说法，提供后勤支援或允许交战方以其领土作为作战基地的国家将被取消其中立地位。如果一个中立国违反这些禁令，另一个交战国就有理由攻击中立国领土内的敌军。

（二）支持程度

用于打击恐怖主义组织的可允许的军事行动的范围取决于庇护国提供的支持的程度，这一原则只不过是对传统比例原则的一种延伸。如果一个国家不采取任何行动，只允许恐怖主义分子在其领土上活动，不提供任何有意义的支持，那么所允许的军事力量的范围仅是对付恐怖主义威胁本身所必要的范围。无论是庇护国的军队还是其基础设施都不是被允许的目标。这符合前面讨论的《海牙公约》，符合比例原则和军事必要原则。但是，可以将在该国境内的恐怖主义分子及其设施和用品作为攻击目标，可以使用军事力量对其实施打击，即使这会破坏庇护国的领土完整。但是，如果庇护国提供了大量的供应或后勤支持，那些直接从事提供支助的人员和设施应受到攻击，攻击的程度应达到消除或限制支持的必要程度。特别是在涉及大规模毁灭性武器时，恐怖主义袭击的关键阶段是提供武器及其运载系统，以及训练恐怖主义分子有效使用这些武器。一个国家向恐怖分子提供关于部署大规模毁灭性武器的证据应足以允许使用军事力量来消除威胁，即使攻击是针对庇护国的设施或人员。

此外，威胁必须直接来源于恐怖主义活动的威胁。虽然对"恐怖主义"的确没有一致的定义，但对使用军事力量的传统规则应限于打击恐怖主义。也就是说，必须有一个有组织的恐怖主义集团出于政治或意识形态目的对平民进行暴力活动，向恐怖主义集团提供庇护或支持的国家不愿意采取行动，在这种情况才能使用武力。使用武力打击恐怖主义并不意味着改变传统的国际人道法规则，相反，它只是主张对现有规则进行解释，以应对在通过《联合国宪章》时没有预见到的巨大威胁。

（三）必要性原则

根据习惯国际法和《联合国宪章》，只有在必要时才能使用武力，这是"军事必要性"的习惯标准。在对恐怖主义行动追究国家责任的情况下，这一标准尤为重要。如前所述，各国应对窝藏或支持恐怖主义组织的行为负责，但是，只有在没有其他合理的方法可以说服或迫使庇护国停止其庇护或支持时，才能使用军事力量。例如，通过公开揭露、谴责这种支持或庇护，或其他外交措施，或诉诸国际机构，或通过联合国安理会对庇护国实施经济制裁等，当上述措施足以使一个国家停止其庇护或支持时，使用武力就是不合法的。简单地说，一个国家不能对一个向恐怖主义集团提供庇护或支持的国家直接使用武力，除非该国有机会铲除来自其领土的威胁或停止支持恐怖主义分子。唯一的例外可能是，威胁如此严重，通过其他任何手段消除威胁的可能性如此之小，因此使用武力是一种合理的选择。

五、对恐怖主义能否采取预期自卫？

《联合国宪章》规定一个国家进行自卫是主权国家的固有权

利，长期以来这一直是一个有争议的国际法问题，一些国家如美国主张习惯国际法上的自卫权不受《联合国宪章》第 51 条的限制，这种固有的自卫权包括预期自卫权。另一些国家认为，《联合国宪章》第 51 条有效地排除了作为使用武力的法律基础的预期自卫，而且，如果没有武力攻击，一个国家行使自卫权范围仅限于准备抵抗这种攻击，即使面对另一个国家明显正在进行的攻击准备。根据一般法律原则，为了证明基于自卫使用武力是正当的，一个国家必须表现出自卫的必要性——立即的、压倒性的、没有其他选择的、迫在眉睫的危险。

"预期自卫"这一概念最早出现在冷战时期，冷战造成了能够使用核武器的超级大国之间的紧张局势，关于即将发生核攻击的有效指标的确可以被描述为瞬间的和压倒性的，没有选择的手段和迫在眉睫的危险。在这种情况下，同时动员火箭部队、将弹道导弹潜艇移动到发射阵地以及向国家领导人通报轰炸机部队的情况，随时准备在受到攻击之前先发制人。自卫权定义的核心是，评估某些因素的必要性，如果把这些因素放在一起看，可能会触发为自卫而使用武力的情况。对超级大国来说，"即将"意味着导弹会在瞬间升空，对 1967 年的以色列来说，迫在眉睫的威胁是邻国在几天内发动袭击的确凿证据。在每一个案例中，国际社会的大多数成员都认为，根据自卫的定义，使用武力是正当的。然而，关键的问题是，在国际恐怖主义的背景下，同样的定义是否会成为一个国家使用武力的法律基础？国际恐怖主义威胁现在以无国籍实体的形式出现，这些实体拥有一个国家的大部分属性：财富、一定的军事力量、经过军事训练、有组织架构和存在获得大规模毁灭性武器的可能性。然而，与国家不同的是，这些恐怖主义组织经常准备执行自杀任务，他们完全无视人命和法治。此外，即使在全球范围内，恐怖袭击也不会上升到持续战斗的水平。实际上，此类攻击的有效性取决于一个国家不知道下一次攻击何时或如何发生。那么，这种攻击在本质上能否被描述为"迫在眉睫"呢？

目前，日益增长的国际共识是国际社会的每一个国家都负有打击恐怖主义的积极义务。基于上述共识，以美国为代表的西方国家主张，一个国家可以合法地根据以下假设采取行动：鉴于某些国际恐怖主义组织一贯表现出的非常规性质的行动方法，这些组织的攻击总是"即将发生"。如果一个恐怖组织已经实施了先前的袭击，或者已经明确或含蓄地宣布了其意图，那么未来任何的袭击都可以被认为是迫在眉睫的。因此，一个国家在面临迫在眉睫的威胁攻击时，可以使用武力自卫。此外，虽然这种使用武力的行为最好得到东道国的同意和支持，但东道国拒绝并不一定会损害受威胁国家采取自卫使用武力措施的权利。简而言之，预期自卫应根据跨国恐怖主义的政治和行动的现实情况进行合理的解释。

先发制人的主张当前依然不为国际社会所承认，因为先发制人原则对于对抗恐怖主义威胁来说是不必要的，更重要的是，它的潜在成本大于收益。一个开放式的先发制人原则是一个潘多拉的盒子，一旦打开可能将对世界和平与稳定造成重大不利影响。在适当情况下，将执法方法与在合理情况下使用军事力量相结合可能是更理想的选择。

此外，对使用军事力量的限制并不十分严格，各国在必要时不能使用武力，除非诉诸一种考虑不周的先占原则。这篇文章所阐述的国家责任和预期自卫的原则非常有力，足以让各国成功地对抗"基地"组织等恐怖组织及其庇护国。对美国进行武装袭击的团体，以及向他们提供大量支持或庇护的国家，已经受到军事力量的攻击，而没有诉诸定义不清的先发制人原则。一个"强权即公理"的国际无政府状态的世界局势对包括美国在内的全人类都是不利的，简而言之，先发制人可能预示着一个无序与混乱的世界。国际法的规则必须而且确实在演变，以适应新的和不断变化的环境。但是，这种演变应受到必要性的限制，只有通过国际社会的明确或含蓄的协议才能实现。有关国家责任和预期自卫的规则已经逐步形成，并具有足够的灵活性，以保障国家的自卫权。

小　结

国际恐怖主义作为当今世界面临的新型威胁，需要重新思考国际应对机制。"9·11"事件改变了国家保护边界的方式、大多数西方国家的移民流动方式、现代反恐方式等。"9·11"事件不仅对国际人道法提出了挑战，还引发了间接国家责任法的重要转变。随着伊朗人质事件和《联合国国家责任条款草案》等国家责任领域重要里程碑的出现，从归因和直接责任模式向间接责任模式的转变是自然而合乎逻辑的。从这个角度来看，也考虑到安理会根除恐怖主义的决心，未来转向严格责任机制似乎并非不可能。严格责任模式在国际层面不仅促进了东道国之间的公平，而且还为政府提供了正确的激励措施：打击恐怖主义只能在多边层面通过信息和政策的相互交流才能成功完成，对极端和盲目的自我利益的追求将削弱国际责任制度的效力。尽管犯罪和暴力等某些典型的社会因素永远不会完全消失，但目标仍然是制定最有利于国际和平与安全的国家责任制度。另一方面，这种模式也带来了问题，并且有可能被经济实力较强的国家滥用。同时，间接责任模式也带来了新的、有时甚至是模糊不清的法律挑战，例如行为义务和结果义务之间的区别、预防义务定义的法律标准等。鉴于目前的法律环境和对这些问题缺乏共识，很难明确建立一个有效治理这些政治动荡局势的法律制度。

国际司法实践对我国反恐的借鉴意义

　　"恐怖主义"这一思想自远古以来就一直以革命的名义或以反对政府的运动为目的而存在。从先前的讨论中，可以清楚地了解到"国际恐怖主义"或仅仅是"恐怖主义"在几个程度上有所不同。从本质上讲，前者暗示了多种行为者和更大规模的袭击，涉及作为犯罪者和受害者的多重国籍。从袭击个人到重要设施，恐怖主义一直涉及多种犯罪。因为恐怖主义的多面性、复杂性，各国很难就"恐怖主义"的任何单一定义达成一致，大多数定义都集中在持不同政见者群体所谓的政治暴力上。国家和非国家行为体都以外交政策的名义实践了恐怖主义。民族恐怖主义、宗教恐怖主义，以及新的信息技术和其他技术发展，共同推动了政治暴力的全球化趋势。因此，实际上，所有归类于恐怖主义中的此类行为在本质上都被视为政治性的，因为它们主要是为了实现各自的政治目标而实施的。此类恐怖主义行为被视为刑事犯罪，在国际法目前的框架下，这些恐怖主义行为完全是根据部门条约处理的，部门条约责成此类条约的成员根据其国内法予以惩处。不能否定的是，此类暴力有时也会违反国际人道法。总而言之，不论恐怖主义的性质如何，在和平与武装冲突期间均存在恐怖主义行为，因此有可能在人道主义和国际刑法中进行研究。尽管联合国安理会将恐怖主义视为对国际和平与安全的威胁，但它仍不属于"国际核心罪行"的范围，应由符合国际法各个方面的国内法来处理。尽管我国的反恐司法制度比其他一些国家更加克制，但仍存在改进空间。也不应假定法律的改进会以牺牲安全为代价来增加权利和自由。事实上，以下针对我国法律的一些改进建议，更加关注对国家安全构成最严重威胁的情形，旨在防止对非恐怖分子的错误定罪或不当拘留，同时确保我国对恐怖主义的反应举措具有针对性。

一、在立法上协调国际法与国内法

（一）反恐法调整范围

国家层面立法是国家实践和法律确信的证据，恐怖主义专门立法越来越多地出现在国家法律中，有助于形成习惯国际法并且确立对恐怖主义的普遍管辖权。安东尼奥·卡塞斯写道，许多国家法律禁止恐怖主义并且在内容上"基本趋同"，有助形成习惯国际法。[1] 大多数国家通过制定关于国家安全的广泛法律，例如公共紧急情况、公共秩序、非法结社、武装团伙、敌对远征、颠覆、叛国、煽动叛乱或对宪法秩序的威胁。恐怖主义行为通常属于这些广泛的保护性法律的主权和特权范围之内，并被包含在其中。我国《反恐怖主义法》对恐怖主义罪行进行了一般性定义，将一般要素与具体行为的列举结合起来。一般犯罪分为两大类：简单的一般犯罪，包含单一的一般要素；复合的犯罪，由累积或结合的一般要素构成。几乎所有的一般犯罪都要求意图对生命或财产实施客观的、严重的、暴力的犯罪行为，由于暴力行为差异很大，立法中不需要罗列暴力可能采取的各种形式，可以简化为总体描述。

国际上普遍使用"让平民陷入恐惧"的概念，在我国《反恐

---

[1] G. Adrian, *Terrorism, Politics and Law: The Achille Lauro Affair*, London: Polity, 1989, pp. 110-122.

怖主义法》第3条"恐怖主义"定义中以不同方式表述为制造社会恐慌，没有提及"平民"。可以参照国际社会中定义趋势在我国《反恐怖主义法》各种受保护的目标中提及个人、人口、平民、人民等概念。通过恐怖主义的国际定义（如1999年《制止向恐怖主义提供资助的国际公约》、安理会决议）来看，如果定义中不包括恐吓或恐吓人民等相关要素，将失去与其他政治暴力的独特性和区别。例如，出于政治目的或胁迫政府的暴力，在概念上不同于恐吓公众或使公众感到恐惧的暴力。除非恐怖主义被归咎于恐吓人民的想法，否则无论是否出于政治动机或强制目标，这种犯罪也最好被描述为颠覆、胁迫或其他。

我国《反恐怖主义法》第3条将恐怖主义的目的要素描述为胁迫国家机关、国际组织，与国际普遍趋势中通常不需要明确恐怖主义是与国内还是国际恐怖主义犯罪有关的立法思路是一致的。由于恐怖主义犯罪目标并不能确定是针对国内还是国际层面，因此这里可以将"国际组织"改为"国际社会、扰乱国际关系、造成战争，或破坏国家稳定"，与国际社会普遍定义趋势更加一致。这种定义综合考虑了恐怖主义的一般目的要素（恐怖、恐吓、胁迫、强迫等），而不管恐怖主义的目标是国内还是国际。此外，现有第3条规定此类罪行的管辖权通常受地域限制，或受客观领土和保护原则的限制，不利于扩大国家对恐怖主义的域外管辖权。

从国际社会普遍趋势来看，恐怖主义一般定义为旨在恐吓或恐吓人民的暴力。这些定义类似于1937年的国际联盟公约和国际人道法中的定义，后者侧重于行为的严重心理影响。我国《反恐怖主义法》第3条将"恐怖主义"定义为胁迫或恐吓一个国家机关或国际组织，以实现其政治、意识形态等目的的主张和行为。现有第3条定义将恐怖主义的犯罪动机限于政治或意识形态等，而从国际恐怖主义暴力行为案例来看，许多恐怖主义的动机在于宗教激进主义思想。我国《反恐怖主义法》第3条不能涵盖宗教激进主义。此外，还有部分恐怖主义暴力袭击既不是出于政治动机也不是出于宗教激进主义思想，而是出于私人动机。因此，许多国家将恐怖主义定义为让平民陷入恐惧，破坏、削弱或反对国家、宪法或公共秩序的暴力行为，并不提及宗教激进主义或政治动机。这些定义更接近于广泛的国家安全或公共秩序犯罪，被标记为恐怖主义。不强调宗教、政治或其他私人动机的恐怖主义定义在司法实践中也更方便公安、检察机关取证、检察、起诉，不需要在政治或宗教方面证明嫌犯的犯罪动机，而宗教、政治动机往往存在一定主观性，不容易取证、证明。

众所周知，定义恐怖主义的任务非常艰巨，对于恐怖主义活动漫长而复杂的定义是否有改进的余地，目前还未明确。我国《反恐怖主义法》第3条"恐怖主义"一词的调整范围，包括通过暴力、破坏、恐吓等手段，制造社会恐慌、危害公共安全、侵犯人身财产，或者胁迫国家机关、国际组织，以实现其政治、意识形态等目的的主张和行为。与我国《刑法》第120条现有的几项恐怖主义罪行一样，这种罪行非常复杂。不仅如此，它的含义还远未明确。没有人（包括我们自己）可以公平地说他们知道将如何解释和适用这种新罪行，目前还存在许多未解决的问题。例如，"恐怖主义活动"不包括根据国际人道法在武装冲突中进行的行为。但是，根据国际法这一表述可以排除缺乏所谓"战斗人员豁免权"，即他们不是合法战斗人员的武装团体的暴力行为。很少有叛乱人员符合合法战斗人员的要求。那么向一个国家的反政府叛乱分子提供援助是否构成恐怖主义罪行呢？必须强调，恐怖主义罪行是一个比实际恐怖主义暴行更广泛的类别，包括各种形式的资助、结社和为恐怖主义做准备，以及针对这些罪行的共谋、煽动和阴谋。近年来欧洲暴恐事件证明，恐怖主义的真正威胁是对平民的谋杀和残害。但是不限于此，还有其他手段，包括现有的刑事犯罪，保护财产和关键基础设施免受恐怖主义的侵害。关注暴力并不意味着必须等到死亡和破坏发生时才可以采取行动，因为恐怖主义活动还包括阴谋、咨询、企图甚至威胁实施恐怖主义行为。侧重于暴力的恐怖主义定义将持极端主义思想者被视为潜在恐怖分子的风险降至最低。大多数反恐法律采用了试图、意图或计划迫使政府和国际组织采取行动并恐吓民众的定义。这种定义通过证明其意图是恐吓公众或迫使政府和国际组织采取适当行动将恐怖主义与普通犯罪区分开来，更加关注犯罪准备阶段，可以更有效地将恐怖主义威胁制止于准备阶段。

（二）对恐怖主义域外管辖权

关于恐怖主义犯罪的域外管辖权的本质是国际恐怖主义分子不分疆域的普遍管辖权与传统的司法主权之间的关系。恐怖主义犯罪的域外管辖权涉及不同的法律领域，包括：国际法、刑法和宪法。主要依据理论是：被动属人管辖原则、保护管辖原则和普遍管辖原则。其适用范围主要指外国人在本国领域外针对本国公民和本国国家利益的犯罪以及外国公民在本国领域外实施的国际犯罪。国际法上的普遍管辖权起源于海盗罪，在二战后经纽伦堡与东京审判，范围发展为酷刑、种族灭绝、战争罪、侵略罪。需要注意两点：其一，普遍管辖权是一种习惯法，而不是一项基于条约的国际法。其二，普遍管辖权可以分为两个层次：普遍规定性管辖权（对犯罪的国际法律禁止）和普遍裁决管辖权（国家将这种禁止适用于犯罪者的司法权）。国际法通常被认为是对国家权力的约束，然而实际上，国际法上的普遍管辖权与关于恐怖主义罪的争论为一个国家在反恐行动中行使域外管辖权提供了法律上的可能。

安理会第 1373 号决议中将恐怖主义定为刑事犯罪的义务并未提管辖权的范围，这表明在确立国际罪行时规避条约制定过程（将规定管辖权基础）的风险。虽然各国显然必须将在其领土上实施或准备的恐怖主义行为定为刑事犯罪，但尚不清楚安理会设想的更广泛的管辖权基础是什么。第 1373 号决议要求各国将恐怖分子"绳之以法"和"拒绝提供避风港"，可能只是提到了与现有部门犯罪或其他严重犯罪相关的引渡义务。另一方面，通过具体提及"恐怖主义"而不是条约罪行，它可能隐含要求对"恐怖主义"本身行使普遍管辖权，尽管没有界定其范围。事实上，联合国反恐怖主义委员会鼓励各国扩大对国内恐怖主义的管辖权，以涵盖国际恐怖主义。反恐怖主义委员会的一位专家将这一"单方面"程序描述为对恐怖主义的紧急普遍管辖权的证据："有关国家认为这些犯罪行为如此严重，以至于它们要么威胁世界的和平、安全和福祉，要么如此暴行以至于深深震撼了人类的良知"。[1] 然而，鉴于安理会施加压力扩大管辖权，从而加速普遍管辖权的发展，这一过程比各国承认恐怖主义应受到普遍惩罚更为复杂。当各国以截然不同的方式定义恐怖主义时，就很难接受对恐怖主义的普遍管辖权。普遍管辖权的前提是将共同行为定为刑事犯罪，而不是在"恐怖主义"的名义下人为的、压缩的、广泛的而具有分歧的行为。

在"9·11"事件之后，美国积极声称其有权将刑法管辖权超越领土边界。与美国等许多国家一样，在面临越来越严峻的国际恐怖主义威胁的情况下，中国通过出台《刑法修正案（九）》《反恐怖主义法》等立法活动，对国际恐怖主义犯罪予以规定，也是我国行使域外管辖权的法律依据。我国《反恐怖主义法》第 11 条规定在中华人民共和国领域外对中华人民共和国国家、公民或者机构实施的恐怖活动犯罪，我国可以依法行使管辖权。我国《反恐怖主义法》第 11 条管辖依据更多的是一种被动属人管辖，但是现在美国、英国等西方国家在国家立法中加入了"效果原则"

---

〔1〕　W. Gehr, Recurrent Issues: CTC Briefing for Member States, 4 Apr. 2002.

等管辖依据，已实现涉及威胁到国家安全的情况下，不论犯罪主体是否为本国国籍、不论受害者是否为本国国籍，犯罪地点是否在境内，而强调客观效果的有害影响，从而适用效果原则进行管辖。

效果原则并不是一个新的规则。效果原则起源于刑法领域的运用，被认为是属地管辖权原则的一个分支，实质上有着自己独立的意义和界定。刑法中包含效果原则和持续犯罪的属地管辖权原则，在 20 世纪早期起就被美国、美洲国家、欧洲国家所广泛承认，并且反映在它们的案例法和制定法中。然而，一直以来效果原则都是一个有争议的主题，最初作为客观属地管辖权适用于刑法中，而后更为广泛地适用于反托拉斯法、跨国经济法规则的领域作为域外管辖权的依据。客观属地管辖权指一项行为或活动发生在国家的领域范围外，但行为后果发生在国家领域内。在《美国对外关系法重述》［Restatement（third）of the Foreign Relations Law of the US］中效果原则被界定为"在一国的领域外发生而在领域内产生或意图产生实质性影响的行为"。在刑法领域，效果原则被认为是等同于客观属地管辖权原则。在 1911 年关于一个贿赂和诈骗的案子的判决中，美国最高法院的判决提到了相似的规则：一个行为在管辖区域外发生，意图在管辖区域内产生且产生了损害后果，行为结果地就如同行为发生地一样，这个国家就可以在成功拘得行为主体时实施管辖。在国际法层面，在常设国际法院（Permanent Court of International Justice）1927 年的"荷花号案"（Lotus Case）中适用了效果原则。"荷花号案"阐明，一国不仅可以将其法律适用于在其领域内发生的行为，而且可适用于在他处实施但在其领域内产生后果的行为。我国可以在现有的《反恐怖主义法》或《刑法》中加入效果原则的条款，对适用效果原则的条件与范围作出明确规定，为我国实施反恐域外管辖权提供法律依据与法律基础。

（三）反恐拘留制度

当代恐怖主义威胁不仅仅限于某一国，因此只有各国协调配合，才能共同有效打击恐怖主义，因此一国国内法的安排也是至关重要的。从本质上来说，就是国际法和国内法的协调问题，换而言之，是国家如何在国内执行国际法的问题，也就是国家履行依国际法承担的义务的问题。因此国家既然承认了国际法规范，就有义务使它的国内法符合于它依国际法所承担的国际法义务。1969 年《维也纳条约法公约》第 27 条明确规定，一当事国不得援引其国内法规定而不履行条约。我国在进行反恐安排时也应充分考虑国际法与国内法相协调的问题。截至目前，我国已经批准和加入了包括《联合国反腐败公约》和《联合国打击跨国有组织犯罪公约》等多项含有刑事司法协助内容的国际公约，批准了五十余件有关刑事司法协助的双边条约。

总的来说，在反恐军事行动中存在这样的国家实践：例如，美国一旦开始对阿富汗的"基地"组织和塔利班发动军事行动，迅速颁布立法，通过国内法而不是国际人道法，允许拘留"敌方战斗人员"。同样的，英国在反恐军事行动中的域外拘留权的法律渊源主要来自东道国国内法律或安理会的批准。目前，可以说大多数国家依赖国内法实施反恐拘留权。《公民权利和政治权利国际公约》第 9 条第（1）款规定："人人有权享有人身自由和安全。任何人不得被任意（arbitrary）逮捕或拘留。除非依照法律所确定的根据和程序，任何人不得被剥夺自由。"将《公民权利和政治权利国际公约》对于拘留的相关人权、司法保障等要求可以大致归纳为下列六项指标：合法性、正当性、适当性、必要性、比例性、相称性。[1] 合法性要求拘留有法律依据；正当性指的是拘留制度的立法目的是保护正当的法律权利；适当性要求拘留措施有助于立法目的的实现；必要性、比例性、相称性主要指限制性手段对所要保护的利益而言必须是合比例的。上述这些标准中最为核心的是两项指标：合法性与比例性。

我国《反恐怖主义法》第5条将"先发制敌、保持主动"确立为反恐工作的原则。然而，先发制敌的最有效手段莫过于在恐怖袭击发生之前及时发现并拘留恐怖活动人员。根据《反恐怖主义法》第8条，公安机关、国家安全机关和人民检察院、人民法院、司法行政机关，以及中国人民解放军、中国人民武装警察部队和民兵组织都是处置恐怖主义活动的主体。因此根据我国《反恐怖主义法》的规定，有权处置恐怖主义活动的主体不但包括公安、检察、法院刑事司法机关，也包括军队、武警等国家军事机关。但是，我国现行的《反恐怖主义法》较为严重依赖《刑事诉讼法》等一般法。对我国国内实践来说，对恐怖主义嫌疑犯的拘留涉及行政拘留、刑事拘留与军事拘留三个方面：

（1）行政拘留：我国《反恐怖主义法》第80~96条对情节轻微、尚不构成犯罪的恐怖主义行为或协助恐怖主义的行为规定了行政拘留的强制措施。行政拘留是一种重要的也是常见的行政处罚的种类。行政拘留是指法定的行政机关（专指公安机关）依法对违反行政法律规范的人，在短期内限制人身自由的一种行政处罚。行政拘留是最严厉的一种行政处罚，通常适用于严重违反治安管理但不构成犯罪，而警告、罚款处罚不足以惩戒的情况，实施条件和程序均有严格的规定。行政拘留裁决权属于县级以上公安机关；期限一般为10日以内，较重的不超过15日。根据现行的

---

〔1〕　简基松、熊亮：《调查性反恐拘留比较研究与 ICCPR 分析及对我国之启示》，载《法学杂志》2016 年第 9 期。

《治安管理处罚法》，该法第 10 条第 1 款第 3 项规定行政拘留是一种治安管理处罚种类，该项对行政拘留的性质进行了定位，即治安管理处罚的一种。

（2）刑事拘留：《刑法修正案（九）》增加了实施恐怖袭击罪和协助恐怖活动罪，明确将恐怖主义行动列入刑事犯罪的范畴，2016 年 1 月 1 日起开始实施的《反恐怖主义法》更是在第 3 条中明确了我国恐怖主义犯罪的要件与性质。刑事拘留是指公安机关、国家安全机关、人民检察院对直接受理的案件，在侦查过程中，遇到法定的紧急情况时，对于现行犯或者重大嫌疑人所采取的临时剥夺其人身自由的一种强制措施。[1] 实践中刑事拘留是逮捕的常规前置程序，是公安机关侦破案件，打击恐怖主义犯罪的有效措施。长期以来，学术论文与学术专著也多数主张，刑事拘留是紧急状态下的临时强制措施。[2]

（3）军事拘留："反恐战争"中一个饱受争议的问题是关于"人民战争"的概念，其中一个原因是在"反恐战争"中很难区分战斗员与非战斗员。换而言之，恐怖主义分子被包含在平民之间，因此在某种意义上，"所有的人都可能是敌人，任何地方都可能是战场"。[3] 对于反恐军事行动，通过国内立法的方式弥补没有明确的国际法是广泛的国际实践。[4] 在立法中要涵盖包括人道待遇、人权基本保障等问题。根据《反恐怖主义法》第 8 条，中国人民解放军、中国人民武装警察部队和民兵组织可以依法进行反恐行动。

---

〔1〕 蔡永新：《浅析公安机关执行刑事拘留存在的问题与对策》，载《公安学刊》2008 年第 4 期。

〔2〕 徐静村主编：《刑事诉讼法学》，法律出版社 2011 年版，第 136 页。

〔3〕 T. Mackubin, *The Utility of Force*, London: Allen Lane, 2011, pp. 5-6.

〔4〕 P. Rowe, "Is There a Right to Detain Civilians by Foreign Armed Forces During a Non-International Armed Conflict?", *International and Comparative Law Quarterly*, 61 (2012), p. 697.

从我国立法的角度来看，首先，我国反恐拘留制度是符合合法性原则的，所有的拘留制度都具有法律依据。其次，我国《反恐怖主义法》反恐拘留的目的是先发制敌地反恐，从而更好地保护人民群众的人身自由和安全的权利，因此，该目的具有正当性。最后，我国《反恐怖主义法》中规定了在情节轻微、不构成犯罪的情况下可以采取行政拘留的处罚措施。构成犯罪的情况下，可以依据《反恐怖主义法》《刑事诉讼法》的相关规定采取刑事拘留的措施，对恐怖主义嫌犯进行人身限制。行政拘留、刑事拘留的期限都是有法可依，采取的措施也是符合适当性、比例性原则。但是我国军事拘留的相关立法不够完善，没有明确的国内法律规范，因此有待进一步完善。

二、在司法制度建设上吸收国际先进经验

（一）加强预防性机制建设

我国《反恐怖主义法》第 5 条规定，反恐工作坚持防范为主、惩防结合和先发制敌、保持主动的原则。但是在具体配套制度方面的规定还不够具体，例如，加拿大、英国、美国等国家在专门反恐立法中规定了"预防性逮捕"。一方面，我国可以参考这些国家的预防性条款。然而，另一方面，仅基于范围狭窄的镇压机制和军事措施的反恐政策往往会变得过于严厉，容易产生严重的负面影响，只会加剧而不是减少问题。更全面的方法是利用预防机制，减轻"硬"措施的影响，更多地依靠"软"措施的影响来建立加入恐怖主义的道德障碍，减少招聘和促进退出恐怖活动。主要目标应该是减少此类犯罪的发生以及有害后果。换言之，我们应对恐怖主义的主要方法应该是广泛和整体意义上的预防犯罪。刑事司法犯罪预防模式建立在刑罚的预防效果之上。简单来说，它区分了"个别预防"和"一般预防"。法律为不可接受的行为制

定了规范，并受到惩罚威胁的支持：对那些直接感受到违法后果的人的具体威慑，以及对那些看到他人受到惩罚的人的普遍威慑。监狱也用于使罪犯在一定期限内丧失行为能力。社会犯罪预防试图影响使人们犯罪或使他们卷入犯罪的条件，解决风险因素和保护因素。因此，可以在社会层面（宏观）、群体层面（中观）或个人层面（微观）引入社会预防措施。情景犯罪预防模式旨在改变发生犯罪行为的情景并消除犯罪机会。可以采取措施，以①增加实施特定犯罪行为所需的努力；②增加被发现和阻止的风险；③减少实施特定犯罪行为的好处；④减少可能引发特定犯罪行为的挑衅；⑤消除犯罪行为的借口。通过提取上述方法中的关键预防要素，可以构建一个以预防机制为基本原则的更全面的犯罪预防机制。

（二）促进反恐法与其他法律的互动

与其他犯罪一样，刑法不能彻底消除恐怖主义犯罪。其主要职能是以民情和国家意志为名，对犯罪做出反应，满足受害人和公众的正义感，震慑和预防犯罪，树立维护社会秩序的权威。反恐法涉及警察法、信息法、军法、金融法、移民法、电信法等诸多法律领域。纵观全球反恐立法，刑法在反恐法中的比重还很小。经验还表明，与警察法和信息法相比，刑法的用处相当有限。对于充满仇恨的恐怖分子来说，刑罚的威慑作用更加有限。因此，反恐工作不能依赖于犯罪后的刑事制裁，而应着眼于犯罪前的预防。犯罪学理论表明，减少犯罪与加重刑罚没有关系。应对复杂的犯罪现象（包括恐怖犯罪），应从犯罪行为、犯罪分子、犯罪现场、受害人等多个层面进行干预，从社会原因、个体原因、环境原因以及受害背后的原因等多个角度综合治理。这些都要求我们完善其他相关法律。

三、加强反恐国际司法合作

立足我国《反恐怖主义法》关于国际合作的规定与要求，结合国际法惩治恐怖主义罪行的实践经验，细化国际司法合作研究，包括反恐政策对话、情报信息交流、执法合作和国际资金监管合作等，不仅力求举措的可操作性，并且也要形成与我国《反恐怖主义法》相互配套的反恐司法制度。

但近年来，随着"东突"恐怖势力活动日益频繁，国际恐怖活动进入活跃期，二者开始从意识形态、资金、人员招募、战术方法等方面相互影响，产生互动。其超越国境的活动方式与影响力对我国已经造成了严重的安全威胁。

2016 年，我国驻吉尔吉斯斯坦大使馆遭受恐怖袭击，而我国公民也可能成为境外各类恐怖活动的受害者。为了应对这一系列威胁，我国出台并于 2018 年修订了《反恐怖主义法》，对恐怖主义罪行的界定与惩治作了专门的规定。由于恐怖主义犯罪的复杂性，其往往涉及跨国因素，仅仅依靠一个国家的国内司法力量难以有效打击。我国《反恐怖主义法》第 68 条规定，中华人民共和国根据缔结或者参加的国际条约，或者按照平等互惠原则，与其他国家、地区、国际组织开展反恐怖主义合作。欧洲由于其地理因素、移民政策等原因，自 20 世纪六七十年代起就面临着恐怖主义带来的挑战，因此欧洲的反恐战略机制建立较早，并且一直处在不断完善发展之中。尽管各国通过司法协调合作的方式一直在不懈努力，但是其中依旧存在各类差异与障碍。在这一跨国性的问题面前，唯有尽可能地集合国际社会的所有力量，才能更好地予以应对。而对我国而言，这一挑战不仅仅是在法治范围内尽可能的保护人民的生命财产安全，更关系到国家安全的稳定、"一带一路"建设中的安全保障，以及对现有国际秩序的保障与维护。在这一过程中欧洲各国的司法合作机制对我国有重要借鉴价值。

根据我国《反恐怖主义法》第 69 条的规定，我国在反恐方面的法律合作内容主要包括：反恐政策对话、情报信息交流、执法合作和国际资金监管合作。

（一）加强反恐政策对话

我国面临的恐怖主义威胁既有国内因素，也有国际因素，因而，中国的反恐斗争是中国维护国家安全和社会稳定的重要工作，也是国际反恐斗争的重要组成部分。以开放的国际视角开展反恐斗争是中国反恐的客观需要，同时也是中国对国际反恐斗争应尽的国际义务。[1] 恐怖主义的表现主要是宗教和政治激进化的混合因素，因此需要将社会凝聚力的问题与国家安全问题联系起来。但是，欧盟成员国虽然对于作为战术方法出现的恐怖主义已有较为统一的界定，但是对其背后的动因——暴力极端主义的界定还没有达成明确的共识。一些欧盟成员国已经认识到，打击恐怖主义犯罪与暴力极端主义之间存在固有的紧张关系，宗教与政治激进在某种程度上都作为言论自由而得到各国宪法保护。但是很大一部分成员国已经意识到反对暴力极端主义言论，包括在互联网上对其传播进行限制，对于打击恐怖主义犯罪是非常重要的。英国率先提出反对极端主义言论；2009 年瑞典、比利时先后在社区警务重点打击极端主义言论；丹麦重视对年轻人的社会凝聚力教育。[2] 这些国家在通过限制极端主义言论打击恐怖主义方面已经取得了很大成就，然而成员国之间巨大的文化差异，以及极端主义言论的认定这个问题有太多层次和不精确性，导致欧盟层面的任何关于限制极端主义言论的整体战略不容易推进。欧洲反恐法

---

〔1〕 李若菊、杨晓钢：《中国反恐的国际视角分析》，载《政法学刊》2013 年第 1 期。

〔2〕 Rik Coolsaet, "EU Counterterrorism Strategy: Value Added or Chimera?", *International Affairs*, 86 (2010), pp. 857-873.

律合作的成功经验与不足之处都说明了反恐斗争的多元性、复杂性，恐怖主义的成因涉及宗教、政治、族裔、文化、经济等多方面因素，各国对于恐怖主义的认定与看法必然具有很大差距，唯有积极开展反恐政策对话才能弥合差距，共同协同合作打击恐怖主义犯罪。

（二）推进执法合作和国际资金监管合作

从我国外部环境看，与中国相邻的中亚、南亚和东南亚地区都是恐怖活动频发的地区，这些地区的恐怖活动不仅对中国境内的恐怖活动带有诱发示范效应，而且其中的一些组织已经向中国境内渗透，对中国的国家安全和民族地区的稳定构成直接、现实甚至长远的威胁。国内恐怖主义势力与国外恐怖势力有千丝万缕的联系，决定了中国的反恐必须加强以联合国为主导的国际合作。也正因此，中国的反恐立法与有关反恐国际公约的衔接是比较到位的，例如，为履行《制止向恐怖主义提供资助的国际公约》义务，不仅在2001年的《刑法修正案（三）》中及时增加了惩治资助恐怖主义犯罪的条款，而且还于2006年制定了旨在预防、控制洗钱活动的《反洗钱法》，从而建立起一套防范恐怖分子融资的制度；2015年的《反恐怖主义法》中也规定了涉及恐怖活动犯罪的刑事司法协助、引渡和被判刑人移管等执法合作问题。

我国在反恐情报信息交流、控制恐怖活动的资金来源、引渡和遣送恐怖犯罪嫌疑人等方面，与美国、俄罗斯、英国、巴基斯坦、尼泊尔、中亚各国等以及国际刑警组织等国际组织进行了比较广泛的双边、多边合作，提高了中国反恐的能力，在反恐斗争上取得了显著成效。但是，由于各国在国家利益和对恐怖主义的认识上分歧较大，政治和法律意义上的国际反恐合作虽有进展，但并未产生预想的效果，而且由于国际反恐斗争中存在单边主义、霸权主义，这些问题的存在严重影响国际反恐的成效。根据欧洲反恐司法合作的成功经验，我们可以看到在 20 世纪 90 年代欧盟相继设立了一系列相关的专职机构，如欧洲警察组织、欧盟司法局、欧洲情报中心、欧盟警察局长特别工作组、欧洲警察学院等来打击跨国犯罪，在"9·11"事件之后又增加了打击恐怖主义的职能。欧盟确立"司法普遍适用原则"，要求成员国相互承认司法判决，建立统一司法区。鉴于此，我国应最大限度地取得有关国家对中国反恐执法工作开展的支持，特别是在引渡恐怖分子方面，应加强与有关国家的磋商，取得有关国家的支持和配合，实现对恐怖分子的引渡，挤压恐怖分子的活动空间。最具体的举措是加强与有关国家的反恐技术合作，积极与有关国家交流反恐经验，共享反恐情报，建立有效的国际反恐网络系统，加强在冻结恐怖组织资产等方面的合作。[1] 也可以参考欧盟的方式，进一步完善恐怖主义的组织及个人"黑名单"制度，凡是被列入这份"黑名单"的组织和个人，我国及相关的条约国将有权冻结其账户和财产。

(三) 强化情报信息交流

情报信息在打击恐怖主义方面的重要性不言而喻。虽然在过去很长一段时间内，这样的信息收集、分析、研判都由单一国家以个体为单位进行运作，以维护其国家安全利益。从某种程度来说，也只有本国的安全部门最能洞察该国的安全薄弱之处为何。并且能确保恐怖主义活动像任何其他刑事罪行一样，受到该国法律的制裁。但是，随着全球化的不断发展，现代恐怖主义活动也日益分散——恐怖活动越来越多的在一国策划，而在另一国实施。这对安全部门、情报部门以及各国司法机关带来了新的问题。而

---

〔1〕 李若菊、杨晓钢：《中国反恐的国际视角分析》，载《政法学刊》2013 年第 1 期。

正如欧盟在反恐合作中所展现出的那样，在打击跨国恐怖主义这一过程中，利用情报和法律这两个手段，并通过国际合作这一渠道可以达到更好的效果。

但在这类合作中，国家之间在意识形态上的差异有时会成为合作上的障碍。但这不应成为司法在这一领域进行深度合作的壁垒。事实上，欧盟成员国与美国在反恐合作上的一系列做法为我们提供了很好的参考。自"9·11"事件后，美国的反恐怖主义政策已将保护"美国堡垒"（Fortress America）作为中心，通过一系列"反恐战争"，与恐怖主义进行斗争。但相当一部分欧洲国家并不完全认同美国将反恐事务战争化的做法，这一分歧与所带来的种种不满在2003年伊拉克战争后全面爆发了出来。很多欧洲国家不仅没有参与到此次军事行动中去，有些更是罕见地谴责了美国的行为。以此为标志，美国与欧洲各国之间的关系一度降至"冰点"。而与此同时，美国与欧洲在反恐问题上的情报合作与司法合作却没有停止，反而日趋密切。一个更为具体的事例是，美国情报部门参与实施一系列的非常规引渡，这一行动引起欧洲国家的广泛批评，且明令禁止自己的情报与执法部门参与其中，并威胁说任何此类行为都会带来"严重的后果"。尽管如此，在具体的反恐怖运作中，许多合作通过情报交流和合作（双边或多边）得以进行。甚至有证据表明，仍然有非常规引渡在美国和看似"伪善"的欧洲国家之间进行。理查德·奥尔德里奇（Richard Aldrich）将此称为侧重于实际问题解决的低度政治（low politics that is focused on practical arrangements）。换言之，从大国的政治和外交政策来说，他们对恐怖主义的态度不尽相同，但日常的合作与实践会减少政治上的差别。

情报合作对防范恐怖暴行的重要性无需反复赘述，但这一合作的开展与深化却也面临不少的困难。鉴于我国恐怖主义威胁与境外恐怖主义势力联系较密切，我国必须加强国际合作，包括直接或间接参与国际性组织，建立区域间的合作机制，通过各种渠道推进政治对话、批准和遵守相关国际条约和公约，等等。加强与有关国家的反恐合作，共享反恐情报，建立有效的国际反恐网络系统，加强在冻结恐怖组织资产等方面的合作。欧盟在这一领域的举措，为我国强化上海合作组织在地区反恐斗争中发挥重要作用具有启发意义，通过建立情报交流长效机制、创建恐怖组织和分子公用数据库、举办外警反恐培训班、举行联合反恐演习等各种方式，为有效开展国际警务执法合作等工作提供了重要的路径参考。与此同时，如上文所述，其与美国之间的司法、情报机制互动也为我们提供了新的思路，即从大国的政治和外交政策来说，各国对恐怖主义的态度虽不尽相同，但日常的合作与实践将会减少政治上的差别。

通过审视欧盟在反恐怖主义方面的进程，我们不应忽视这一事实，即它从不打算取代成员国自己的努力。相反，欧盟的贡献一直是作为各个国家的补充性措施，因此，欧洲反恐司法合作机制是建立在充分尊重各个国家主权的基础之上。此外，上述对欧洲反恐司法合作机制的评述显示，反恐斗争中各国之间的司法合作协调是非常重要的。中国所面临的国际恐怖主义犯罪威胁，仅仅依靠一己之力是难以有效打击遏制的。可以通过不断推进国际反恐合作，交流学习国际上行之有效的反恐斗争经验，促进我国反恐国际法律合作机制的建立完善，从预防、保护、追捕等各个方面全面有效抑制国际恐怖主义犯罪。

在未来一段时期内，随着欧盟体系内反恐立法与合作体系的进一步完善，其反恐司法合作预计也不仅仅局限于欧洲内部，而会更多地通过双边协商与第三国或国际组织展开深入合作。以此拓展其反恐的预警与打击范围，更为主动地维护欧盟内部安全。欧盟执行委员也曾经强调，将自由、安全与司法区域所建构的价值散播出去，对提升欧盟内部安全具有重要意义。这一动态也值得我们持续关注与研究，这对于不断完善我国相关立法，积极促进"一带一路"安全保障工作，在双边与多边环境下不断促进反恐司法合作机制的建设，以更好地应对恐怖主义所带来的挑战，均有非常重要的借鉴参考价值。

小　结

恐怖主义是世界的公敌。然而，"9·11"事件至今二十多年来，虽然国际社会全力打击恐怖主义，但现在却面临着反恐滋生恐怖主义的困境。造成这种困境的原因是发人深省的。动荡和冲突是恐怖主义的温床，贫穷落后为恐怖主义滋生提供了条件。恐怖主义的形成和猖獗有着深刻的政治、经济、社会、文化、宗教、民族和历史原因。消除恐怖主义，必须消除其根源，合理解决其背后的冲突。美国在阿富汗和中东的负面反恐经验表明，单靠战斗无法从根本上消除恐怖主义，国际和国内反恐措施都是如此。从这个意义上说，反恐不仅是一个刑法问题，而且是一个涉及政治、经济、社会、文化、宗教、民族、国际关系等的复杂问题，它正在考验反恐国际治理的能力和智慧。

结　语

　　自 20 世纪 60 年代以来，国际恐怖主义造成的全球伤亡人数每年递增，恐怖主义行为的难以预测性、平民目标的脆弱性、美国和以色列、欧洲的频繁受害以及大众媒体的宣传都产生了围绕恐怖主义的公众恐慌和焦虑。一些西方媒体几乎没有质疑所谓的"恐怖分子"标签，事实上分析恐怖主义的成因，更应该关注的是助长恐怖主义的国家或非国家暴力行为，而非夸大恐怖主义威胁并支持对恐怖主义采取更激进的反应。法律控制只能治标而不能治本。各国刑法应对恐怖主义不是万能的。一方面，新的反恐法律可能产生"边际威慑效应"，即使再至臻完善的刑事立法的威慑作用也会在一定范围递减。另一方面还存在一种风险，即刑法的理性原则可能会因政治压力对政府造成的反应性和情绪化反应而变得紧张。在国际法中定义恐怖主义并将其定为国际刑事犯罪，将为各国提供一种实用的、替代性的恐怖主义对策，扩大常规法律对策可能会阻止过早地诉诸法外和军事选择。在国际法没有任何"恐怖主义法"的情况下，将恐怖主义的定义留给个别政府是不够的，定义不仅会在"粗略的政治层面"产生影响，还可以通过创造一种新的国际罪行来规范地表达和阐明恐怖主义的不法性，并限制过度的国家反恐反应。

　　正如本书的主要论点所言，国家主权关切和世界主义理想一般是国际法尤其是国际刑法发展的两大主要驱动力。然而，这两种动力似乎经常发生冲突，前者通常基于政治利益和紧急情况，试图阻止后者所希冀的乌托邦理想。出于这个原因，国际刑法的发展往往很缓慢，国家往往对国际法在实践中应该如何运作持相当保守的看法。本书试图展示如何为国际刑事司法目的定义恐怖主义并将其定为犯罪，如何潜在地调和这两种动态发展轨迹。目前，不仅迫切需要最终就恐怖主义的普遍定义达成一致，而且该定义不能仅仅是渴望世界主义理想的人和优先考虑国家关切的人之间的妥协。如果国际社会在恐怖主义定罪方面能够消除分歧、实现大同，应被视为国家和国际刑事司法共同努力实现共同目标的一个典型例子，最终将有利于包括国家、个人受害者和受害国在内的所有相关方，将为当今国际刑事司法系统的有效性做出有意义的贡献。

本书试图表明，国际司法体系打击国际罪行的有效性在很大程度上取决于对国家主权的关切和世界主义理想在多大程度上得到适当平衡。侵略罪、反人类罪定罪的范式有助于突出这些动态如何在整个历史中塑造其定义和刑事定罪，从国际联盟时期到坎帕拉审查会议。在类似的基础上，对恐怖主义罪行范式进行了审查，表明国家主权和世界主义理想构成了朝着这一方向发展的相同驱动力，它们的对立在大多数情况下是因为该问题的最具争议性问题无法得到充分解决。在这个"国家主权与世界主义"的方案中，安理会被描绘成一个主要以国家为中心的优先事项的机构，而国际刑事法院则被描绘成一个具有世界性基础的机构，尽管在实践中，它们的优先事项很可能是重叠的。最后，就如何在考虑主权和世界主义相关因素的情况下处理恐怖主义的国际司法体系构建与我国如何在立法、司法层面有效打击恐怖主义提出了建议。在分析了国家主权和世界主义理想及其与国际法的相互作用之后，本书的早期重点强调了国际刑事法院的互补性任务。有人可能会争辩说，这种强调似乎有些言之过早，因为在为国际刑事司法的目的真正定义恐怖主义之前还有很长的路要走，更不用说将其纳入国际刑事法院的管辖范围了。除了有助于理解国际刑事法院在其互补性制度下的起诉方式之外，这一分析在国际法史上再次揭示了政治与法律之间的"拉锯战"关系，这种关系是包括国家和国际组织在内的国际社会所有成员所共有的，不得不处理。在国际刑事法院的背景下，尽管许多缔约国已经在某些方面将其关于国际罪行的国内法与《罗马规约》的规定相协调，但是依然很难推测缔约国（或其中哪些）在执行《罗马规约》定义、起诉政策、量刑、豁免等方面会以类似于国际刑事法院的方式行事。这种在国家主权和国际刑事司法目的之间取得平衡的需要并没有随着国际刑事法院的成立而浮出水面。

　　侵略罪、反人类罪、战争罪……每一个国际罪行的定罪过程都表明，两次世界大战引起了国际社会对将侵略罪取缔、定罪和最终界定的必要性的关注，这一进程无疑是缓慢的，尤其是因为国际罪行的定罪将对国家主权产生影响。这个漫长的过程承载着国际联盟第一个安全系统的建立、纽伦堡审判与东京审判的世界性遗产、作为国际和平与安全事务最终权威机构的安理会的建立以及最终的刑事定罪为标志的《罗马规约》的诞生。审视历史，不难发现，除非主权优先事项和世界主义理想得到适当平衡，否则将恐怖主义纳入国际罪行无法取得实质性发展。定义国际恐怖主义并将其定罪的问题同样以"国家主权与世界主义"对立为核心。尤其是在恐怖主义以最悲惨的方式引起国际关注的"9·11"事件之后，个别国家的反恐对策主要侧重于保护自己的主权利益，而没有适当考虑与国际刑事司法有关的世界主义理想。对于个别超级大国来说，尽管每个国家对恐怖主义的理解各不相同，并且缺乏普遍接受的定义，但在国内处理恐怖主义就足够了。"9·11"事件后一些安理会决议的模糊起草为美国提供了以"反恐战争"作为回应的国际法灰色地带，并可能为个别国家提供了单方面打击恐怖主义的实质性自由裁量权，进一步扩大了各国对恐怖主义的理解和反应，并鼓励滥用该术语以包括广泛的其他普通罪行。另一方面，黎巴嫩特别法庭的裁决超越了国家主权考虑，认为和平时期恐怖主义的习惯法定义确实存在。虽然对于那些支持为国际刑事司法的目的将恐怖主义定罪和定义恐怖主义的人来说，这是一个非常受欢迎的结论，但这种世界性的司法行动主义将扩大的恐怖主义定义应用于黎巴嫩案件，不同于国家定义的恐怖主义定义，引起了人们对以下问题的担忧：是否存在这样的习惯定义以及在国家案例的情况下忽略国家定义以适用习惯定义是否合理。而后，联合国大会关于一项《关于国际恐怖主义的全面公约草案》的谈判被视为朝着这个方向进行的另一项世界性努力，试图在恐怖主义定义问题上容纳不同的国家观点。尽管进程缓慢且尚未达成任何协议，但这些谈判的结果，虽然可能存在各种缺陷，但必将在国家关切和国际化愿望之间取得更好的平衡，而不会受到个别超级大国的严重影响。各国对恐怖主义概念的理解，也没有提出任何合法性问题。本书讨论了定义国际恐怖主义的问题。通过两层分析来解决这个问题：首先，努力在若干国际反恐文书和国内法所规定的定义中追溯恐怖主义要素之间的共同点和主要争论点。其次，将同意要素和争议要素置于国家主权理论和世界主义理论之下，力图在这两种理论之间寻求平衡。因此，最后得出的结论是，国际恐怖主义的定义应反映：①不分青红皂白的暴力元素；②其目的是向平民或部分民众散播恐惧或迫使政府或组织做或不做特定的行为；③具有促进政治或其他意识形态目的的特殊意图；④对犯罪者的类别没有任何例外；⑤只要该行为符合"国际化"门槛。这一提议的阈值作为恐怖主义习惯国际法定义的一个要素包含在黎巴嫩特别法庭决定中，不应由行为本身的严重性决定，而应由它对国际和平与安全构成威胁的程度决定。反过来，这种程度又由跨界因素决定，如施暴者、受害者或使用的暴力手段，或直接或间接的国家参与。

本书的目的不仅限于建议国际恐怖主义的潜在定义在国际刑事司法的适用，而且也扩展到确认国际犯罪的法律地位。将这些国际刑庭审理恐怖主义罪行实践与上述提议的定义要素结合起来，可以得出一些特别有用的结论：首先，恐怖主义定义中提议的要素，即不应包括犯罪者类别的例外情况。从文本的角度来看，这些条款有很大的不同，因为提议的"无例外"条款意味着任何人，无论是高级官员还是普通个人，都可能构成国际行为的潜在肇事者。拟议的国际恐怖主义定义具有主观要素，或者意图在民众或部分民众中制造恐怖状态，或者胁迫一国当局或国际当局采取或不采取特定行为。还有人提议，对于这两个主观因素，肇事者应该有特殊意图，以促进旨在破坏和平政治进程和社会生活的某种政治或其他意识形态议程。因此，如果缺乏以国家安全和稳定为目标的特殊意图，任何仅以制造恐怖状态或仅以胁迫当局为目的的行为都不会自动归入该定义。因此，本书所讨论的国际恐怖主义罪行针对的是国家（以及个人）。坎帕拉的定义表明，国际刑事法院可以成为起诉以国家为目标的个人的适当司法机构，这是一个关于如何处理国际恐怖主义罪行的各个方面的模式。

此外，拟议的恐怖主义包括另一个门槛，该门槛不是基于行为的严重性，而是基于它对国际和平与安全构成威胁的程度。与《联合国宪章》文本的联系是不可避免的，因为将恐怖主义行为定性为对国际和平与安全的威胁在安理会的实践中很常见，而安理会也是唯一有权做出此类决定的机构。然而，安理会有权确定侵略行为而不必遵守任何法律规则或标准，这也同样适用于任何可能将恐怖主义行为确定为对国际和平与安全的威胁的行为。在这方面，如果《坎帕拉修正案》获得所需的批准数，鉴于任何关于侵略行为存在的确定将对政治产生法律后果，安理会是否会改变其做法是值得怀疑的。因此，如果仅在安理会确定特定行为对国际和平与安全构成威胁之后才起诉国际恐怖主义，也会出现类似的复杂情况。出于这个原因，最后有人提出，如果恐怖主义行为在实施者、受害者或使用的暴力手段方面表现出跨界因素，即直接或间接的国家参与。因此，国际恐怖主义行为属于国际刑事法院管辖范围的拟议门槛与侵略的"明显门槛"不同，因为它没有引入新的和模棱两可的语言，而且根据黎巴嫩特别法庭对恐怖主义行为的跨国因素的裁决，作为恐怖主义习惯国际法界定的一部分。

安理会权力与国际刑事法院能力之间不可避免地相互作用。虽然安理会似乎在国际和平与安全事务中的主要作用与国际刑事法院启动国际罪行调查的司法自主权之间实现了合理的妥协，但是与这种权力平衡有关的规定的总体影响最终将有利于安理会的优先事项，而不是国际刑事司法目的。这种情况在根据《罗马规约》将国际恐怖主义定为犯罪的情况下表现出来，本书没有详细说明在起诉国际恐怖主义的情况下应如何平衡安理会的权力和国际刑事法院的权限的方式。但是，可以肯定的是，国际刑事司法系统不能忽视或拒绝安理会在国际和平与安全事务方面的主要作用。然而，当前的国际刑事司法系统充分利用其能力并最大限度地履行其职责同样至关重要。众所周知，政治和法律之间的竞争关系渗透到所有国际发展。在国际刑事司法的背景下，国家主权和世界主义分别被用作政治和法律最具代表性的延续，国际恐怖主义也不例外。国际法领域已经、正在或将要取得的任何发展都是这两种对立动态之间达成一致的中间、最低限度的基础。这些发展可以从双重角度来看待，既是政治可以对法律做出的最大让步，也是法律可以对政治施加的最大控制。无论选择哪种视角，结果都是一样的：国际法的所有发展都是政治考虑和法律愿望的混合，在大多数情况下都将得到适当的平衡。本书希望至少在定义和起诉国际恐怖主义的背景下能够实现这种平衡，作为实现共同目标而共同努力的结果，而不是作为两种对立动态之间的妥协。

参考文献

一、中文文献

蔡永新：《浅析公安机关执行刑事拘留存在的问题与对策》，载《公安学刊》2008 年第 4 期。

博汉仕：《新型犯罪和非法市场：亚洲的跨国犯罪》，陈波译，载《河南警察学院学报》2017 年第 5 期。

陈洁：《欧盟反恐战略的发展与挑战》，载《世界经济与政治论坛》2016 年第 1 期。

范娟荣：《欧洲反恐斗争的新态势》，载《现代国际关系》2021 年第 2 期。

韩晋、刘继烨：《"敌人刑法"的国际刑法法规范诠释——基于防御国际恐怖主义犯罪的思考》，载《武大国际法评论》2018 年第 5 期。

黄芳：《国际刑事法院审判机制研究》，载《法律适用》2020 年第 21 期。

黄文旭、李飞论：《国际刑事法院对恐怖主义犯罪的管辖权》，载《江南社会学院学报》2007 年第 4 期。

黄瑶：《国际反恐法中的民族解放运动问题——以〈关于国际恐怖主义的全面公约草案〉为视角》，载《中山大学学报（社会科学版）》2008 年第 5 期。

简基松、熊亮：《调查性反恐拘留比较研究与 ICCPR 分析及对我国之启示》，载《法学杂志》2016 年第 9 期。

姜国俊、罗开卷：《在安全与自由之间——欧盟反恐法律述评》，载《河南师范大学学报（哲学社会科学版）》2009 年第 1 期。

李若菊、杨晓钢：《中国反恐的国际视角分析》，载《政法学刊》2013 年第 1 期。

千里岩：《美国与国际刑事法院之争的背后》，载《现代世界警察》2018 年第 10 期。

邱昌情：《特朗普政府"退群"对多边主义秩序的影响及应对》，载《湖北社会科学》2019 年第 12 期。

孙璐：《国际反恐与人权的协调发展》，载《当代法学》2020 年第 2 期。

王秀梅：《黎巴嫩特别法庭初探》，载《河南省政法管理干部学院学报》2008 年第 6 期。

王秀梅：《普遍管辖权的司法适用——以美国为例》，载《政法论丛》2020 年第 3 期。

王秀梅：《全球恐怖主义犯罪：形势、应对与执法合作》，载《法学》2020 年第 11 期。

伍俐斌：《联合国安理会对国际刑事法院管辖权的限制》，载《政法论坛》2017 年第 1 期。

徐静村主编：《刑事诉讼法学》，法律出版社 2011 年版。

姚建龙、江淮：《论我国刑法与反恐法的衔接——以〈刑法修正案（九）〉为视角》，载《犯罪研究》2016 年第 2 期。

张贵玲：《应对国际恐怖主义犯罪："或引渡或起诉"义务》，载《社科纵横》2020 年第 8 期。

赵秉志、王秀梅：《论惩治国际恐怖主义犯罪的基本问题》，载《铁道警官高等专科学校学报》2002 年第 1 期。

赵远:《论惩治犯罪与保障人权相结合的反恐刑事政策》,载《南都学坛》2020 年第 6 期。

邵沙平:《国际刑法学——经济全球化与国际犯罪的法律控制》,武汉大学出版社 2005 年版。

赵秉志主编:《中国反恐立法专论》,中国人民公安大学出版社 2007 年版。

二、外文文献

A. Clapham, *Human Rights in the Private Sphere*, Oxford: Clarendon, 1996.

Alex P. Schmid (ed.), *The Routledge Handbook of Terrorism Research*, London and New York: Routledge, 2011.

Alex P. Schmid, *Dirty Business: The Threat of Organized Crime to Business as Usual*, Rotterdam: Erasmus University, 1992.

Anthony Cullen, *The Concept of Non-International Armed Conflict in International Humanitarian Law*, Cambridge: Cambridge University Press, 2010.

Antonio Cassese, *International Criminal Law*, Oxford: Oxford University Press, 2003.

Antonio Cassese, *International Law in a Divided World*, Oxford: Clarendon, 1994.

Antonio Cassese, *International Law*, Oxford: Oxford University Press, 2005.

Antonio Cassese, *Self-Determination of Peoples*, Cambridge: Cambridge University Press, 1996.

Antonio Cassese, *Terrorism, Politics and Law: The Achille Lauro Affair*, London: Polity, 1989.

B. Hudson, "Punishing the Poor", in A. Duff et al. (eds.), *Pe-

nal Theory and Practice, Manchester: Manchester University Press, 1994.

C. Card, "Making War on Terrorism in Response to 9/11", in J. Sterba (ed.), *Terrorism and International Justice*, Oxford: Oxford University Press, 2003.

C. Greenwood, "Scope of Application of Humanitarian Law", in D. Fleck (ed.), *The Handbook of Humanitarian Law in Armed Conflicts*, Oxford: Oxford University Press, 2004.

Chernor Jalloh, *The Sierra Leone Special Court and Its Legacy: The Impact for Africa and International Criminal Law*, Cambridge: Cambridge University Press, 2014.

D. Rodin, *War and Self-Defense*, Oxford: Clarendon, 2002.

D. Turns, "Classification, Administration and Treatment of Battlefield Detainees", in AMS de Frías et al., *Counter- Terrorism: International Law and Practice*, Oxford: Oxford University Press, 2011.

E. Chadwick, *Self-Determination, Terrorism and the International Humanitarian Law of Armed Conflict*, The Hague: Martinus Nijhoff, 1996.

Erin Elizabeth Miller, *Patterns of Collective Desistance from Terrorism*, PhD diss., College Park: University of Maryland, 2015.

Frank Shanty, *The Nexus, International Terrorism and Drug Trafficking from Afghanistan*, New York: Praeger, 2011.

G. Fox and G. Nolte, "Intolerant Democracies", in G. Fox and B. Roth (eds.), *Democratic Governance and International Law*, Cambridge: Cambridge University Press, 2000.

G. Knoops, *Defenses in Contemporary International Criminal Law*, New York: Transnational Publisher Inc., 2001.

George P. Fletcher, *Rethinking Criminal Law*, Oxford: Oxford University Press, 1978.

H. Arendt, *On Revolution*, London: Penguin, 1990.

H. Lauterpacht (ed.), *Oppenheim's International Law*: *Vol. I*, London: Longmans, Green and Co. , 1955.

Hans Kelsen, *What is Justice?* New Jersey: Lawbook Exchange Ltd. , 2000.

I. Brownlie, *Principles of Public International Law*, Oxford: Clarendon Press, 1998.

Ian Brownlie, *Basic Documents in International Law*, Oxford: Clarendon Press, 1972.

J. Crawford, *The International Law Commission's Articles on State Responsibility*: *Introduction*, *Texts and Commentaries*, Cambridge: Cambridge University Press, 2002.

J. Crawford, "The Right of Self – Determination in International Law: Its Development and Future", in P. Alston (ed.), *Peoples' Rights*, Oxford: Oxford University Press, 2001.

J. Raz, *The Morality of Freedom*, Oxford: Clarendon, 1986.

K. McEvoy, *Paramilitary Imprisonment in Northern Ireland*, Oxford: Oxford University Press, 2001.

K. Kittichaisaree, *International Criminal Law*, Oxford: Oxford University Press, 2001.

L. Green, *The Contemporary Law of Armed Conflict*, Manchester: Manchester University Press, 2000.

L. Holborn, *The International Refugee Organization*, London: Oxford University Press, 1956.

Lassa Oppenheim, *International Law*: *A Treatise*, *Vol. I*: *Peace*, London: Longmans, Green, and Co. , 1905.

Richard J. Erickson, *Legitimate Use of Militay Force Against State –*

Sponsored International Terroism, Alabama: Air University Press, 1989.

M. Walzer, *Just and Unjust Wars*, New York: Basic Books, 2000.

M. Cherif Bassiouni, *Introduction to International Criminal Law*, Leiden: Brill Academic Publishers, 2003.

Malcolm Shaw, *International Law*, Cambridge: Cambridge University Press, 2008.

Mary Robinson, *The Princeton Principles on Universal Jurisdiction*, Princeton: Princeton University Press, 2001.

R. Smith, *The Utility of Force*, London: Allen Lane, 2011.

Rawls, *A Theory of Justice*, Oxford: Clarendon, 1972.

Schachter, *International Law in Theory and Practice*, Dordrecht: Martinus Nijhoff Publisher, 1991.

Roza Pati, *Due Process and International Terrorism*, Leiden: Matinus Nijhoff, 2009.

V. D. Degan, *Sources of International Law*, *Dordrecht*: Martinus Nijhoff, 1997.

Alex P. Schmid, "The Links Between Transnational Organized Crime and Terrorist Crimes", *Transnational Organized Crime*, 2 (1996).

A Reed, "Duress and Provocation as Excuses to Murder: Salutary Lessons from Recent Anglo-American Jurisprudence", *J. Transnational Law and Policy*, 6 (1997).

A. Sofaer, Terrorism and the Law, *Foreign Affairs*, (1986).

Acharya, Upendra D. , "War on Terror or Terror Wars: The Problem in Defining Terrorism", *Denver Journal of International Law and Policy*, 37 (2009).

Aimee J. Buckland, "Offending Officials: Former Government Actors and the Political Offense Exception to Extradition", *California Law Review*, 94 (2006).

Alain Pellet, "The Opinions of the Badinter Arbitration Committee: A Second Breath for the Self – Determination of Peoples", *European Journal of International Law*, 178 (1992).

Alex P. Schmid and J. Tinnes, "Foreign (Terrorist) Fighters with Is: A European Perspective", *The International Centre for Counter-Terrorism-The Hague*, 8 (2015).

Angela Hare, "A New Forum for the Prosecution of Terrorists: Exploring the Possibility of the Addition of Terrorism to the Rome Statute's Jurisdiction", *Loyola University Chicago International Law Review*, 95 (2010-2011).

Anja Seibert-Fohr, "The Crime of Aggression: Adding a Definition to the Rome Statute of the ICC", *American Society for International Law Insights*, 12 (2008).

Antonio Cassese, "The Geneva Protocols of 1977 on the Humanitarian Law of Armed Conflict and Customary International Law", *Ucla Pacific Basin Law Journal*, 3 (1984).

Antonio Cassese, "The Multifaceted Criminal Notion of Terrorism in International Law", *Journal of International Criminal Justice*, 4 (2006).

Arne Niemann, Natascha Zaun, "EU refugee policies and politics in times of crisis: Theoretical and empirical perspectives", *Journal of Common Market Studies*, 56 (2018).

Aviv Cohen, "Prosecuting, Terrorists at the International Criminal Court: Re – Evaluating an Unused Legal Tool to Combat Terrorism", *Michigan State International Law Review*, 20 (2012).

B. Larschan, "Legal Aspects to the Control of Transnational Terrorism: An Overview", *Ohio Northern University Law Review*, 13 (1986).

Bassiouni, "Legal Control of International Terrorism: A Policy-Oriented Assessment", *Harvard International Law Journal*, 43 (2001).

Brian J. Phillips, "What is a Terrorist Group? Conceptual Issues and Empirical Implications", *Terrorism and Political Violence*, 27 (2015).

Bruce Hoffman, "Al Qaeda's Resurrection", *Council on Foreign Relations*, 6 (2018).

Bruno Simma & Philip Alston, "The Sources of Human Rights Law: Custom, Jus Cogens, and General Principles", *Australia Year Book Of International Law*, 12 (1988–1989).

Ceyhan, Ayse, and Tsoukala Anastassia, "The Securitization of Migration in Western Societies: Ambivalent Discourses and Policies", *Alternatives*, 27 (2002).

Christopher D. Totten, "Head-of-State and Foreign Official Immunity in the United States After Samantar: A Suggested Approach", *Fordham International Law Journal*, 34 (2011).

D. Kretzmer, "Targeted Killing of Suspected Terrorists", *European Journal of International Law*, 16 (2005).

Eric Zubel, "The Lockerbie Controversy: Tension between the International Court of Justice and the Security Council", *Annual Survey of International and Comparative Law*, 5 (1999).

G. S. Gilbert, "Terrorism and the Political Offence Exemption Reappraised", *International and Comparative Law Quarterly*, 34 (1985).

Gasser, Hans-Peter, "Acts of Terror, Terrorism and International Humanitarian Law", *International Review of the Red Cross*, 847 (2002).

Gavan Griffith, Q. C. , and Claire Harris, "Recent Development in the Law of Extradition", *Melbourne Journal of International Law*, 2 (2005).

Geoff Gilbert, "Transnational Fugitive Offenders in International Law", *International Studies in Human Rights*, 55 (1998).

George Fletcher, "The Indefinable Concept of Terrorism", *Journal of International Criminal Justice*, 4 (2006).

Gerhard Werle, "Individual Criminal Responsibility in Article 25 ICC Statute", *Journal of International Criminal Justice*, 5 (1981).

Hans-Peter Gasser, "Prohibition of Terrorist Acts in International Humanitarian Law", *International Review of The Red Cross*, 253 (1986).

Helen Duffy, "Human Rights Litigation and the 'War on Terror' ", *International Review Red Cross*, 573 (2008).

J. Paust, "Aggression against Authority: The Crime of Oppression, Politicide and Other Crimes against Human Rights", *Case Western Reserve Journal of Interntional Law*, 18 (1986).

J. Pejic, "Procedural Principles and Safeguards for Internment/Administrative Detention in Armed Conflict and Other Situations of Violence", *International Review of the Red Cross*, 87 (2005).

David M. Lieberman, "Sorting the Revolutionary from the Terrorist: The Delicate Application of the Political Offense Exception in U. S. Extradition Cases", *Stanford Law Review*, 59 (2006).

H. Lauterpacht, "Laws of Nations and the Punishment of War Crimes", *British Yearbook of International Law*, 58 (1944).

J. Henley, "You Can't Know How Wonderful It was to Finally Battle in the Daylight", *Guardian*, 21 Aug 2004.

Jack M. Beard, "America's New War on Terror The Casef or Self-

Defense Under International Lax", *Harvard Journal of Law and Public Policy*, 25 (2002).

Jacqueline Ann Carberry, "Terrorism: A Global Phenomenon Mandating A Unified International Response", *Indiana Journal of Global Legal Studies*, 6 (1998–1999).

Jamie O'Connell, "Gambling With the Psyche: Does Prosecuting Human Rights Violations Console Their Victims?" *Harvard International Law Journal*, 46 (2005).

Jan van Dijk, *The World of Crime. Breaking the Silence on Problems of Security, Justice, and Development Across the World*, Los Angeles: Sage, 2008.

John Dugard, "International Terrorism: Problems of Definition", *International Affairs (Royal Institute of International Affairs)*, 50 (1974).

Jordan J. Paust, "Terrorism's Proscription and Core Elements of an Objective Definition", *S. Santa Clara Journal of International Law*, 8 (2010).

Klaus von Lampe, "Not a Process of Enlightenment: The Conceptual History of Organized Crime in Germany and the United States of America", *Forum on Crime and Society*, 2 (2001).

L. Kutner, "Constructive Notice: A Proposal to End International Terrorism", *New York Law Forum*, 19 (1974).

Masaya Uchino, Prosecuting Heads of State: Evolving Questions of Venue—Where, How, and Why?" *Hastings International and Comparative Law Review*, 34 (2011).

Michael P. Scharf, "The Case for a Permanent International Truth Commission", *Duke Journal of Comparative & International Law*, 7 (1997).

Michael P. Scharf, "Application of Treaty‐Based Universal Jurisdiction to Nationals of Non‐Party States", *New England Law Review*, 35 (2001).

Michael P. Scharf, "Defining Terrorism as the Peacetime Equivalent of War Crimes: Problems and Prospects", *Case Western Reserve Journal of International Law*, 359 (2004).

Michael P. Scharf, "From the eXile Files: An Essay on Trading Justice for Peace", *Washington and Lee Law Review*, 63 (2006).

Myres S. McDougal, "The Soviet‐Cuban Quarantine and Self‐Defense", *American Journal Of International Law*, 57 (1963).

N. Krisch, "The Rise and Fall of Collective Security: Terrorism, US Hegemony, and the Plight of the Security Council", in C. Walter et al. (eds.), *Terrorism as a Challenge for National and International Law*, Berlin: Springer, 2004.

Michael Walzer, *Just and Unjust Wars: A Moral Argument with Historical Illustrations*, New York: Basic Books, 2006.

Louise I. Shelley and John T. Picarelli, "Methods and Motives, Exploring Links Between Transnational Organized Crime and International Terrorism", *Trends in Organized Crime*, 2 (2005).

Luz E. Nagle, "Terrorism and Universal Jurisdiction: Opening a Pandora's Box?" *Georgia State University Law Review*, 339 (2010).

M. Halberstam, "The Evolution of the United Nations Position on Terrorism: From Exempting National Liberation Movements to Criminalizing Terrorism Wherever and by Whomever Committed", *Columbia J. Transnational L.*, 41 (2003).

M. Ignatieff, "Human Rights, the Laws of War, and Terrorism", *Social Research*, 69 (2002).

M. Reisman, "Sovereignty and Human Rights in Contemporary International Law", *American Journal of Internaitonal Law*, 84 (1990).

M. Cherif Bassiouni, "Searching for Peace and Achieving Justice: The Need for Accountability", *Law & Contemporary Problems Edition*, 59 (1996).

M. Cherif Bassiouni, "The Penal Characteristics of Conventional International Criminal Law", *Case Western Reserve Journal of International Law*, 15 (1983).

Manisuli Ssenyonyo, "The Rise of the African Union Opposition to the International Criminal Court's Investigations and Prosecutions of African Leaders", *International Criminal Law Review* 13 (2013).

Mark A. Drumbl, "Collective Violence and Individual Punishment: The Criminality of Mass Atrocity", *Northwestern University Law Review*, 99 (2005).

Mark A. Drumbl, "Toward Criminology of International Crime", *Ohio State Journal on Dispute Resolution*, 19 (2003).

Miriam J. Aukerman, "Extraordinary Evil, Ordinary Crime: A Framework for Understanding Transitional Justice", *Harvard Human Rights Journal*, 15 (2002).

Naomi Norberg, "Terrorism and International Criminal Justice: Dim Prospects for a Future Together", *Santa Clara Journal of International Law*, 8 (2010).

Nicholas Rostow, "Before and After: The Changed UN Response to Terrorism since September 11th", *Cornell International Law Journal*, 35 (2004).

Niklas Jakobsson, Svein Blom, "Did the 2011 Terror Attacks in Norway Change Citizens' Attitudes Toward Immigrants?" *International Journal of Public Opinion Research*, 26 (2014).

Theodor Meron, "Centennial Essay: Reflections on the Prosecution of War Crimes by International Tribunals", *American Journal of International Law*, 100 (2006).

P. Rowe, "Is There a Right to Detain Civilians By Foreign Armed Forces During a Non-International Armed Conflict?" *International and Comparative Law Quarterly*, 61 (2012).

P. Scharf Michael, "International Law in Crisis: A Qualitative Empirical Contribution to the Compliance Debate", *Cardozo Law Review*, 31 (2009).

Phil Williams and Ernesto U. Savona, "Introduction: Problems and Dangers Posed by Organized Crime in the Various Regions of the World", *Transnational Organized Crime*, 3 (1995).

R. Ehrenreich Brooks, "Law in the Heart of Darkness: Atrocity and Duress", *Virginia Journal of International Law*, 43 (2003).

Richard B. Jensen, "The International Anti-Anarchist Conference of 1898 and the Origins of Interpol", *Journal of Contemporary History*, 16 (1981).

Rik Coolsaet, "EU counterterrorism strategy: value added or chimera?" *International Affairs*, 86 (2010).

Robin Geib & Michael Siegrist, "Has the Armed Conflict in Afghanistan Affected the Rules on the Conduct of Hostilities?" *International Review of the Red Cross*, 11 (2011).

Ryan Goodman, "The Power to Kill or Capture Enemy Combatants", *European Journal of International Law*, 24 (2013).

S. Martin, P. Martin, "International Migration and Terrorism: Prevention, Prosecution and Protection", *Georgetown Immigration Law Journal*, 18 (2004).

Sandesh Sivakumaran, "Re-Envisaging the International Law of Internal Armed Conflict", *European Journal of International Law*, 22

（2001）.

Sarah Mazzochi, "The Age of Impunity: Using the Duty to Extradite or Prosecute and Universal Jurisdiction to End Impunity for Acts of Terrorism Once and for All", *Northern Illinois University Law Review*, 2 (2011).

Sean D. Murphy, "Terrorism and the Concept of 'Armed Attack' in Aricle 51 of the U. N. Charter", *Harverd International Law Journal*, 43 (2002).

Sébastien Jodoin, "Terrorism as a War Crime", *International Criminal Law Review*, 7 (2007).

T. Honoré, "The Right to Rebel", *Oxford J Legal Studies*, 8 (1988).

Van der Vyer, Johan D. , "Prosecuting Terrorism in International Tribunals", *Emory International Law Review*, 24 (2010).

W. Eubank and L. Weinberg, "Terrorism and Democracy: Perpetrators and Victims", *Terrorism and Political Violence*, 13 (2001).

William Abresch, "A Human Rights Law of Internal Armed Conflict: The European Court of Human Rights in Chechnya", *European Journal of International Law*, 16 (2005),

W. Gehr, Recurrent Issues: CTC Briefing for Member States, 4 Apr. 2002.

三、国际条约与法律文件

1998 Rome Statute.

Agreement for the Prosecution and Punishment of the Major War Criminals of the European Axis, Aug. 8, 1945, Art. 6 (c), 59 Stat. 1544, 1548, 82 U. N. T. S.

Articles 49, 50, 129 and 146, Respectively, of Geneva Convention for the Amelioration of the Condition of the Wounded and Sick in Armed Forces in the Field.

Basic Principles and Guidelines on the Right to a Remedy and Reparation for Victims of Violations of International Human Rights and Humanitarian Law, U. N. Doc. E/CN. 4/2002/62, p. 9, Annex (Jan. 18, 2000).

Basic Principles of the Legal Status of the Combatants Struggling against Colonial and Alien Domination and Racist Regimes, G. A. Res. 3103, U. N. GAOR, 28th Sess. , U. N. Doc. A/9120, para. 1 (1973).

Comments by Turkey with Regard to the Terrorist Crimes, PC-NICC/2001/DP. 1 (2 October 2001).

Commission on Human Rights, Specific Human Rights Issues: New Priorities, In Particular Terrorism, E/CN. 4/Sub. 2/2003/WP. 1 (Aug. 8, 2003) .

Control Council Law No. 10, Punishment of Persons Guilty of War Crimes, Crimes Against Peace and Against Humanity, Art. 2 (1) (c) (Dec. 20, 1945), 3 Official Gazette Control Council for Germany 50 – 55 (1946).

Elements of Crimes – International Criminal Court, New York, 30 June 2000, Article 8 (2) (c) (iii).

EU Council Directive 2005/85/ Minimum Standards on Procedures in Member States for Granting and Withdrawing Refugee Status, 1 Dec. 2005, EU Official Journal L. 326/13 (13 Dec. 2005), Arts. 23 (4) (b) and Art 23 (4) (m) respectively.

EU Council Qualification Directive (2004), Art. 14 (2) (b).

EU Council, Outcome of Proceedings of 6 Dec. 2001, Statement No. 2, Council Doc. 14845/1/02, 15.

EU Framework Decision on Combating Terrorism (2002/475/JHA)

[2002] OJL164/3, 22 June 2002, Entered into Force 22 June 2002, Art. 1 (1).

European Parliament, Session Document, Report of the Committee on Citizens' Freedoms and Rights, Justice and Home Affairs on Asylum: Common Procedure and Internal Security [2002/2053 (COS)], 22 July 2002, FINAL A5-0257/2002, para. 9.

Extradition Treaty, 22 November 1834, Belg. -Fr. , Article 5, 84 Consol. T. S. 457, 462.

Final Act of the Rome Conference, Resolution E, UN Document A/CONF. 183/10.

Financing of Terrorism Convention, Article 2.

G. A. Res. 210, U. N. GAOR Ad Hoc Comm. , 52nd Sess. , Supp. No. 37, U. N. Doc. A/52/37 (1996).

G. A. Res. 2625 (XXV), U. N. GAOR, U. N. Doc. G/RES/2625 (1970).

G. A. Res. 4413/1377, 2, U. N. Doc. A/RES/4413/1377 (12 November 2001).

ICRC Commentary, Art. 33 (1) .

Home Office, Pursue, Prevent, Protect, prepare: The United Kingdom's Strategy for Countering International Terrorism (Cm. 7547, London, 2009) para. 7. 16.

International Law Association Paris Report (1984).

International Law Association, Final Report on the Meaning of Armed Conflict in International Law, The Hague Conference, 2010, 21.

International Law Commission, Immunity of State Officials from Foreign Criminal Jurisdiction, Text of Draft Articles 1, 3 and 4 Provisionally Adopted by the Drafting Committee at the Sixty-Fifth Session of the International Law Commission [A/CN. 4/L. 814].

League of Nations, Treaty Series, Vol. 86, No. 1950.

Military Commissions Act of 2006, 10 U. S. C § 948 (2006).

Measures to Eliminate International Terrorism: Report of the Working Group, U. N. GAOR 6th Comm., 55th Sess., Agenda Item 164, at 39, U. N. Doc. A/C. 6/55/L. 2 (2000).

Report of the Ad Hoc Committee established by G. A. Res. 51/210 of 17 December 1996, Jan. 28-Feb. 1, 2002, U. N. Doc. A/57/37.

Report of the Ad Hoc Committee on the Establishment of an International Criminal Court, UN General Assembly, 50th Session, Supplement No. 22, A/50/22, 1995.

Report of the International Law Commission on the Work of Its Forty Sixth Session, at 70, Supplement No. 10 (A/49/10) (1994).

Report of the Preparatory Committee on the Establishment of an International Criminal Court, Draft Statute and Draft Final Act (UN Document A/Conf. 183/2/Add. 1, 1998).

Report of the Secretary General, UNSC. 2004. "The Rule of Law and Transitional Justice in Conflict and Post-Conflict Societies", S/2004/616.

S. C. Res. 1368, U. N. SCOR, U. N. Doc. S/RES/1368 (2001).

S. C. Res. 1373, U. N. SCOR, 56th Sess., 4385th mtg., U. N. Doc. S/RES/1373 (2001).

S. C. Res. 1422, U. N. SCOR, U. N. Doc. S/RES/1422 (2002).

S. C. Res. 1566, U. N. SCOR, 59th Sess., 5053rct mtg., U. N. Doc. S/RES/1566 (2004).

S. C. Res. 1757, U. N. Doc. S/RES/1787 (Dec. 10, 2007).

S. C. Res. 731, U. N. SCOR, U. N. Doc. S/RES/731 (1992).

Security Council Res. 1566, Adopted on 4 October 2004; Art. 83. 01 (1) (B) of the Canadian Criminal Code.

Guantánamo Review Task Force, Final Report (Department of Justice, 2010).

State of the Union Address.

Statute of the Special Tribunal for Lebanon, Article 2 (a).

The 1963 Tokyo Convention on Offences and Certain Other Acts Committed on Board Aircraft, Art. 1 (b).

The 1970 Hague Convention for the Suppression of Unlawful Seizure of Aircraft, Art. 1 (a).

The 1971 Montreal Convention for the Suppression of Unlawful Acts against the Safety of Civil Aviation, Art. 1 (1).

The 1973 Convention on the Prevention and Punishment of Crimes against Internationally Protected Persons, Including Diplomatic Agents, Art. 2 (1).

The 1979 Vienna Convention on the Physical Protection of Nuclear Material, Art. 7.

The 1988 Montreal Protocol for the Suppression of Unlawful Acts of Violence at Airports Serving International Civil Aviation, Art. II.

The 1988 Montreal Protocol for the Suppression of Unlawful Acts of Violence at Airports Serving International Civil Aviation, Art. II.

The 1988 Rome Convention for the Suppression of Unlawful Acts against the Safety of Maritime Navigation, Art. 3 (1).

The 1988 Rome Protocol for the Suppression of Unlawful Acts against the Safety of Fixed Platforms Located on the Continental Shelf, Art. 2.

The 1994 Statute of the ICTR, Art. 4 (d).

The 1998 International Convention for the Suppression of Terrorist Bombings, Art. 2 (1).

The 1999 Convention of the Organization of the Islamic Conference on Combating International Terrorism, Art. 1 (2).

The Articles on Responsibility of States for Internationally Wrongful Acts, Adopted by the International Law Commission in 2001, Article 2.

The Convention on the Taking of Hostages, Art. 1 (1).

The Geneva Convention for the Amelioration of the Condition of the Wounded and Sick in Armed Forces in the Field, 1949, Article 49.

The Manual of the Law of Armed Conflict.

The Report of the International Commission of Inquiry on Darfur, UN Doc. S/2005/60 (25 January 2005).

Transcript of Press Conference of President Chirac and Secretary–General Kofi Anna, (19 September 2001), http: //www. org/NewsPress/docs/2001/sgsm7964. doc. htm.

U. N. Charter, Art. 51.

U. N. Doc. E/CN. 4/Sub. 2/1982/15.

UN Commission on Human Rights, Declaration on the Protection of All Persons from Enforced Disappearance, 28 February 1992, E/CN. 4/RES/1992/29.

UN Document A/C. 6/56/WG. 1/CRP. 5/Add. 5 (Definition of Terrorism).

UN Office of Legal Affairs, Memorandum (1962) 34 UNESCOR Supp. 8, 15, UN. Doc. E/CN. 4/1/610.

UN Security Council Resolution 2085 of 20 December 2012.

UN Report of The Secretary–General (A/48/267/Add. 1), Measures to Eliminate Terrorism, para. 6 (Sept. 21, 1993).

UNCLOS Seizure of a pirate ship or aircraft, Art. 105.

UNGA Declaration on Measures to Eliminate International Terrorism, Annexed to UNGA Resolution 49/60 (1994), para. 5 (f).

UNGA issues non–binding recommendations under articles 10–11 of the UN Charter.

UNGA resols 3034 (XXVII) (1972).

UNGA resols 34/145 (1979) ¶6; 38/130 (1983), ¶2; 40/61 (1985), ¶9; 42/159 (1987), ¶8; 44/29 (1989), ¶6.

UNGA resols 44/29 (1989), ¶17; 46/51 (1991), ¶15.

UNGA Resolution 2625 (XXV), 24. 10. 1970.

UNGA Resolution 3314 (XXIX), 14. 12. 1974 (Aggression).

UNGA Resolutions 40/61, 49/60 and 56/1 (Terrorism).

UNGAOR (28th Sess), Ad Hoc Cttee Report (1973), Supp. 28, UN. Doc. A/9028, 8, ¶26.

UNGAOR (34th Sess), Ad Hoc Cttee Report (1979), 22, ¶72.

UNHCR (Department of International Protection), Preliminary Observations: European Commission Proposal for a Council Framework Decision on Combating Terrorism, Geneva, October 2001, para. 2.

United Nations Convention on Transnational Organized Crime, Art. 2; Annex I of General Assembly Resolution 55/25 of 15 November 2000.

United Nations Office on Drugs and Crime, Crime Trends: Results of a Pilot Survey of 40 Selected Organized Criminal Groups in 16 Countries, 2002.

United Nations Report of the Ad Hoc Committee established by General Assembly Resolution 51/210 of 17 December 1996 Sixteenth Session (8 to 12 April 2013) General Assembly Official Records, 68th Session Supplement No. 37.

United Nations, General Assembly, 9th United Nations Congress on the Prevention of Crime and the Treatment of Offenders, Discussion Guide, Vienna: UN, 1993 A/Conf. 169/PM. 1, 27 July 1993: 8.

United Nations, International Instruments Related to the Prevention and Suppression of International Terrorism, New York: United Nations, 2001.

UNODC, Transnational Organized Crime, Vienna: UNODC, 2018.

UNSCRes1269 (1999), para. 4.

UNSCRes1373 (2001), para. 3 (f) - (g).

Updated Set of Principles for the Protection and Promotion of Human Rights Through Action to Combat Impunity, E/CN. 4/2005/102/ Add. 1, 8 February 2005.

Vienna Convention on the Law of Treaties, 1969, Article 5, 1155 UNTS 331.

Special Representative to Rwanda, Report on the Situation of Human Rights in Rwanda by the Special Representative, Mr. Michel Moussalli, Pursuant to Resolution 1998/69, 11, U. N. Doc. E/CN. 4/1999/ 33 (Feb. 8, 1999).

Pmbls to UNComHR resols 1996/47; 1997/42; 1998/47; 1999/ 27; 2000/30; 2001/37; 2002/35; 2003/37; and UNSubComHR resols 2001/18; 2002/24.

四、案例

Ad Hoc Cttee Report (1973).

Ad Hoc Cttee Report (1979).

Al Odah v. United States, 321 F. 3d 1134, 1140-41 (D. C. Cir. 2003).

Attorney-General of Israel v. Eichmann, 36 I. L. R. 5 (Dec. 11, 1961).

Beckford v. R [1988] AC 130, 144.

Belgium v. Senegal, I. C. J. Reports 2012.

Case Concerning the Arrest Warrant of 11 April 2000 (Democratic

Republic of the Congo v. Belgium), I. C. J. Judgement of 14 February 2002.

Case No. ICTR – 96 – 4, Prosecutor v. Akayesu, [ICTR] Trial Chamber (2 September 1998).

Case No. STL–11–01/I (16 February 2011).

Cheng v. Governor of Pentonville Prison [1973] Appeal Cases (UK).

Democratic Republic of the Congo v. Belgium, I. C. J. Judgement of 14 February 2002.

East Timor (Portugal v. Australia), Judgement, I. C. J. Reports 1995.

ECOSOCOR (6th Sess), Supp. No. 1, Report of the UNComHR, 17 Dec. 1947, 19.

Eminent Jurists Report.

Gabčíkovo–Nagymaros (1997) I. C. J. Reports 7.

Germany v. Italy: Greece Intervening, I. C. J. Reports 2012.

Israel Wall Advisory Opinion, I. C. J. Separate Opinion of Judge Higgins.

Interlocutory Decision on the Applicable Law: Terrorism, Conspiracy, Homicide, Perpetration, Cumulative Charging, Special Tribunal for Lebanon Appeals Chamber, Case No. STL–11–01/I (Feb. 16, 2011).

Legality of the Threat or Use of Nuclear Weapons, I. C. J. Reports 1996.

Lockerbie (Libyan Arab Jamahiriya v. United Kingdom), I. C. J. Reports 1992.

Military and Paramilitary Activities in and Against Nicaragua (Nicar. v. U. S.), I. C. J. Reports 1986.

Mohamed v. Secretary of State for the Foreign and Commonwealth

Office [2008] EWHC 2048, 2100, 2159 (Admin).

Mohammed v. Ministry of Defense, [2014] EWHC (QB).

The High Court of Justiciary at Camp Zeist, Her Majesty's Advocate v. Al Megrahi, Case No. 1475/99, at 79 (H. C. J. 2001).

The Prosecutor v. Alex Tamba Brima, Brima Bazzy Kamara and Santigie Borbor Kanu (the AFRC Accused), 2007, Case No. SCSL-04-16-T.

The Prosecutor v. Dusko Tadić, Case No. IT-94-1-AR 72, ICTY Appeals Chamber, 2 October 1996.

U. S. v. Rahman, 189 F. 3d 88 (2d Cir. 1999).

United States v. Yousef, 327 F. 3d 56, 103-110 (2d Cir. 2003).

Prosecutor v. Akayesu, [ICTR] Trial Chamber Case No. ICTR-96-4, (2 September 1998).

Prosecutor v. Blagojević and Jokić, Judgment, IT-02-6-T, 17 January 2005.

Prosecutor v. Blaskic, IT-95-14-T.

Prosecutor v. Boskovski & Tarculovski, Judgment, Case No. IT-04-82-T, 10 July 2008.

Prosecutor v. Charles Ghankay Taylor, Case No. SCSL-03-01-T.

Prosecutor v. Dragoljub Kunarac, Radomir Kovac and Zoran Vukovic, Case No. IT-96-23, (June 12, 2002).

Prosecutor v. Erdemovic (Appeals), IT-96-22 (7 Oct. 1997), ¶ 19.

Prosecutor v. Galić, Judgment of the Appeals Chamber, IT-98-29-A, 30 November 2006.

Prosecutor v. Joseph Kony, Vincent Otti, Okot Odhiambo, Dominic Ongwen, Case No. ICC-02/04-179, Judgment (Feb. 23, 2009).

Prosecutor v. Ka-remera et al. , Judgment and Sentence Case

No. ICTR 98-44-T, (20 September 2006).

Prosecutor v. Kayishema and Obed Ruzindana, Case No. ICTR-95-1-T (May, 21 1999).

Prosecutor v. Kordić & Čerkez, Judgment, Case No. IT-95-14/2-T, 26 February 2001.

Prosecutor v. Limaj et al. Judgment, Case No. IT-03-66-T, 30 November 2005.

Prosecutor v. Lubanga, Case No. ICC-01/04-01/06 (March 14, 2012).

Prosecutor v. Mile Mrksic et al. , Case No. IT-95-13-R6, 528-529 (April 3, 1996).

Prosecutor v. Moinina Fofana and Allieu Kondewa. 2007, Case No. SCSL-04-14-T.

Prosecutor v. Mpambara, Judgment and Sentence Case No. ICTR 2001-65-T (1 September 2006) .

Prosecutor v. Mr. Slobodan Milošević, Case No. IT-02-54-T (16 June 2004) p. 56.

Prosecutor v. Oric, Judgment, ICTY Case No. IT-03-68-T, ¶ 294 (June 30, 2006).

Prosecutor v. Rutaganda, Case No. ICTR-96-3, Judgment, 6 December 1999.

Prosecutor v. Slobodan Milosevic, IT-02-54, Second Amended Indictment (Int'l Crim. Trib. for the Former Yugoslavia 28 July 2004).

Prosecutor v. Stanilav Galić, 1998, Case No. IT-98-29-T, Trial Judgement and Opinion, ICTY.

Prosecutor v. Tadić, Opinion and Judgment, Case No. IT094-1-T, 7 May 1997.

Prosecutor v. Taylor, Case No. SCSL-2003-01-PT, T. Ch. II. 21 (June 2006).

Prosecutor v. Thomas Lubanga Dyilo, Case No. ICC-01/04-01/06-T-92-ENG, Judgement (July 11, 2008).

Prosecutor v. Thomas Lubanga Dyilo, Case No. ICC-01/04-01/06-T-92-ENG,

Pushpanathan v. Canada [1998] 1 SCR 982.

R (al-Jedda) v. Secretary of State for Defense [2007] UKHL 58.

R (al-Saadoon) v. Secretary of State for Defense [2009] EWCA Civ. 7.

Reparation for Injuries, Advisory Opinion, I. C. J. Reports 1949.

Saddam Hussein v. Coalition Forces, App. No. 23276/04, 14 March 2006.

Southwark London Borough v. Williams, Case C-2 All ER [1971], (Lord Denning).

Special Tribunal for Lebanon's Decision, ¶¶ 88-89.

Tel-Oren v. Libyan Arab Republic, 726 F. 2d 774, 808 (D. C. Cir. 1984).

Ziyad Abu Eain v. Peter Wilkes, 1981, United States Marshal for the Northern District of Illinois (641 F. 2d).

五、互联网资料

Suicide Attack Database. University of Chicago, http://cpostdata. uchicago. edu/search_new. php.

Coalition for the International Criminal Court, http://www. coalitionfortheicc. org/documents/RATIFICATIONSbyRegion _ 21July _ 20091. pdf.

Global Terrorism Database, START, and College Park: University of Maryland, http: //www. start. umd. edu/gtd/.

International Criminal Court, ICC Prosecutor Presents Case Against Sudanese President, Hassan Ahmad Al Bashir, for Genocide, Crimes Against Humanity and War Crimes in Darfur (14 July 2008) ICC − OTP−20080714−PR341−ENG, http: // www. icc−cpi. int/menus/icc/ situations%20and%20cases/situations/situation%20icc%200205/press %20releases/a? lan = en−GB.

Http: //georgewbush −whitehouse. archives. gov/news/releases/2004/ 01/20040120−7. html.

Http: //www. all −famous −quotes. com/Benjamin _ Franklin _ quotes. html.

Http: //www. bbc. com/news/world−asia−42863116.

London Scheme for Extradition within the Commonwealth (as amen-ded in 2002), Section 12 (2), http: //www. oas. org/juridico/mla/ en/jam/en_jam−scheme−ext. pdf.

The Consolidated UN Security Council Sanctions List, https: // www. un. org/sc/suborg/en/sanctions/un−sc−consolidated−list.

Security Council Actions to Counter Terrorism, https: //www. un. org/en/terrorism/securitycouncil. shtml

International Commission of Jurists, Assessing Damage, Urging Ac-tion, Report of the Eminent Jurists Panel on Terrorism, Counter−Terror-ism and Human Rights 16 (2009), http: //icj. org/IMG/EJP − re-port. pdf [hereinafter Eminent Jurists Report].